suhrkamp taschenbuch
wissenschaft 13

3. Okt 1980

Gershom Scholem wurde am 5. Dezember 1897 in Berlin geboren. Nach der Promotion in München übersiedelte er 1923 nach Palästina. Seit 1933 ist er Professor für jüdische Mystik an der Hebräischen Universität Jerusalem.
Publikationen: *Das Buch Bahir, Bibliographia Cabbalistica, Die Geheimnisse der Schöpfung, Die jüdische Mystik in ihren Hauptströmungen, Ursprünge und Anfänge der Kabbala, Von der mystischen Gestalt der Gottheit, Judaica.*
Scholems Studien zur Kabbala — der jüdischen mystisch-theosophischen Geheimlehre, die mit dem Anspruch auftritt, alte Offenbarung zu sein — sind ein faszinierender Beitrag zum Verständnis der Geschichte und Psychologie des Judentums. Die wiederkehrenden Bilder und Symbole einer Bewegung, deren esoterische Lehren über Jahrhunderte in verschiedenen Schulen verbreitet wurden, lassen sich nicht allein begrifflich ausschöpfen. Scholem deutet sie aus einem lebendigen Zusammenhang der mystischen Tradition.

Gershom Scholem
Zur Kabbala
und ihrer Symbolik

Suhrkamp

suhrkamp taschenbuch wissenschaft 13
2. Auflage, 8.–10. Tausend 1977
© Rhein-Verlag Zürich 1960
Suhrkamp Taschenbuch Verlag
Alle Rechte vorbehalten, insbesondere das des
öffentlichen Vortrags, der Übertragung durch
Rundfunk oder Fernsehen und der Übersetzung,
auch einzelner Teile.
Druck: Nomos, Baden-Baden
Printed in Germany
Umschlag nach Entwürfen
von Willy Fleckhaus und Rolf Staudt

Inhalt

Zur Einleitung — 7

I. Religiöse Autorität und Mystik — 11

II. Der Sinn der Tora in der jüdischen Mystik — 49

III. Kabbala und Mythos — 117

IV. Tradition und Neuschöpfung im Ritus der Kabbalisten — 159

V. Die Vorstellung vom Golem in ihren tellurischen und magischen Beziehungen — 209

Anmerkungen — 261

Nachwort — 293

Index — 295

Zur Einleitung

Die Kabbala, wörtlich «Überlieferung», nämlich Überlieferung von den göttlichen Dingen, ist die jüdische Mystik. Sie hat eine lange Geschichte und übte viele Jahrhunderte hindurch eine gewaltige Wirkung auf solche Kreise des jüdischen Volkes aus, die nach einem tieferen Verständnis der traditionellen Formen und Vorstellungen des Judentums strebten. Eine sehr umfangreiche Literatur hat seit dem späten Mittelalter den Niederschlag der oft intensiven Produktion der Kabbalisten aufbewahrt. Das zentrale Literaturwerk dieser Bewegung, das aus dem Ende des 13. Jahrhunderts stammende Buch Sohar, das «Buch des Glanzes», hat lange Zeit für das Bewußtsein weitester Kreise den Rang eines heiligen Textes von unbestrittenem Wert und damit geradezu kanonisches Ansehen behauptet. Noch in unseren Tagen zeigte sich das, als nach der Gründung des Staates Israel die Juden aus Jemen, einer abgelegenen und besonders festgeschlossenen Gemeinschaft aus Südarabien, auf den «Zauberteppichen» der Flugzeuge fast vollzählig in Israel ankamen. Sie hatten fast ihr ganzes Hab und Gut an Ort und Stelle lassen müssen; aber unter den wenigen Dingen, von denen sie sich nicht trennen wollten, brachten viele ihr Exemplar des Buches Sohar mit, dessen Studium bis heute bei ihnen lebendig ist.

Der europäischen Judenheit aber ist diese Welt verlorengegangen. Die Wissenschaft vom Judentum, die sich um die Erkenntnis der Wesensart und Geschichte, um die historische Physiognomik des Judentums bemüht, ist bis auf unsere Generation ziemlich verständnislos an den Dokumenten der Kabbala vorübergegangen. Denn als die

Juden in Westeuropa um die Wende des 18. Jahrhunderts den Weg zur europäischen Kultur mit so viel Entschiedenheit einschlugen, war die Kabbala eines der ersten und wichtigsten Opfer, die auf diesem Wege fielen. Die Welt der jüdischen Mystik mit ihrer ganz nach innen versponnenen Symbolik wurde nun als fremd und störend empfunden und schnell vergessen. Die Kabbalisten hatten ja versucht, das Geheimnis der Welt als eine Widerspiegelung der Geheimnisse des göttlichen Lebens selber zu ergründen oder doch zu beschreiben, und zu tief hingen die Bilder, in denen ihre Erfahrungen sich kondensierten, mit den historischen Erfahrungen des jüdischen Volkes zusammen, mit Erfahrungen also, die im 19. Jahrhundert ihre Aktualität eingebüßt zu haben schienen. Jahrhunderte hindurch hatte diese Welt für das Selbstverständnis der Juden die größte Aktualität besessen. Nun versank sie gleichsam im Strudel der neuen Zeit, und zwar so vollständig, daß sie sich einem sachlichen Verständnis durch Generationen hindurch fast völlig entzogen hat. Was übrigblieb, bot den Anblick eines unwegsamen Trümmerfeldes, von Gestrüpp überwachsen, in dem nur hier und da bizarre und ein vernünftiges Denken beleidigende Bilder des Heiligen die ablehnende Verwunderung gelehrter Wanderer erregte. Der Schlüssel zum Verständnis der Schöpfungen der Kabbalisten schien verloren. Ratlos und verlegen stand man vor einer Welt, in der es sich nicht so sehr um bündige Begriffe handelte, die man entwickeln konnte, sondern eben um Symbole von besonderer Art: um Symbole nämlich, in denen sich die seelischen Erfahrungen der Mystiker mit den historischen Erfahrungen der jüdischen Gemeinschaft fast unlöslich verschränkten oder in der Tat eine rätselhafte Einheit bildeten.

Es ist dies Ineinanderverwobensein zweier sonst in der Geschichte der religiösen Mystik oft so ganz getrennter Bereiche, das den spezifischen Charakter der jüdischen Kabbala geprägt hat. So scheint sie auch dem etwa mit der christlichen Mystik vertrauten Betrachter ganz fremdartig, und es ist kein Wunder, daß sie für ihn außerhalb der ihm geläufigen Kategorien der «Mystik» zu stehen kommt. Je enger, armseliger und grausamer das Stückchen historischer Realität war, das dem Juden in den Stürmen des Exils gegeben war, um so tiefer wird dessen Transparenz, um so genauer sein Symbolcharakter und um so strahlender die messianische Hoffnung, die es aufsprengt und verwandelt. Im Herzen dieser Realität, als ein großes Bild der Wiedergeburt, war der Mythos von Exil und Erlösung angesiedelt, der bei den Kabbalisten so gewaltige Dimensionen angenommen hat und der die nachhaltige historische Wirkung verständlich macht, die ihnen zufiel. Das persönliche Element tritt ja in den Büchern der Kabbalisten auffällig zurück; man muß schon sehr genau hinhören, um es auch dort unter allen möglichen Verkleidungen zu vernehmen. Hier und da hat auch ein Kabbalist seine Person und seinen Bericht über seinen eigenen Weg zu Gott nicht unterdrückt, wie das meistens geschah. Aber nicht in solchen Beiträgen liegt die große Bedeutung der Kabbala, sondern in dem, was sie zum Verständnis der «historischen Psychologie» des Judentums beiträgt. Jeder Einzelne war hier selber das Ganze. Und das macht die große Faszination aus, die gerade unter diesem Gesichtspunkt die großen Symbole der Kabbala für den Historiker nicht weniger als für den Psychologen haben. Hier wurde das Gesetz der Tora zum Symbol des Weltgesetzes und die Geschichte des jüdischen Volkes zum Symbol des Weltprozesses.

In einer Generation, in der die jüdische Geschichte eine ungeheure Krise durchmachte, ist die Vorstellungswelt dieser alten jüdischen Esoteriker nicht mehr so befremdend. Wir sehen mit anderen Augen, und die verschlossenen Symbole scheinen uns der Erschließung und Erhellung wert. Besonders groß ist hier die Verantwortung des Wissenschaftlers, der die kritische Besinnung auch bei dieser Ausgrabungsarbeit und in der Bewältigung ihrer Resultate zu wahren hat. Denn die Faszination, die von Gebieten wie der Kabbala ausgeht, hat, lange bevor die Historiker sich ihr zuwandten, die Scharlatane und verworrenen Köpfe in ihren Bann gezogen. Nutzen hat die Erforschung der Kabbala davon kaum gehabt. Aber die Bemühung um das Verständnis dessen, was hier im Herzen des Judentums sich abgespielt hat, kann nicht auf Klarheit der Sicht und auf historische Kritik verzichten. Denn auch Symbole sind gewachsen und von historischer Erfahrung gesättigt. Ihr Verständnis erfordert ebensosehr «phänomenologische» Bereitschaft zur Sicht von Ganzheiten wie Fähigkeiten zur historischen Analyse. Beide ergänzen und durchdringen sich und versprechen in solcher Vereinigung fruchtbare Resultate.

Erstes Kapitel

Religiöse Autorität und Mystik

I

Das Problem, mit dem sich die folgenden Ausführungen beschäftigen sollen, ist für die Religionsgeschichte zentral und läßt sich unter mannigfachen Aspekten betrachten. Es hat seinen Ursprung in der Tatsache, daß der Mystiker, insofern wir ihn als einen aktiven Teilnehmer am religiösen Leben einer Gemeinschaft betrachten, nicht im Leeren wirkt. Freilich, es wird häufig behauptet, daß der Mystiker, vom persönlichen Ziel seines Strebens her gesehen, in der Tat jenseits und über der geschichtlichen Ebene wirkt, daß er seine Stellung in einer Sphäre der Erfahrung bezieht, die der geschichtlichen fremd ist. Diese ahistorische Orientierung wird von den einen zu den Ruhmestiteln der Mystik gerechnet, von anderen gerade als eine fundamentale Schwäche angegriffen. Und doch, in der Religionsgeschichte ist es sein Eindruck auf die geschichtliche Welt, sein Zusammenstoß mit dem religiösen Leben seiner Zeit und seiner Gemeinschaft, die ins Gewicht fallen. Kein Historiker kann die Frage beantworten – und es ist auch keineswegs seines Amtes, sie zu beantworten –, ob der Mystiker in seiner persönlichen und individuellen religiösen Erfahrung wirklich das gefunden hat, wonach er mit so viel Eifer gesucht hat. Es ist nicht das Problem der persönlichen Erfüllung im innern Leben des Mystikers, das uns hier angeht. Wenn wir aber die spezifische Spannung verstehen wollen, die so oft zwischen Mystik und religiöser Autorität in der Geschichte obwaltet, so werden wir gut daran tun, uns einige fundamentale Fakten über die Mystik ins Gedächtnis zu rufen. Dies wird uns zu einem tieferen Verständnis der Frage verhelfen, warum solche

Spannung existiert und auf welche Weise sie einer Lösung fähig ist.

Ein Mystiker ist jemand, dem eine unmittelbare und als real empfundene Erfahrung des Göttlichen, der letzten Realität, geschenkt oder vergönnt worden ist oder der sie mindestens bewußt zu erlangen sucht. Solche Erfahrung mag ihm durch eine plötzliche Erleuchtung, eine Illumination, zugekommen sein oder aber als das Endergebnis langer und vielleicht umständlicher Vorbereitungen, durch die er solche Berührung mit dem Göttlichen zu erlangen oder zu vollziehen gesucht hat. Historisch gesehen, vollzieht sich solch Suchen nach dem Göttlichen fast ausschließlich innerhalb des Zusammenhangs einer bestimmten Tradition – die Ausnahmen gehören wohl durchgehend der modernen Zeit mit ihrer Auflösung alter Traditionsbindungen an. Religiöse Autorität innerhalb solcher Tradition ist lange vor dem Mystiker etabliert worden und von einer langen Reihe von Generationen und von ganzen Gemeinschaften anerkannt worden. Diese Autorität gründete sich auf bestimmte Erfahrungen der Gemeinschaft und auf die Wechselwirkung zwischen der Gemeinschaft und jenen Individuen, die ihre Grunderfahrungen für sie gedeutet und ihnen dadurch zum Ausdruck verholfen haben, sie sozusagen artikulierbar gemacht haben. Da besteht denn eine Wertleiter, die von der Tradition angenommen ist; da besteht auch eine Gruppe von Lehren und Dogmen, die als authentische Feststellungen über den Sinn der religiösen Erfahrung vorgetragen werden, der in einer gegebenen Gemeinschaft als gültig anerkannt wird. Es besteht auch eine Summe von Handlungen und Gebräuchen, die im Sinne der Tradition Werte zu übermitteln geeignet sind und die die Stimmung und den Rhythmus des religiösen Lebens ausdrücken. Es können sehr verschiedene Medien sein, die mit religiöser Autorität investiert werden. Sie mögen unpersönlichen Charakters sein, wie etwa ein heiliges Buch, oder aber von ausgesprochen persönlichem Charakter, so wie etwa der Papst in der katholischen Religionsverfassung das letzte Wort darüber hat, was innerhalb der katholischen Tradition als gültig anzusehen ist. Es können auch Mischungen und Kombinationen beider Typen auftreten, oder Autorität mag auf dem *consensus* einer Versammlung von Priestern oder anderer religiöser Personen bestehen, deren Übereinstimmung oder Zustimmung Autorität begründet, ja sogar – wie im Islam – ohne daß solche Autoritätsträger sich auch nur formal zu versammeln brauchten, um ihrer Autorität Nachdruck zu verleihen und deren Inhalte zu formulieren.

Innerhalb des Zusammenhangs solcher traditionellen Verfassung und Autorität vollzieht sich das Wirken des Mystikers. Läßt er diesen Zusammenhang auf sich beruhen und überläßt die Gemeinschaft sich selbst, liegt ihm nichts daran, seine neuartige und persönliche Erfahrung mit anderen zu teilen, und findet er seinen Frieden in der einsamen Versenkung in den Bereich des Göttlichen – dann entsteht keinerlei Problem, da er ja keinen Versuch unternimmt, seine Erfahrung anderen zu kommunizieren. Solche verschollenen Mystiker hat es gewiß in allen Religionen gegeben. Ja, die letzten Jahrhunderte der Entwicklung der jüdischen Mystik haben sogar den unendlich eindrucksvollen und das Volksbewußtsein tief ansprechenden Typus des «verborgenen Gerechten» *(nistar)* hervorgebracht. In jeder Generation, so ging eine alte Überlieferung aus talmudischer Zeit, gibt es sechsunddreißig Gerechte, auf denen der Bestand der Welt beruht. In der mystischen Wendung dieses Satzes werden sie nun zu «verborgenen Gerechten», das heißt zu solchen, die wesensmäßig ihren Mitmenschen (und vielleicht manchmal auch sich selbst) verborgen sind. Niemand weiß, niemand kann wissen, wer diese eigentlichen Heiligen sind, auf denen die Welt steht. Wäre ihre Anonymität gesprengt, die zu ihrem Wesen gehört, so wären sie nichts mehr. Einer von ihnen ist vielleicht der Messias, und nur weil das Zeitalter seiner nicht würdig ist, bleibt er verborgen. Unermüdlich war die spätjüdische Legende, besonders des chassidischen Ostens, in der Ausmalung dieser verborgensten aller Mitmenschen, deren Wirken, weil es so völlig jenseits der Augen der Gemeinschaft sich vollzieht, auch von den Zweideutigkeiten nicht betroffen wird, um die jede Wirkung im Öffentlichen nicht herumkommen kann. Der «verborgene Gerechte» ist es recht eigentlich, der in einem freilich großartigen Sinn die Religion zur Privatsache macht und dadurch, daß ihm der Weg zur Gesellschaft *per definitionem* versperrt ist, auch der Problematik, die von solchem Wege unablösbar ist, enthoben bleibt.

Aber täuschen wir uns nicht. Die Geschichte der Religionen bezieht sich nicht auf diese stummen und anonymen Heiligen, wie ungeheuer immer der Wert ihres Wesens uns auch erscheinen mag. Sie beschäftigt sich mit dem, was geschieht, wenn Menschen versuchen, mit anderen in Kommunikation zu treten. Diese Kommunikation aber ist im Falle des Mystikers, wie allgemein zugestanden wird, überaus problematisch. In der Religionsgeschichte stellt Mystik als eine Gesamtheit verschiedener religiöser Phänomene eben den Versuch dar, die Wege, die die Mystiker verfolgt haben, die Erleuchtungen, die ihnen zuteil geworden sind, und die Erfahrungen, die sie erlitten haben, anderen zu kommunizieren und für andere zu interpretieren. Ohne diesen Versuch gibt es keine historische Erscheinung der Mystik. Und in eben diesem Versuch vollzieht sich die Begegnung beziehungsweise der Zusammenprall von Mystik und religiöser Autorität. Einige der Grundaspekte des Problems, das sich hier stellt, möchte ich im folgenden diskutieren.

Vor allem haben wir davon auszugehen, daß alle Mystik zwei fundamentale, im Widerspruch miteinander liegende oder sich ergänzende Aspekte hat: einen konservativen und einen revolutionären. Es wird nicht überflüssig sein, mich hierüber näher zu erklären. Was ist mit solcher Rede gemeint?

Man hat von der Mystik gesagt, daß sie immer wieder versucht, neuen Wein in alte Krüge zu tun – obwohl dies, wohlverstanden, eben das wäre, was eine berühmte Stelle der Evangelien uns warnt zu tun. Mir scheint, daß diese Formulierung in der Tat den Nagel auf den Kopf trifft und eben das Problem bezeichnet, mit dem wir es hier zu tun haben. Wie kann ein Mystiker ein Konservativer sein, ein Vorkämpfer und Deuter traditioneller religiöser Autorität? Wie gelingt es ihm, fertigzubringen, was die großen Mystiker des Katholizismus, die Sufis vom Typus des Ghazzali und die meisten jüdischen Kabbalisten zu leisten imstande waren? Die Antwort hierauf ist: diese Mystiker scheinen die Quellen der traditionellen Autorität noch einmal von sich aus zu entdecken. Ihr Weg hat sie zu derselben Quelle zurückgeführt, aus der sie entsprungen ist. Und da diese Autorität ihnen solcherart dasselbe Antlitz zeigt, das sie schon für Generationen vor ihnen hatte, treibt sie nichts zu einem Versuche an, sie zu ändern. Im Gegenteil, sie bestreben sich, sie in ihrem striktesten Verstande aufrechtzuerhalten.

Manchmal ist diese konservative Funktion der Mystik sogar direkt in die Definition des Begriffs der Mystik einbezogen worden – eine Einseitigkeit, die mir fragwürdig scheint. So etwa wenn ein amerikanischer Autor religiöse Mystik als das Bemühen definiert, «das Bewußtsein von der Gegenwart eines Aktionszentrums zu erlangen, durch das die Bewahrung sozial anerkannter Werte angestrebt wird[1]».

Solche konservative Funktion der Mystik wird dadurch ermöglicht, daß die fundamentale mystische Erfahrung, die hier im Zentrum steht, zwei Seiten hat. In sich selbst hat sie keinerlei adäquaten Ausdruck; die mystische Erfahrung ist im Grunde gestaltlos. Das Wesen dieses «vom Göttlichen Berührtseins» hat, in je größerer Intensität und auf je tieferer Stufe es erfahren wird, einen immer weniger klar umrissenen und beschreibbaren Sinn, noch kann es objektiv definiert werden, denn sein Gegenstand transzendiert seiner Natur nach jene Kategorien von Subjekt und Objekt, die jede Definition voraussetzt. Auf der anderen

Seite kann aber diese Erfahrung in mannigfachster Weise gedeutet, das heißt mit Sinn bekleidet werden. Schon im selben Moment, wo der Mystiker sich über seine eigene Erfahrung reflektiv klar zu werden versucht, ihr Ausdruck zu leihen versucht, und um wieviel mehr erst, wenn er es unternimmt, sie anderen mitzuteilen, drückt sie sich ihm notwendigerweise innerhalb eines Rahmens konventioneller Symbole und Ideen aus. Zwar ist stets irgend etwas da, was der Mystiker nicht zureichend und erschöpfend mitteilen kann. Wenn er es aber versucht – und dieser Versuch allein macht ihn uns ja bekannt –, so interpretiert er seine eigene Erfahrung in einer Sprache, in Bildern und Begriffen, die vor ihm und für ihn geschaffen wurden.

Diese amorphe Natur der mystischen Erfahrung, des sogenannten «mystischen Erlebnisses», ist für das Problem, das wir hier betrachten, grundlegend. Sie bedeutet zugleich eine *prinzipiell unendliche Plastizität dieser Erfahrung* auf ihrer letzten Stufe, vorausgesetzt, es gäbe eine solche Stufe im Fortschritt dieser Erfahrung überhaupt. Wenn man religiöse Mystik in der Fülle ihrer Erscheinungsformen betrachtet, so wird man stets auf den Stadien des Weges der mystischen Erfahrung einen fortschreitenden Abbau der formhaltigen Seinsstrukturen der Erfahrungswelt finden und dementsprechend einen Aufbau mystischer Strukturen, die das Erlöschen der natürlichen Formenwelt in den verschiedenen Ebenen oder Status des Bewußtseins begleiten. Von fast allen uns bekannten Mystikern werden diese Strukturen etwa als Konfigurationen von Lichtern oder Lauten beschrieben, die dann freilich bei weiterem Fortschreiten auch ihrerseits ins Amorphe abgebaut werden. Diese mystischen Strukturen aber sind durchweg von Symbolen der traditionellen religiösen Autorität bestimmt. Nur die allgemeinsten formalen Elemente bleiben sich unter den verschiedenen Gestalten gleich, und ich kann mich hier auf die Ausführungen von Mircea Eliade in seinem Vortrag über die Lichtsymbolik beziehen, wo ja gerade das uns hier beschäftigende Element an dem konkreten Beispiel der Lichtsymbolik eindrücklich analysiert worden ist[2]. Denn es ist ja eben so, daß auch Licht und Laut, ja selbst der Name Gottes nur symbolische Repräsentationen jener letzten Realität sind, die in ihrem Urgrund immer wieder als gestaltlos, amorph, erscheint. Ja mehr: immer tauchen bei diesem Prozeß des wechselnden Aufbaus und Abbaus der Strukturen Annahmen über die Natur der Wirklichkeit auf, die von philosophischen Traditionen bestimmt sind, ursprünglich ihre Autorität von dorther gewinnen und dann in erstaunlicher Weise (die aber vielleicht gar nicht so erstaunlich ist) in der mystischen Erfahrung gerade bestätigt werden. Das gilt auch von Annahmen, die uns etwa ganz phantastisch vorkommen, wie manche Thesen der Kabbalisten oder wie jene Theorie der Buddhisten über die Identität der Skandhas mit dem Buddha, nicht weniger als für die philosophisch-theologischen Hypothesen katholischer Mystiker (etwa über die Trinität), die denn auch wie alle anderen solchen Annahmen von der mystischen Erfahrung bestätigt zu werden scheinen.

So bringt der Mystiker im allgemeinen aus seiner Erfahrung eine Bestätigung seiner eigenen religiösen Autorität mit; seine Theologie und seine Symbole werden in seine mystischen Erfahrungen mit hineinprojiziert, aber sie entstammen ihr nicht[3]. Dem gegenüber steht aber ein anderer Aspekt der Mystik: gerade weil der Mystiker ist, was er ist, weil er in einem produktiven, unmittelbaren Verhältnis zum Gegenstand seiner Erfahrung steht, transformiert und verändert er den Sinn jener Tradition, aus der heraus er lebt. Er stellt einen Faktor dar nicht nur im Prozeß der Hochhaltung der Tradition, sondern zugleich in dem Prozeß, der sie entwickelt und vorwärtstreibt. Die mit neuen Augen gesehenen alten Werte erwerben, auch wo das gar nicht beabsichtigt war und manchmal gar nicht zum Bewußtsein kommt, einen neuen Sinn. Ja der Mystiker mag sich sogar durch sein Verständnis und seine Deutung seiner eigenen Erfahrung aufgerufen fühlen, die religiöse Autorität, die er bis dahin bejaht hatte, in Frage zu stellen.

Neben den konservativen tritt der ebenso mögliche revolutionäre und Konflikt erzeugende Aspekt. Denn der Zugang zu derselben Quelle der Erfahrung, der in dem einen Fall konservative Haltung verbürgt, begründet im anderen ebensosehr den gegenteiligen Anspruch. Seine eigene Erfahrung kann an die Stelle der von der Autorität vorgeschriebenen treten, eben weil sie sich von derselben Autorität herzuschreiben scheint. So entstehen revolutionäre Aspekte der Mystik und solcher Gruppen, die die Symbole annehmen, in denen ein Mystiker dieses Typus seine Erfahrung übermittelt.

Es kann auch dazu kommen, daß solch revolutionär gewandter Mystiker eine prophetische Eigenschaft und prophetische Funktion als Reformer seiner Gemeinschaft in Anspruch nimmt. Dies führt uns auf eine Fragestellung, die mindestens kurz erörtert werden muß. Es ist eine alte Streitfrage und in der Tat unendlicher Diskussion fähig, ob prophetische Offenbarung und mystische Erfahrung identifiziert werden können oder sollen. Sosehr ich nachdrücklich die Partei jener ergreifen würde, die diese Identität bestreiten, und keine förderliche Klärung der Phänomene von solcher Annahme erwarte, möchte ich doch auf das in diesem Zusammenhange besonders aufschlußreiche Paradox der mittelalterlichen Prophetologie hinweisen. Wie schwierig für das systematische Denken, das aus griechischen Quellen kam, eine Erscheinung wie die biblische Prophetie sich darstellte, wie geradezu unverdaulich sie im Grunde innerhalb eines solchen Denkzusammenhanges ist, läßt sich aus dem Umstand ermessen, daß in der mittelalterlichen Philosophie der Araber und Juden gleicherweise eine Theorie der Prophetie entwickelt wurde, die eben auf eine Identifizierung des Propheten mit dem Mystiker hinausläuft. In diesem Sinn hat in sehr erhellenden Ausführungen Corbin auch die schiitische Prophetologie analysiert, die sich im Grunde als eine Hierarchie mystischer Erfahrungen und Erleuchtungen, die von Stufe zu Stufe aufsteigen, darstellt[4]. Bis zur Ununterscheidbarkeit sind die

Momente des biblischen und koranischen Prophetenbegriffes als des Bringers einer Botschaft so uminterpretiert, daß sie schließlich nur noch den echten Typ des Mystikers als ideal beschreiben, auch wo sie ihn als Propheten titulieren. Der Prophet, den Gott aus den Sykomorenzüchtern sich herausgreift wie Amos und zum Gefäß seiner Botschaft macht, wird von der philosophischen Prophetologie zu etwas ganz anderem gestempelt: zum Erkennenden, der den Weg spiritueller Ausbildung und Einweihung immer vollkommener durchläuft, bis ihm die Prophetie am Ende eines langen Weges der Vorbereitung als Vereinigung mit dem «aktiven Intellekt», einer göttlichen Emanation oder Offenbarungsstufe, verliehen wird. Wie vorsichtig immer die Autoren sich ausdrücken mögen, es hat doch diese Theorie von der Prophetie als Vereinigung mit dem «aktiven Intellekt» stets etwas von einer *unio mystica,* wenn auch nicht letzten Grades, an sich. Darin besteht kein Unterschied zwischen einer so radikal spiritualistischen Lehre wie der Prophetologie der Ismailiten und einer so rationalistisch aufgezogenen wie der des Maimonides.

Die Prophetie im ursprünglichen Verstande stellt aber etwas ganz anderes dar. Der Prophet hört eine deutliche Botschaft und mag auch eine ebenso deutliche Vision schauen, die weder in ihrem Empfang noch in seinem Gedächtnis undeutliche Züge zeigt. Solche prophetische Botschaft konstituiert zweifellos einen direkten Anspruch auf religiöse Autorität. Von Anfang an tritt sie damit auf und unterscheidet sich in diesen ihren Grundzügen in der Tat ganz wesentlich von der Erfahrung des Mystikers. Und dennoch dürfte es niemandem in den Sinn kommen, zu leugnen, daß der Prophet eine unmittelbare Erfahrung des Göttlichen besitzt. Offenbar liegen hier wesentlich verschiedene Kategorien von Erfahrung vor, und ich möchte sehr bezweifeln, ob ein Prophet mit Recht ein Mystiker genannt werden dürfte. Ist doch die Erfahrung des Mystikers, wie oben gesagt wurde, ihrer Natur nach ganz anders, unbestimmt und unartikuliert. Das Vage und Allumgreifende an ihr hebt sich von dem scharf Umrissenen der prophetischen Erfahrung ab. Ist es doch eben dieses Element des Unbestimmbaren, der Abwesenheit der Fähigkeit zum Ausdruck, die die größte Schwierigkeit der mystischen Erfahrung darstellt. Sie läßt sich nicht einfach und restlos in klar umrissene Bilder oder Begriffe umsetzen, und sehr oft widersteht sie jedem Versuch, ihr selbst nachträglich einen positiven Inhalt zu verleihen. Sosehr auch viele Mystiker solchen Versuch der «Übersetzung» unternommen und ihrer Erfahrung Form und Gestalt zu geben versucht haben, bleibt doch immer auf dem Grunde alles dessen, was der Mystiker zu sagen hat, jene gestaltlose Erfahrung, ob wir sie nun als *unio mystica* oder als «bloße» *communio* mit dem Göttlichen zu deuten unternehmen. Aber es ist gerade das Gestaltlose an seiner Erfahrung, das bei dem Mystiker zu einer vorwärtstreibenden Kraft in seinem Verständnis seiner religiösen Welt und ihrer Werte wird, und es ist diese Dialektik, die das Problem seiner Beziehung zur religiösen Autorität dann weiterhin bestimmt und ihm seine Bedeutung verleiht.

An der Grenze dieser vorwärtstreibenden Elemente in der Mystik erscheint dann der radikale Fall, daß der Mystiker nicht nur die religiöse Autorität umdeutend verwandelt, sondern daß er eine neue zu stiften beansprucht, die auf seiner eigenen Erfahrung ruht. Und im äußersten Fall wird er sogar den Anspruch erheben, über aller Autorität zu stehen, sein eigenes Gesetz zu sein. Die Gestaltlosigkeit der ursprünglichen Erfahrung kann ja sogar zur Auflösung aller Gestalt auch in der Deutung führen. Es ist diese Perspektive, zerstörerisch, aber doch dem ursprünglichen Antrieb des Mystikers nicht unverwandt, die uns den Grenzfall des nihilistischen Mystikers als den eines nur allzu legitimen, wenn auch von jedermann mit Schaudern abgelehnten Erben mystischer Erschütterungen verstehen läßt. Alle anderen Mystiker suchen den Weg in die Form zurück, der auch der Weg in die Gemeinschaft ist; er allein, der den Abbau aller Gestalt als höchsten Wert erfahren hat, sucht ihn in undialektischem Geiste zu bewahren, statt ihn wie die anderen Mystiker als Antrieb zum Aufbau neuer Gestalt zu nehmen. Hier erscheint dann die Vernichtung aller religiösen Autorität im Namen der Autorität selbst als die reinste Darstellung des revolutionären Aspekts der Mystik.

2

Eine entscheidende Rolle bei dieser Beziehung von Mystik und religiöser Autorität kommt dem folgenden Punkte zu: wo die Autorität in heiligen Schriften, in Dokumenten von Offenbarungscharakter, niedergelegt ist, erhebt sich die Frage, wie sich die Mystik zu solcher historisch konstituierten Autorität verhält. Das Problem, das hier auftaucht, würde an sich voll ausreichen, den ganzen Umfang dieser Darlegung zu beanspruchen. Ich kann mich aber kurz fassen, weil es in Goldzihers Werk über die islamische Koranauslegung (1920) und von Henry Corbin für die schiitische und ismailitische Gnosis in überaus erhellender Weise behandelt worden ist[5] und ich selbst es in seiner Beziehung auf die jüdische Mystik ausführlicher Analyse unterzogen habe[6].

Was in der Begegnung des Mystikers mit den heiligen Schriften seiner Tradition erfolgt, ist kurz dies: die Aufschmelzung des heiligen Textes und die Entdeckung neuer Dimensionen an ihm. Mit anderen Worten: der heilige Text verliert seine Gestalt und nimmt unter dem Auge des Mystikers eine neue an. Sofort tritt hier das Sinnproblem ins Zentrum. Der Mystiker verwandelt den heiligen Text, und das entscheidende Moment dieser Metamorphose besteht darin, daß das harte, gleichsam eindeutige, unmißverständliche Wort der Offenbarung nun *unendlich* sinnerfüllt wird. Das Wort, das höchste Autorität beansprucht, wird aufgeschlossen, es öffnet sich und kommt der Erfahrung des Mystikers entgegen. Es gibt den Weg in ein unendlich Inneres frei, in dem sich immer neue Schichten des Sinnes enthüllen. Präzis hat ein chassidischer Mystiker, R. Pinchas von Koretz, dies ausgedrückt, als er die Formel, mit der im Buche Sohar, dem heiligen Buch der Kabbalisten, immer wieder die mystischen Schriftdeutungen und Lehrvorträge des Rabbi Simon ben Jochai beginnen, *Rabbi Schim'on patach*, «Rabbi Simon eröffnete [seinen Vortrag] mit dem Schriftvers ...», in wortwörtlicher Übersetzung wiedergab mit «Rabbi Simon öffnete den Schriftvers».

Die Heiligkeit der Texte liegt nun eben in ihrer Fähigkeit zu solcher Metamorphose beschlossen. Das Wort Gottes muß unendlich sein, oder, anders ausgedrückt, das absolute Wort ist zwar in sich noch bedeutungslos, aber es ist bedeutungs*schwanger*. Es legt sich in den unendlichen Schichten des Sinnes auseinander, in denen es, vom Menschen her gesehen, in endliche und sinnerfüllte Gestalten eintritt. Damit ist der wesentliche *Schlüsselcharakter* der mystischen Exegese bezeichnet. Als ein Schlüssel zur Offenbarung – so stellt sich die *neue* Offenbarung dar, die dem Mystiker zuteil wird. Ja mehr: der Schlüssel mag selbst verlorengehen – noch immer bleibt der unendliche Antrieb, ihn zu suchen. Das ist nicht nur die Situation, in der die Schriften Franz Kafkas die mystischen Antriebe, gleichsam auf dem Nullpunkt angelangt, und noch im Nullpunkt, auf dem sie zu verschwinden scheinen, so unendlich wirksam zeigen. Es ist das schon die Situation der talmudischen Mystiker des Judentums, wie sie schon vor siebzehnhundert Jahren einer von ihnen anonym und an verstecktester Stelle großartig formuliert hat. Origenes berichtet in seinem Psalmenkommentar, daß ihm ein «hebräischer» Gelehrter, wohl ein Mitglied der rabbinischen Akademie in Caesarea, gesagt habe, die heiligen Schriften glichen einem großen Haus mit vielen, vielen Gemächern, und vor jedem Gemach liegt ein Schlüssel – aber es ist nicht der richtige. Die Schlüssel von allen Gemächern sind vertauscht, und es sei die Aufgabe, groß und schwierig in einem, die richtigen Schlüssel zu finden, die die Gemächer aufschließen[7]. Dies Gleichnis, das die Kafkasche Situation schon innerhalb der in höchster Entfaltung befindlichen talmudischen Tradition aufreißt, ohne etwa in irgendeiner Weise negativ gewertet zu werden, mag einen Blick dafür öffnen, wie tief letzten Endes auch die Kafkasche Welt in die Genealogie der jüdischen Mystik hineingehört. Auch der Rabbi, dessen Gleichnis den Origenes so tief beeindruckte[8], hat die Offenbarung noch, aber er weiß schon, daß er nicht mehr den richtigen Schlüssel hat, und ist auf der Suche. Eine andere Formulierung dieses Schlüsselcharakters der Tora ist in den Schriften der lurianischen Kabbala weit verbreitet[9]. Jedes Wort der Tora hat sechshunderttausend «Gesichter», Sinnesschichten oder Eingänge, nach der Zahl der Kinder Israels, die am Berge Sinai standen. Jedes Gesicht ist nur einem unter ihnen sichtbar, zugewandt und entschlüsselbar. Jeder hat seine eigene, unverwechselbare Möglichkeit des Zugangs zur Offenbarung. Die Autorität ist nicht mehr im unverwechselbaren eindeutigen «Sinn» der göttlichen Mitteilung konstituiert, sondern in ihrer unendlichen Plastizität.

Auch innerhalb der mystischen Beziehung zum heiligen Text sind die zwei Möglichkeiten der Haltung, die konservative und die revolutionäre, deutlich erkennbar. Die konservative Haltung erkennt die Gültigkeit des historischen und sachlichen Sinnzusammenhangs, den die Texte wie etwa die Tora oder der Koran ohne alle zeitliche Einschränkung bewahren, voll an. Sie erhält gerade in dieser Anerkennung, in der Aufrechterhaltung der traditionellen Autorität in der Zeit, eine von da an fast unbeschränkte Freiheit in der Beziehung zur Schrift, wie sie in der Literatur der Mystiker immer wieder überrascht, eine Freiheit sogar der Verzweiflung wie in jenem Gleichnis vom Schloß mit den vertauschten Schlüsseln. Die Anerkennung des unverändert gültigen Sinns der traditionellen Autorität ist der Preis, den die Exegese des Mystikers für ihre Verwandlung des Gehaltes der Texte zahlt. Solange dieser Rahmen nicht gesprengt wird, bleiben das beharrende und das vorwärtstreibende Moment bei diesem Typus des Mystikers im Gleichgewicht, oder vielleicht sollten wir besser sagen: in fruchtbarer Spannung. Die unglaubliche Freiheit, mit der Meister Eckhart, der Autor des Sohar oder die großen sufischen Mystiker ihre kanonischen Texte lesen, aus denen ihnen nun ihre eigene Welt sich aufzubauen scheint, ist noch heute für den Leser solcher Schriften faszinierend.

Demgegenüber ist aber auch innerhalb der Anerkennung desselben heiligen Buches als religiöse Autorität die revolutionäre Haltung dann unabwendbar, wenn der Mystiker jenen Rahmen des Wortsinns aufsprengt und damit aufhebt. Solche Aufhebung unter gleichzeitiger fortdauernder Anerkennung der Autorität wird dadurch möglich, daß der Wortsinn als einfach nicht existent betrachtet wird oder aber als nur zeitlich bedingt, so daß die mystische Deutung an seine Stelle tritt.

Zwei klassische Beispiele für diese beiden Möglichkeiten in der Beziehung zum heiligen Text bietet die Religionsgeschichte des Judentums in der Zeit nach dem Abschluß des biblischen Kanons. Ich meine die Haltung der Autoren der exegetischen Texte in den Rollen vom Toten Meer, wohl aus vorchristlicher Zeit, und die des Paulus. Es ist noch nicht ausgemacht, ob die Rollen vom Toten Meer im genauen Sinn als Zeugnisse mystischer Geisteshaltung interpretiert werden müssen oder dürfen. Die Unsicherheit in der Interpretation dieser Texte, und gerade des persönlich religiösen Elements an ihnen, ist vorläufig so groß, daß eine Entscheidung noch weit im Felde zu liegen scheint[10]. Wenn sich aber die Hypothese bewahrheiten sollte, daß wir es bei den Führern dieser Sekte mit Mystikern (und nicht nur konservativen Reformatoren) zu tun haben, so würde diese Literatur ein ausgezeichnetes, ja das älteste Beispiel konservativer Haltung zum heiligen Text bieten, die zugleich von größter Freiheit in der Exegese begleitet ist, die die historische und seelische Situation der Sektierer in den heiligen Texten wieder entdeckt und aus ihnen herausholt. Auch wenn die Hymnen, die die persönliche Religion dieser Gemeinschaft ausdrücken (oder vielleicht gar die eines ihrer Führer), auf mystische Erleuchtungen Bezug nehmen sollten und aus ihnen ihren letzten Antrieb beziehen, bleibt die Welt dieser Gläubigen ganz innerhalb des Rahmens der traditionellen Autorität, bleibt strikt konservativ, auch wo sie sie in Wirklichkeit verwandelt. Von einer Abrogation der Autorität, die vielmehr in ihrer ganzen Schroffheit wiederaufzurichten das Ziel ist, kann keine Rede sein.

Ganz anders verhält es sich mit Paulus, dem hervorragendsten Beispiel eines revolutionären jüdischen Mystikers, das wir kennen. Paulus hat eine mystische Erfahrung, deren Deutung bei ihm zu einer völligen Sprengung des Rahmens der überlieferten Autorität führt. Er ist nicht imstande, sie zu bewahren; da er aber zugleich auf den Autoritätscharakter der Heiligen Schrift als solcher nicht verzichten will, muß er sie als zeitlich begrenzt und dadurch abrogierbar erklären. Eine rein mystische Exegese der alten Worte tritt an die Stelle des ursprünglichen Rahmens und begründet nun die neue Autorität, die aufzurichten er sich berufen fühlt. Der Zusammenstoß des Mystikers mit der religiösen Autorität vollzieht sich bei ihm mit voller Schärfe. Die unglaubliche Gewaltsamkeit, mit der Paulus das Alte Testament, wenn man so sagen dürfte, «gegen den Strich» liest, zeigt nicht nur, wie unvereinbar seine Erfahrung mit der des Sinnes der alten Texte war, sondern auch, mit welcher konsequenten Entschlossenheit er darauf beharrte, sich, und sei es auch nur in rein mystischen Exegesen, die Rückbeziehung auf den heiligen Text nicht zu verbauen. Der Preis ist jenes Paradox des restlos aufgesprengten heiligen Textes, das den Leser der Paulinischen Briefe immer wieder erstaunt. Die neue Autorität, die aufgerichtet wird und der die Paulinischen Briefe selber nun zum Texte dienen, ist revolutionärer Natur. Sie bricht von der im Judentum konstituierten fort, weil sie eine neue Quelle gefunden hat, aber sie investiert sich auch weiterhin mit einem Teil der Bilderwelt der nun ins rein Spirituelle aufgelösten alten Autorität.

Von all diesen Haltungen gilt, daß der Mystiker seine Erfahrung in dem heiligen Texte wiederfindet. Ob sie ihm von dort her entgegenstrahlt oder ob er sie hineinträgt, ist oft unentscheidbar. Die Genialität mystischer Exegesen besteht in der unheimlichen Präzision, mit der sie diese Aufsprengung der Schrift zu einem *corpus symbolicum* am Worttext selber vornehmen. Je präziser solche mystische Exegese, desto größer die Chancen der fortdauernden Anerkennung des so verwandelten Textes auch in seinem Wortsinn, der nur das Tor bildet, durch das der Mystiker schreitet, aber ein Tor, das er sich immer wieder offenhält. In einer denkwürdigen Exegese des Sohar über Gen. 12:1 spricht sich diese Haltung des Mystikers in größter Kürze aus. Gottes Wort an Abraham: *Lech l'cha,* bedeutet nicht nur in seinem Wortverstande «Ziehe hinaus», das heißt bezieht sich auf die Wanderung dessen, der auf Gottes Geheiß in die Welt zieht, sondern läßt sich in mystischer Wörtlichkeit auch lesen als «Gehe zu dir», zu deinem eigenen Selbst.

3

Es sind vor allem zwei Faktoren, die für den konservativen Charakter, den die Mystik in der Geschichte so oft trägt, entscheidend sind: die Erziehung des Mystikers selber und die Figur seines geistigen Führers, auf die ich noch zu sprechen komme. Was die Erziehung des Mystikers angeht, so trägt er ja fast stets ein altersschweres Erbe mit sich. Er ist innerhalb des Rahmens einer anerkannten religiösen Autorität aufgewachsen, und selbst wenn er sich darangemacht hat, die Dinge selbständig zu betrachten und seinen eigenen Weg zu suchen, bleibt doch all sein Denken und vor allem seine Phantasie mit überliefertem Material erfüllt. Weder kann er dies Erbteil seiner Väter leicht von sich abwerfen, noch mag er das auch nur erstreben. Warum sieht eigentlich ein christlicher Mystiker immer wieder christliche Visionen und nicht die eines Buddhisten? Warum sieht ein Buddhist die Gestalten seines eigenen Pantheons und nicht etwa Jesus oder die Madonna? Warum trifft ein Kabbalist auf seinem Wege zur Erleuchtung den Propheten Elias und keine Figur aus einer ihm fremden Welt? Die Antwort ist natürlich, daß der Ausdruck ihrer Erfahrungen sich sofort in traditionelle Symbole aus ihrer eigenen Welt umsetzt, auch wenn die Objekte dieser Erfahrung im Grunde dieselben sind und nicht etwa, wie von manchen Erforschern der Mystik, besonders von katholischer Seite, gern angenommen wird, wirklich im Grunde ganz verschiedene. Der Nichtkatholik wird dem oft unternommenen Versuch des Nachweises dieser fundamentalen Verschiedenheit der Erfahrungen der Mystiker (die von der katholischen Lehre nahegelegt wird) mit großer Skepsis gegenüberstehen, weil er zwar verschiedene Grade und Stufen der mystischen Erfahrung und noch mehr unendliche Deutungsmöglichkeiten dieser Erfahrung anerkennen wird, ohne deren Einheit deswegen zu verkennen[11].

Hier ist es vielleicht angezeigt, die Frage aufzuwerfen, was eigentlich geschieht, wenn Mystik *ohne* Bindung an irgendeine religiöse Autorität auftritt. Dies Problem der säkularisierten Interpretation des amorphen mystischen Erlebnisses stellt sich seit der Zeit der Aufklärung oft genug. Es wird in seiner Schärfe zum Teil noch dadurch verwischt, daß Autoren sich über ihre mystischen Erfahrungen zwar in entschieden säkularisierender, von aller überlieferten Autorität sich lösender oder sie verwerfender Weise aussprechen, dennoch aber die jeweilige Sinndeutung ihrer Erfahrung mit Bildern der Tradition umhängen, wie Rimbaud und am nachhaltigsten wohl William Blake. Sie verstehen sich zwar selbst als luziferische Häretiker, aber ihre Imagination ist noch erfüllt von den Bildern der Tradition, sei es der offiziellen der katholischen Kirche, sei es der unterirdischen und esoterischen hermetischer und spiritualistischer Provenienz (wie bei Blake). Hier bewährt sich die Macht der Tradition nochmals an den Revolutionären selbst, die ihre Autorität doch im Entscheidenden in sich selber und der weltlichen Sinngebung ihrer Visionen suchen. Ungemein interessant stellt sich dies Problem gerade im anglosächsischen Kulturkreis, wo die Geschichte der Mystik hinter Blake an Walt Whitman, Richard Bucke und Edward Carpenter ausdrucksmächtige und entschlossene Repräsentanten einer völlig autoritätslosen, rein säkularisierten Mystik findet.

Das beste Beispiel für die rein naturalistische Deutung des Sinnes der mystischen Erfahrung, auch wo sie in überwältigender Macht erfahren wurde, bietet wohl noch immer das in Nordamerika weit verbreitete Werk des kanadischen Arztes Richard Maurice Bucke, des Freundes und Testamentsvollstreckers Walt Whitmans. Bucke hatte 1872 ein ihn völlig umwerfendes mystisches Illuminationserlebnis und versuchte sich in den darauffolgenden Jahrzehnten nicht nur über dessen Sinn, sondern über den aller anderen großen mystischen Erfahrungen, die er als genuin anzuerkennen sich gedrungen fühlte, immer deutlicher klar zu werden. Die Resultate legte er in seinem Werke «Cosmic Consciousness[12]» nieder. Hier zeigt sich denn, daß authentische mystische Erfahrungen auch von dem Träger solcher Erfahrungen selber auf rein immanente, naturalistische Weise gedeutet werden können, ohne daß religiöse Autorität in irgendeinem Sinn in die Deutung hineinspielt. Aber auch hier bestimmt die akzeptierte wissenschaftliche und naturphilosophische Theorie die Interpretation der mystischen Erfahrung genau so, wie die entsprechenden Theorien der Buddhisten, der Neuplatoniker oder der Kabbalisten die ihren bestimmen. Nur bildet eben für den Autor im späten 19. Jahrhundert der Darwinismus die Theorie, die ihm die Instrumente und Begriffe seiner Deutung liefert. Im Sinn des Darwinismus sieht er die mystischen Erfahrungen als Vorstufen einer neuen, immer allgemeiner werdenden Stufe des menschlichen Bewußtseins in seinem Entwicklungsprozeß an. So wie das Auftreten neuer Gattungen in der Welt des Lebendigen sich zuerst in Mutationen ankündigt, die nur bei vereinzelten Exemplaren der alten Spezies auftreten, ist die höhere Form des Bewußtseins, die Bucke als «kosmisches Bewußtsein» umschreibt, jetzt nur erst einzelnen Exemplaren der Gattung Mensch zugänglich, und es ist das Auftreten dieses sich ankündigenden Bewußtseinswandels, der der ganzen Menschheit bevorsteht, welches bisher nur wenigen Exemplaren der Gattung Mensch zuteil geworden ist und daher als mystische Erfahrung gilt. Ihre Ausdeutung im Sinne der Religion ist ein – historisch begreiflicher – Irrtum vergangener Geschlechter. Der Autoritätscharakter der mystischen Erfahrung ist legitim, aber er muß anders aufgefaßt werden: es ist die Autorität der kommenden Entwicklungsstufe des Bewußtseins, die sich in ihm ankündigt. Mir scheinen Buckes Darlegungen, so naiv und unhaltbar sie dem wissenschaftlichen Leser von heute erscheinen, doch sehr erleuchtend und aufschlußreich für alle Betrachtung mystischer Selbstinterpretation. Sie sind ein kostbares Zeugnis für jene unendliche Fähigkeit des Ausgedeutetwerdens, die dem amorphen mystischen Erlebnis innewohnt.

Um aber auf die Fragestellung, die uns hier beschäftigt hat, zurückzukommen, so ist noch ein weiterer Punkt von Wichtigkeit. Daß im allgemeinen der Mystiker, von den eben berührten Ausnahmefällen abgesehen, auf natürliche Weise durch seine Erziehung von traditionellen Anschauungen und Symbolen beeinflußt und oft ganz durchtränkt ist, wurde dennoch immer noch nicht als genügende Garantie betrachtet. Zu sehr wohnt der mystischen Erfahrung, ihrer Natur nach, die Gefahr der Abirrung von der traditionellen Autorität ins Unkontrollierte und Unkontrollierbare inne. Die religiöse Erziehung der Gruppe läßt immer noch den Weg zu vielen Abenteuern des Geistes offen, die den anerkannten Vorstellungen und Lehren zuwiderlaufen und einen Zusammenstoß zwischen dem Mystiker und der religiösen Autorität, wie sie in seiner Gruppe konstituiert ist, herbeizuführen geeignet sind. Dies muß als einer unter mehreren entscheidenden Faktoren betrachtet werden, die dazu beitrugen, daß sich die Auffassung bildete, wonach in der Mystik ein geistiger Führer, ein Guru, wie die Inder sagen, unbedingt notwendig sei. Freilich erfüllt der Guru *prima facie* vor allem eine psychologische Funktion. Er verhindert es, daß der Schüler, der sich daranmacht, die Welt der Mystik zu erkunden, in die Irre geht und sich selbst in Gefahr bringt. Kann doch der, der seinen Weg alleine sucht, leicht in Verwirrung geraten, ja sogar in Wahnsinn verfallen, denn der Pfad des Mystikers ist mit Gefahren gepflastert und von Gefahren rings umgeben. Er führt an Abgründen des Bewußtseins vorbei und verlangt einen gemessenen und sicheren Schritt. Die Jogis, die Sufis und die Kabbalisten stellen die Forderung nach solch einem geistigen Führer auf, nicht weniger als die Handbücher der katholischen Mystik. Ohne den Führer ist man in Gefahr, sich in der Wüstenei des mystischen Abenteuers zu verlieren. Der Führer soll imstande sein, das richtige Gleichgewicht im Geiste des Mystikers zu schaffen, aber er kennt auch allein jene praktischen Anwendungen der Lehren, die nicht mehr aus Büchern gelernt werden können. Darüber hinaus erfüllt der Guru aber eine weitere Funktion, von der sehr viel weniger die Rede ist, die aber um keinen Deut weniger real ist: er repräsentiert die religiöse Autorität in ihrer traditionellen Verfassung. Er lenkt und bestimmt die Ausdeutung der mystischen Erfahrung, noch bevor sie überhaupt zustande kommt. Er lenkt sie in Kanäle, die der etablierten Autorität annehmbar sind. Wie bringt er dies fertig? Dadurch, daß er den Schüler auf das vorbereitet, was er auf seinem Wege und am Ziel zu erwarten hat. Von vorneherein liefert er die traditionelle Färbung, die die mystische Erfahrung, so amorph sie auch ist, im Bewußtsein des Novizen dann annimmt.

Betrachten wir etwa die berühmten «geistlichen Exerzitien» des Ignaz von Loyola, ein unschätzbares Handbuch katholischer Mystik. Von Anfang an imprägniert es das Bewußtsein des sich der Beschauung Hingebenden mit den Bildern der Passion Christi. Es zeigt genau, was der Beschauende zu erwarten hat, und es unternimmt, genau die Phänomene zu produzieren, die sie ihm verspricht. Nicht anders steht es, um ein Beispiel aus der jüdischen Mystik zu nehmen, mit jener chassidisch-kabbalistischen Analyse der Stadien der Entrückung und Ekstase, die ein berühmter Traktat aus der *Chabad*-Schule des weißrussischen Chassidismus enthält[13]. Er schildert für den Wanderer auf dem Pfad der «aktiven» Kontemplation genau die Stadien, die er zu durchlaufen hat, wenn er seinen Weg im Sinne streng jüdischer Vorstellungen von der reinen Furcht und reinen Liebe Gottes halten und vor Abirrungen in das unkontrollierbare Schweifen des sich ergießenden Gefühls bewahren will. Er liefert die kabbalistisch-traditionellen Symbole, unter denen solcher Weg eines jüdischen Mystikers zur Erfahrung des Göttlichen beschrieben oder gedeutet werden kann, und sichert dadurch nach Möglichkeit seine Konformität mit der Autorität gerade an den gefährlichsten Wendungen dieses Weges.

Die Kompromisse, die zwischen der Mystik und der überlieferten religiösen Autorität abgeschlossen worden sind, um ihr das Verbleiben in deren Rahmen zu ermöglichen, sind natürlich, je nach den Bedingungen der einzelnen religiösen Gruppen, von der denkbar größten Variationsfähigkeit. Als eine in beiden Richtungen sehr lehrreiche Illustration eines solchen Kompromißverhältnisses möchte ich hier die kabbalistische Vorstellung des *Gilluj Elijahu,* der «Offenbarung des Propheten Elias», besprechen. Hier haben wir ein ganz reines Beispiel dafür, wie die konservativen und «progressiven» Aspekte der Mystik in einem einzigen ausdruckskräftigen Symbol sich zusammenfinden.

Als die ersten Kabbalisten auf dem Schauplatz der jüdischen Geschichte erschienen, am Ende des 12. Jahrhunderts in der Languedoc, erhoben sie nicht etwa den Anspruch, unmittelbar mit Gott gesprochen zu haben. Sie bezogen vielmehr eine Ausweichstellung und benutzten eine Symbolik, die für das Problem, das uns hier beschäftigt, überaus charakteristisch ist. Sie suchten etwas zu übermitteln, was ihnen offensichtlich nicht durch die allgemein zugänglichen und anerkannten Medien oder Kanäle der Überlieferung zugekommen war. Andererseits konnten sie, als orthodoxe Juden, nicht eine mystische Erfahrung ihrem Anspruch zugrunde legen, die dieselbe Rangstufe einnehmen würde wie die Offenbarung, auf der die religiöse Autorität des Judentums beruht. Es liegt nämlich so, daß alle monotheistischen Religionen einen bestimmten Begriff von etwas haben, was ich wohl als eine Philosophie ihrer Geschichte beschreiben darf, eine Vorstellung von der Entfaltung der Geschichte, die es ihnen verbietet, allen Arten von Offenbarungen, wie sie durch die verschiedenen Zeitalter hindurch ihnen zugekommen sind oder möglich wären, einen und denselben Wertgrad zuzuschreiben. Sie bestehen immer darauf, daß die erste große Offenbarung auch die den höchsten Rang einnehmende war. Von da an sinken der Rang und die Gradstufe, auf denen Offenbarung noch als ein rechtmäßiger Ausdruck der Grundgehalte solcher Religion annehmbar ist, immer niedriger; sie werden immer schwächer und weniger autoritativ. Diese Vorstellung, die den monotheistischen Religionen inhärent zu sein scheint, wirft natürlich für den Mystiker ein großes Problem auf, da ja für ihn seine eigene religiöse Erfahrung frisch und ungeschwächt sich darstellt und von höchstem Wertbewußtsein begleitet ist. Hier waren Kompromisse, mindestens in der Anerkennung von Gradunterschieden, die sich auch auf die religiöse Terminologie auswirken mußten, unvermeidlich. So etwa wurden im rabbinischen Judentum, in dessen Schoß die kabbalistische Mystik sich entwickelte, verschiedene mögliche Offenbarungserfahrungen als echt und in ihrer Weise autoritativ anerkannt, nämlich die des Moses, der Propheten, des Heiligen Geistes (der in den Hagiographen der Bibel spricht), der Empfänger der «Himmlischen Stimme» *(bath kol,* die in der talmudischen Zeit vernehmbar gewesen sei) und schließlich die «Offenbarung des Propheten Elias». Jede von diesen Stufen stellt einen geringeren Grad an Offenbarungsautorität dar als die vorhergehende. Der Grundsatz bleibt:

nicht jede Generation kann jede Erfahrung machen, aber immer noch besteht für den Mystiker die Möglichkeit, seine eigene Erfahrung im Rahmen der Tradition annehmbar zu machen, wenn er dafür Sorge trägt, sie im Einklang mit solcher absinkenden Skala der Werte zu definieren.
So kam es denn, daß die Kabbalisten nicht mehr für sich in Anspruch nahmen als den scheinbar so bescheidenen Rang von Empfängern einer «Offenbarung des Propheten Elias». Es ist hierbei übrigens klar zu verstehen, daß das visuelle Moment bei solcher Erfahrung dem auditiven gegenüber nur eine sehr nebensächliche Bedeutung hat, da die mystische Erfahrung sich als Vernehmen der Stimme dem jüdischen Mystiker stärker legitimiert als in ihren Deutungen als Lichtvisionen, wohl vor allem auch unter dem Einfluß jener ganz ins Mystische gewandten Theorie der Prophetie, von der schon oben die Rede war.
Der Prophet Elias nun stellt in der jüdischen Tradition seit den Anfängen des rabbinischen Judentums eine besonders tief mit den Anliegen dieses Judentums verbundene Gestalt dar: er ist der Träger der göttlichen Botschaften durch alle Generationen. Die wahrhaft Frommen begegnen ihm auf dem Marktplatz nicht weniger als in der Vision, und er ist es, der am Ende der Tage alle im Gegensatz zueinander stehenden Auffassungen, Traditionen und Lehren, wie sie in der jüdischen Überlieferung Ausdruck finden, miteinander versöhnen wird[14]. Er, der als der eifervolle Hüter des Ideals jüdischer Frömmigkeit und der messianische Torhüter und Garant der Überlieferung vorgestellt wird, ist keine Gestalt, von der angenommen werden konnte, sie würde irgend etwas zum Gegenstand ihrer Mitteilung und Offenbarung machen, das grundsätzlich mit solcher Überlieferung im Widerspruch steht. Eine kabbalistische Offenbarung des Propheten Elias stellt also eine Ausdeutung mystischer Erfahrung dar, die ihrer Natur nach viel eher dahin neigt, Autorität zu bestätigen, als sie zu erschüttern.
Wenn wir die ersten Persönlichkeiten in der Geschichte der Kabbala betrachten, für die das Erreichen solchen

Ranges in Anspruch genommen wurde, so ist es aufschlußreich, daß es sich dabei gerade um Rabbi Abraham ben David aus Posquières und seinen Sohn Isaak den Blinden handelt. Abraham ben David (gest. 1198) war die größte rabbinische Autorität seiner Generation in Südfrankreich, ein Mann, der tief in talmudischer Gelehrsamkeit und Kultur verwurzelt war. Zugleich aber war er ein Mystiker, der seine Erfahrung in eindeutig konservativen Begriffen faßte[15]. Er selbst spricht in seinen Schriften davon, daß der Heilige Geist in seinem Lehrhaus erschienen sei; die Kabbalisten aber sagten von ihm, der Prophet Elias sei ihm erschienen. Dies allein schon konnte als Bürgschaft dafür gelten, daß kein Widerstreit entstehen konnte zwischen dem traditionellen Wissen dieses Rabbi und der Übersetzung seiner mystischen Erfahrung in neue Anschauungen. Und als sein Sohn, ein reiner Kontemplationsmystiker ohne besonders hervorragenden Anspruch auf rabbinische Autorität, die mystischen Wege seines Vaters weiterverfolgte, wurde derselbe Anspruch für ihn erhoben. Die Lehren, die von ihm und seiner Schule formuliert wurden, wurden als legitime Ergänzungen rabbinischer Lehre betrachtet, deren Anhänger kein Risiko eingingen, mit der überlieferten Autorität in Konflikt zu geraten. Daß die Symbole, in denen sich diese neue Offenbarung nun aber mitteilte, dennoch in lebendiger und keineswegs ungefährlicher Spannung zu dieser überlieferten Autorität standen, zeigt, wie bedeutend die Kräfte gewesen sein müssen, die sich dennoch in dieser Mystik durchsetzen und zugleich im Rahmen der alten Autorität bleiben konnten.

Dasselbe Phänomen, das wir hier am Anfang der Kabbala finden, wiederholt sich bei einer so zentralen Figur ihrer späteren Entwicklung wie Isaak Luria im 16. Jahrhundert. Luria stellt in voller Entfaltung beide Aspekte des Problems dar, das wir hier betrachten. Er ist in allem seinem Wandel ein ausgesprochen Konservativer. Er akzeptiert jede religiöse Autorität, wie sie im Judentum etabliert war, und unternimmt es in der Tat, das religiöse Gewicht solcher Autorität dadurch zu verstärken, daß er ihr noch höhere Gestalt und noch tieferen Sinn verleiht. Die Ideen aber, durch die er diese anscheinend strikt konservative Leistung fertigbringt, sind von völlig neuartiger Art und durch ihre Kühnheit und ihren Wagemut in solchem Zusammenhang doppelt erstaunlich. Und dennoch wurden sie, mit all dem Neuen, das in ihnen durchbricht, in einen Traditionszusammenhang mit der anerkannten Autorität gesetzt, indem für sie die Autorität einer Offenbarung des Propheten Elias in Anspruch genommen wurde, ein Anspruch, der unter dem Eindruck dieser bedeutenden Persönlichkeit und ihrer ganzen Haltung weithin Anerkennung fand. So wurde Lurias eigene Quelle der Inspiration eine neue Autorität eigenen Rechtes. Die traditionellen Kategorien aber, die hier gebraucht wurden, um solche Autorität zu definieren, sollten uns nicht für die Tatsache blind machen, daß, einmal angenommen, diese Autorität das späte Judentum verändert und verwandelt hat, auch wo sie den Anspruch auf solche Verwandlung durchaus unterließ. Die Zurückhaltung in der Beschreibung der Quelle seiner Inspiration, die sich in Übereinstimmung mit der einmal angenommenen Vorstellung von den Rangordnungen der Offenbarungen in der Geschichte hält, bedeutet weniger, als es den Anschein hat. Noch immer bleibt die mystische Erfahrung, die diese Quelle bildet, so echt wie irgendeine und ihr Rang so hoch wie der irgendeines früheren Phänomens in der Welt des rabbinischen Judentums.

4

In Verbindung mit dieser Frage der konservativen Sinngebung und Funktion der Mystik ist ein weiterer Punkt von Wichtigkeit. Ich sagte oben, daß der Mystiker seiner Herkunft und geistigen Erziehung nach dazu vorbereitet ist, seine Erfahrung ganz spontan in traditionelle Symbole zu übersetzen. Hier treffen wir wiederum auf das Problem des Symbolismus, das in diesem Zusammenhang nicht von neuem diskutiert werden soll. Natürlich ist es klar, daß die Frage nach dem Sinn von Symbolen eine unendliche Fülle von Aspekten eröffnet, und wenn hier im Zusammenhang des uns beschäftigenden Problems nur *ein* solcher Aspekt besonders betont wird, so ist damit nicht gesagt, daß ganz andere Aspekte, in anderen Zusammenhängen, weniger wichtig oder wirksam seien. Ihrer eigenen Natur nach sprechen Symbole etwas Ausdrucksloses in der Welt des Ausdrückbaren aus. Aber diese ihre sozusagen nach innen gekehrte Seite ist nicht alles. Sie haben zugleich auch Funktionen im Bereich der menschlichen Gemeinschaft. Es darf gesagt werden, daß es sogar eine der zentralen Funktionen religiöser Symbole ist, in einem konservativen Medium von Traditionen zu wirken[16]. Die Sinnfülle, die sie auszustrahlen scheinen, verleiht der leicht in Erstarrung geratenden Tradition immer erneute Lebendigkeit – bis die Symbole selber sterben oder sich verwandeln.

Der Mystiker, der seinen heiligen Texten, den Lehren und dem Ritual seiner Religion neue symbolische Bedeutung gibt – und das ist es eben, was fast alle Mystiker getan haben und was ihre Wirkung in der Religionsgeschichte weitgehend bestimmt –, entdeckt eine neue Dimension, eine neue Tiefe, innerhalb seiner eigenen Überlieferung. Indem er Symbole benutzt, um seine eigene Erfahrung zu beschreiben und seine Vorstellungen von ihr zu formulieren, unternimmt er es in Wirklichkeit, die religiöse Autorität durch seine Reinterpretation zu bestätigen, sei es, indem er Inhalte der Tradition als Symbole sieht, sei es, daß er mit neuen Symbolen sie zu erleuchten versucht. In diesem Akt, der die symbolische Dimension eröffnet, verwandelt er aber die religiöse Autorität, und seine Symbolik ist das Instrument dieser Verwandlung. In frommer Verehrung beugt er sich vor der Autorität, aber diese Verbeugung verbirgt kaum die Tatsache, daß er sie, und oft in kühner und manchmal auch extremer Weise, transformiert. Er benutzt alte Symbole und verleiht ihnen neuen Sinn, er mag selbst neue Symbole benutzen und ihnen einen alten Sinn beilegen – in beiden Fällen erfassen wir einen dialektischen Prozeß, in dem sich die konservativen und die neuartigen, produktiven Aspekte der Mystik in ihrem Aufeinanderbezogensein enthüllen.

Eine weitere Frage drängt sich hier auf: wäre es richtig und angemessen, zwischen diesen beiden Aspekten der Haltung zur Autorität etwa als bewußten und unbewußten Prozessen zu unterscheiden? Könnte man sagen, die religiöse Autorität stelle eine bewußte Macht im Gemüt des Mystikers dar, während sein Konflikt mit ihr in den unbewußten Bereichen seiner Erfahrung gründet? Es läßt sich einiges zugunsten solcher Meinung anführen. Zweifellos gibt es manche Mystiker, bei denen die Grenzlinie zwischen dem Bewußten und Unbewußten mit der zwischen ihren konservativen und produktiven Tendenzen identisch ist. Und doch wäre dies eine übermäßige Vereinfachung des Problems. Im Grundsätzlichen kann die Grenzlinie keineswegs so einfach definiert werden. Schließlich spielt sich jener Konflikt häufig genug im vollen Licht ab und wird vom Mystiker ganz bewußt ausgetragen. Der Mystiker weiß dann, daß er sich gegen die Autorität stellen muß, daß er eine neue zu begründen hat oder aber Autorität überhaupt abzuschaffen berufen ist.

Das ist etwa der Fall bei den großen Führern der Wiedertäufer, deren mystische Inspiration ja unverkennbar ist, und bei den Quäkern, um nur einige besonders augenfällige Beispiele aus dem christlichen Bereich anzuführen, und genau so verhält es sich mit den Führern der sabbatianischen Bewegung und des Chassidismus im Judentum. Die psychologischen Kategorien sind mit den historischen keineswegs identisch. Häufig genug haben die Mystiker auch große Anstrengungen darauf verwandt, ihre Anschauungen innerhalb des Rahmens überlieferter Autorität zu vertreten, und wurden zum offenen Konflikt mit der konstituierten Autorität erst dadurch getrieben, daß sie in ihrer Gemeinschaft auf besonders starke Opposition stießen, die zu überwinden ihnen nicht gelang. Wenn es aber von ihnen abgehangen hätte, so hätten sie diesen Konflikt, den sie nicht gesucht haben, vermieden. In manchen Fällen läßt sich zeigen, daß sie ihre eigenen Ideen in immer zunehmend radikaler Weise erst zu interpretieren begannen, als solcher Konflikt ihnen durchaus gegen ihren Willen aufgedrängt wurde.

Die Tagebücher John Wesleys, des Begründers des Methodismus, liefern vielleicht die beste Illustration dafür. Selten ist mit solcher Deutlichkeit beschrieben worden, wie ein in die Dialektik seines Unterfangens ganz verstrickter Mystiker der Lehre von der christlichen Wiedergeburt sich, man möchte sagen, mit Füßen und Händen dagegen wehrt, in den Konflikt mit der anglikanischen Autorität hineingerissen zu werden, und wie sehr dieser Konflikt dann nicht von innen, sondern von außen her ihm aufgezwungen wird, dann aber von ihm mit vollem Bewußtsein ergriffen und durchgekämpft wird. Man möchte vermuten, soweit die bisher bekannten Dokumente ein Urteil erlauben, daß es sich mit einem so hervorragenden Führer der Gnosis wie Valentinus nicht viel anders verhielt. Und Ähnliches spielte sich in der Geschichte des Chassidismus ab, dessen ersten Führern der Gedanke an einen aktuellen Konflikt mit der rabbinischen Autorität vollkommen fernlag. Als dieser Konflikt ihnen aber aufgezwungen wurde, ließen einige von ihnen ihrer spiritualistischen Mystik erst recht ungehemmten Lauf, bevor die Bewegung schließlich in ein anfangs labiles, später sich immer stärker stabilisierendes Kompromißverhältnis mit ihren rabbinischen Gegnern geriet. Die Scheidung von bewußten und unbewußten Prozessen spielt für das Verständnis dieser Vorgänge, soweit ich zu sehen vermag, kaum eine Rolle.

Natürlich erhebt sich dabei die Frage: unter welchen Umständen tritt solcher Konflikt nun eigentlich auf, welche Momente sind dafür entscheidend? Welche Art Mystiker lädt den Konflikt mit der Autorität ein und welche nicht? Die Antwort auf diese Fragen ist leider überaus unbefriedigend. Das Auftreten solchen Konfliktes ist im wesentlichen unvorhersehbar und hängt keineswegs im Entscheidenden von der Persönlichkeit des Mystikers oder auch nur von seinen Lehren ab. Es hängt völlig von den historischen Umständen ab, deren immer wechselnde und auf keinen eindeutigen allgemeinen Nenner zu bringende Beziehungen zur religiösen Sphäre das Resultat der Begegnung zwischen dem Mystiker und der Gesellschaft entscheiden. Nur die Kenntnis aller historischen Faktoren und der spezifischen Verhältnisse, unter denen Mystiker zu wirken unternehmen, erlaubt eine Antwort. Die einzige Ausnahme in diesem Verhältnis bilden wohl jene Mystiker, die man etwa als geborene Radikale (im Sinne des englischen Sprachgebrauchs des Wortes *radicals*) bezeichnen dürfte – eine spezifische Qualität der Person, die ja in keiner Weise Mystikern alleine zukommt. Es gibt genug Menschen, die von Natur aus zur radikalen Formulierung ihrer Ideen neigen, Autorität welcher Art immer nicht mit freundlichen Augen betrachten und die Torheit ihrer Mitmenschen ohne alle Umschweife unerträglich finden. Sie brauchen keineswegs in den Umkreis der Mystik zu geraten, um gegenüber der Autorität oppositonellen Stand zu beziehen. Wenn sie aber Mystiker werden, so prägt sich diese Tendenz natürlich besonders scharf aus, wie etwa das Beispiel von George Fox am Beginn des englischen Quäkertums an einem ganz reinen Fall illustriert.

Nichts ist für das Gesagte charakteristischer als der Umstand, daß mystische Lehren nur in den seltensten Grenzfällen – denen der nihilistischen Mystik – *an sich* konflikthaltig sind. Lehren, die mit großem Nachdruck zu einer Zeit und an einem Orte vertreten worden sind, ohne daß sie zu irgendeinem Konflikt in ihrem Kreise geführt hätten, erzeugen unter anderen historischen Verhältnissen die heftigsten Kämpfe. Die Dialektik der Symbolik, von der oben die Rede war, ist gewiß immer da; ob sie aber bis zum offenen Konflikt mit der Autorität ausgetragen wird, hängt keineswegs von ihr selbst ab. Die Geschichte der katholischen Mystik kennt berühmte Beispiele hierfür, und der Historiker der Mystik hat wenig Gewinn von den Versuchen der Apologeten, zu beweisen, daß es in Wirklichkeit nur ähnlich aussehende, aber im wesentlichen sehr verschiedene Doktrinen seien, die im einen Fall die Anerkennung seitens der Autorität, im anderen ihre Verdammung als häretisch herbeigeführt hätten. Die Geschichte der quietistischen Mystik in der Kirche ist wohl das lehrreichste Beispiel für das Gesagte[17]. Denn nicht die ursprünglichen Positionen der Vertreter der quietistischen Mystik in der spanischen Kirche haben sich geändert, als man Madame Guyon verdammte, sondern die historische Situation. Einer der dramatischsten Zusammenstöße in der Geschichte der Kirche zeigt, wie solcher Konflikt auch gegen den entschiedenen Willen der Hauptbeteiligten erzwungen werden konnte, wenn eine historische, den mystischen Lehren ganz transeunte Situation ihn wünschbar machte.

Nicht anders steht es mit manchen chassidischen Theorien. Als Israel Baal-schem, der Begründer des polnischen Chassidismus im 18. Jahrhundert, die mystische These vertrat, daß die *communio* mit Gott *(debekuth)* wichtiger sei als Studium der Schriften, erregte diese These beträchtliche Gegnerschaft und wurde von allen polemischen Schriften gegen die Bewegung als Beweis ihrer subversiven und antirabbinischen Tendenzen zitiert. Aber genau die gleiche These wurde von einer nicht geringeren Autorität der jüdischen Mystik, von Isaak Luria selbst, zweihundert Jahre vorher in Safed vertreten, ohne daß sie den mindesten Antagonismus erweckte. Es ist nicht die These selber, die sich geändert hat, sondern das Klima, in dem historisch sich ihre Anwendung und Verkündigung vollzieht.

Wie dem Mystiker selbst sich die Haltung zur Autorität darstellt, haben wir im Vorhergehenden in den Grundzügen dargelegt. Wie die Autorität ihrerseits die Bestrebungen und Abenteuer des Mystikers von sich aus dem überlieferten Rahmen einzufügen versucht, dafür haben wir bisher wenigstens zwei Gesichtspunkte kennengelernt.

Wir sahen, daß sie ihn von vorneherein, durch Erziehung und die Figur des geistigen Führers, mit den Werten der Tradition und deren Symbolen zu erfüllen sucht. Damit hängt zusammen, daß sie überhaupt es sich angelegen sein läßt, dem «Kandidaten» für den mystischen Weg möglichst viel Hindernisse entgegenzustellen. Die Autorität ermutigt im großen und ganzen diese Unternehmungen nie, und wenn die Hindernisse den Wanderer schließlich abschrecken und ihn sich mit den alten Wegen begnügen lassen, weil ihm die neuen unpassierbar gemacht werden – um so besser unter dem Gesichtspunkte der Autorität.

Vor allem muß unter diese Kategorie die ausgesprochene Abneigung der großen institutionellen Religionen gegen Laienmystiker gerechnet werden, das heißt gegen ungelehrte Mystiker, die von der Intensität ihrer Ergriffenheit so befeuert werden, daß sie auf die überlieferten und von der Autorität zugestandenen Wege verzichten zu können glauben. Je unstudierter und theologisch ungebildeter solch ein Anwärter auf mystische Erleuchtung war, desto unmittelbarer war die Gefahr seines Konfliktes mit der Autorität. Alle Handbücher der Mystik, die vom Standpunkt überlieferter Autorität her geschrieben sind, liefern hierfür, ganz unabhängig von ihrem jeweiligen spezifischen Lehrgehalt, jede wünschbare Illustration. Im Judentum etwa suchte man dem möglichen Konflikt dadurch zuvorzukommen, daß die Vorschrift aufgestellt wurde, der Zugang zum Bereich mystischer Praxis und mystischer Spekulation sei nur für vollausgebildete talmudische Gelehrte reserviert. In diesem Sinne wurde in allen Büchern die Warnung des Maimonides zitiert: «Niemand ist würdig, das Paradies [das heißt den Bereich der Mystik] zu betreten, es sei denn, er habe sich vorher mit Brot und Fleisch gesättigt[18]», das heißt mit der Hausmannskost nüchterner rabbinischer Gelehrsamkeit.

In der historischen Wirklichkeit haben freilich solche Warnungen viel weniger Gewicht gehabt als in der Literatur. Die Geschichte der großen Religionen ist voll von den

Phänomenen der Laienmystik und der Bewegungen, die aus ihr entsprangen. An der Geschichte christlicher Sekten von den Gnostikern über die Brüder vom freien Geist zu den spanischen Alumbrados und den späteren protestantischen Sektenbewegungen der letzten vier Jahrhunderte läßt sich die Durchschlagskraft solcher Laienmystik verfolgen. Freilich, im Christentum blieben solche Bewegungen in der Tat mit dem Stempel der Häresie behaftet. Anders verhielt es sich, mindestens teilweise, im Judentum. Obwohl hier viele der großen Kabbalisten jener Forderung des Maimonides, die aus konservativem Geiste geboren war, voll entsprachen, hat es doch nie an Kabbalisten gefehlt, die über wenig rabbinisches Wissen verfügten oder jedenfalls in keiner Weise eine angemessene talmudische Schule durchgemacht haben. Ja der berühmteste aller jüdischen Mystiker der letzten Jahrhunderte, Israel Baal-schem, der Begründer des polnischen Chassidismus, ist geradezu ein Musterbeispiel hierfür. Sein «Wissen» im traditionellen Verstande war sehr gering, er hatte keinen Lehrer von Fleisch und Blut, der ihn auf seinem Wege gelenkt hätte – als seinen spirituellen Guru berief er sich niemals auf jemand anderen als den Propheten Achia aus Siloh, mit dem er seelischen und visionären Kontakt ständig behielt. Kurz, er war ein reiner Laienmystiker, und dennoch gelang es der von ihm inaugurierten Bewegung, in der dies Laienelement immer wieder hervorbrach und mindestens einen der entscheidenden Faktoren in ihrer Entwicklung bildete, sich die Gleichberechtigung im Rahmen der überlieferten Autorität zu erkämpfen (freilich nicht ohne den Preis zur Kompromißbereitschaft). Anderen mystischen Bewegungen im Judentum, in denen das Laienelement gleichfalls eine große Rolle spielte, wie zum Beispiel der sabbatianischen Bewegung, ist das nicht gelungen, und sie wurden in den offenen Konflikt mit der rabbinischen Autorität gedrängt.

Ein anderes Moment muß schließlich noch genannt werden, mit dem, vor allem in den monotheistischen Religionen, die religiöse Autorität dem Konflikt mit den Mystikern vorzubeugen suchte. Dies ist der Versuch, den Mystikern gesellschaftliche Verantwortung aufzuladen, sie zu zwingen, anstatt in der Sektenluft pneumatischer Gemeinschaften der «Erleuchteten» zu atmen, vielmehr Wirksamkeit in der Gemeinschaft der Unerleuchteten, ja der einfachen Leute zu übernehmen. Im Christentum, wo die Möglichkeit der Organisation von Pneumatikern unter sich seit den Anfängen des Mönchtums immer wieder gegeben war, ist dieses Moment nicht immer so deutlich wie im Judentum. Seit der talmudischen Zeit schon finden wir hier eine ganz ausgesprochene Abneigung dagegen, den Mystiker mit seinesgleichen allein zu lassen und ihm eigene Organisationsmöglichkeiten zu gewähren. Immer wieder wird der Nachdruck darauf gelegt, daß die Erfahrung des Mystikers, die «Gottesliebe», sich in der Beziehung zur Gemeinschaft der Menschen und dem Wirken in ihr bewähren müsse statt im grenzenlosen Verströmen zwischen dem Individuum und seinem Gott. Ich will diese Perspektive, die sich für die Betrachtung und die Phänomenologie der Mystik in den großen Religionen als sehr fruchtbar erweist, hier nur im allgemeinen bezeichnen und verzichte darauf, die Dialektik dieses Verhältnisses und die verschiedenen Gestalten ihrer historischen Auswirkung näher zu entwickeln. Für die «Zähmung» des Mystikers im Rahmen der religiösen Autorität bedeutet sie jedenfalls ein entscheidendes Moment.

Im genauen und unversöhnbaren Gegensatz zu all diesen Ausgleichsbestrebungen oder sonstigen Versuchen, die Spannung zwischen dem Mystiker und der religiösen Autorität zu lösen, steht aber das Grenzphänomen des mystischen Nihilismus, der Vernichtung aller Autorität im Namen der mystischen Erfahrung oder Erleuchtung selber. Der nihilistische Mystiker scheint der freieste, man ist versucht zu sagen: der seinem Anliegen am nächsten kommende; denn weil er den Abbau aller Gestalt als höchsten Wert in der mystischen Erfahrung realisiert hat, vollzieht er nun auch ihren Abbau in der Beziehung zur äußeren Welt, und das heißt vor allem den Abbau der Werte und der Autorität, die die Gültigkeit der Werte garantiert. Freilich ist er zugleich, historisch gesehen, auch der gehemmteste und unfreieste, da die geschichtliche Wirklichkeit in der Verfassung der menschlichen Gemeinschaft ihn viel mehr als jeden anderen Mystiker daran hindert, diesen seinen Anspruch frei zu verkünden. Zweifellos ist dies der Grund, daß die Dokumente der nihilistischen Mystik die seltensten sind. Ihr destruktiver Charakter lud die Zerstörung, die Unterdrückung durch die Mächte der Autorität ein, oder aber erzwang eine Zweideutigkeit des Ausdrucks, die die Interpretation des Texte immer wieder fragwürdig macht. So ist es etwa erklärbar, daß die Diskussion über den nihilistischen Charakter bestimmter mystischer Doktrinen, wie der Ismailiten, der Drusen insbesondere, aber auch solcher Gruppen wie des Derwisch-Ordens der Bektaschis, bisher nicht eindeutig entschieden worden ist. Die Dokumente sind von vorneherein darauf angelegt, vieldeutig zu bleiben – was auch zugleich den Verdacht des hinter allem stehenden mystischen Nihilismus immer wieder bestärkt hat.

Für den unverstellten Ausdruck nihilistischer Mystik besitzen wir, soweit ich urteilen kann und da die Originalquellen des gnostischen Nihilismus des 2. Jahrhunderts verloren sind[19], kein eindrucksvolleres Dokument als das polnische «Buch der Worte des Herrn», in dem die Schüler Jakob Franks (1726–1791) die Lehren ihres Meisters nach dessen eigenen, mündlichen Worten niedergelegt haben[20]. Ich habe an anderer Stelle die Bedingungen analysiert, unter denen dieser Ausbruch mystischen Nihilismus gerade im Schoß des rabbinischen Judentums, also einer besonders durchgreifend und nachhaltig organisierten autoritären Gruppe, möglich geworden ist[21]. Messianismus und Mystik haben hier gleicherweise Anteil an der Kristallisation dieser Vorstellungen, die dem radikalen Flügel der sabbatianischen Bewegung im Judentum entstammen[22].

Was uns hier interessiert, ist die Art, in der mystische Erfahrung über den Kontakt des Menschen mit der Urquelle des Lebens in einem Symbol sich niederschlägt, das die nihilistische Destruktion der Autorität in sich selbst enthält. Die messianische Freiheit in der Erlösung und der Inhalt der Erleuchtung, die das Wesen dieser Freiheit betrifft, kristallisieren sich um das Symbol des Lebens. Der Mystiker begegnet in der mystischen Erfahrung dem Leben. Dies «Leben» bedeutet aber hier nicht die harmonische Fülle des sich in seinen eigenen Gesetzen erfüllenden Zusammenhangs aller Dinge mit Gott, also ein Bild des von einer Autorität her Wohlgeordneten und sich ständig Aufbauenden, sondern etwas ganz anderes. Es ist das von keinem Gesetz und keiner Autorität in Fesseln geschnürte frei Wachsende und sich Wandelnde, das hemmungslose Verströmen und die unaufhörliche Vernichtung aller aus ihm auftauchenden Gestalt, die diesen Begriff von Leben bestimmt. Nicht das von Gesetzen geordnete, sondern im Gegenteil das anarchische Element des Eintauchens in die Freiheit von aller Bindung und in die Promiskuität alles Seienden stellt sich in jenem Leben dar, das in dem «Abgrund» brodelt, in den der Mystiker zu tauchen berufen und verdammt ist. Leben als Inhalt letzter menschlicher, das heißt mystischer Erfahrung ist ein Kontinuum der Zerstörung, in dem und aus dem Gestalten nur hervortauchen, um ergriffen und aufgelöst zu werden. Es ist die destruktive Fülle der Anarchie, die für Frank all den luziferischen Glanz und die positiven Töne und Obertöne hat, die in diesem Worte «Leben» mitschwingen. Der nihilistische Mystiker steigt nicht nur in den Abgrund, in dem die Freiheit des Lebendigen geboren wird. Er durchläuft nicht nur alle äußeren Gestalten und Formen, wie sie sich ihm ergeben, ohne sich an sie zu binden, er leugnet nicht nur Werte und Gesetze und abrogiert sie in der Erfahrung des «Lebens», sondern er tritt sie mit Füßen, er entweiht sie, um an das Elixier des Lebens heranzukommen. Hier ist in einer besonders eindringlichen Form der Interpretation eines Symbols das lebensfördernde Element der mystischen Erfahrung mit seinen möglichen destruktiven Gehalten verbunden worden. Es ist nur selbstverständlich, daß dieses, wie oben bemerkt, undialektische Verhältnis des Mystikers zu seiner Erfahrung sich vom Horizont menschlicher Gemeinschaft aus als Verfall ans Dämonische darstellt. Es gehört zu den ungeheuren Spannungen der jüdischen Religionsgeschichte, daß diese zerstörendste aller Visionen ihre ungehemmteste Sprache gerade hier gefunden hat, beim Ausbruch aus den Grenzen des Judentums und im Aufstand gegen sein Gesetz.

5

Auf überaus prägnante und eindrucksvolle Weise ist dies ganze Problem von Autorität und Mystik in einem Ausspruch zusammengefaßt, der von einem der großen Heiligen des Chassidismus, dem Rabbi Mendel Torum von Rymanów (gestorben 1814), überliefert ist[23], ein Ausspruch, den ich hier abschließend zu interpretieren versuchen möchte. Was eigentlich, läßt sich fragen, ist das wirklich Göttliche an der Offenbarung, wie sie Israel am Sinai gegeben wurde, einer Offenbarung, die, wohlverstanden, ein ungemein scharf umrissenes Stück von Lehre und ein Aufruf an die menschliche Gemeinschaft ist, eine Offenbarung, die in allen Stücken überaus artikuliert ist und in keiner Weise eine mystische, im unendlich Deutbaren bleibende Losung darstellt? Schon im Talmud[24] gibt es eine Diskussion über diese Frage der Erfahrung Israels beim Empfang der Zehn Gebote. Was eigentlich konnten sie hören, und was hörten sie? Nach einigen wären alle Gebote ihnen durch das ungebrochene Medium der göttlichen Stimme zugekommen. Nach anderen hätten sie nur die ersten zwei Gebote – «Ich bin der Herr, dein Gott» und «Du sollst keine anderen Götter neben Mir haben» (Ex. 20: 2/3) – unmittelbar aus Gottes Munde vernommen. Dann aber sei die überwältigende Macht dieser Erfahrung zu viel für das Volk gewesen, und sie hätten der göttlichen Stimme nicht standhalten können. Daher hätten sie sich an Moses halten müssen, durch dessen Vermittlung sie nun die übrigen Gebote empfingen. Moses allein konnte die Wucht der Stimme ertragen und wiederholte nun in menschlicher Stimme jene Aussagen höchster Autorität, die die Zehn Gebote sind.

Diese Funktion Moses' als Deuter der göttlichen Stimme für das Volk – über die schon Maimonides sich sehr viel weiter gehende Gedanken gemacht hatte[25] – konnte nun noch weiter ausgedehnt werden, und das ist es eben, was dem Rabbi Mendel von Rymanów zugeschrieben wird, der im Grunde nur die Gedanken des Maimonides in voller Zuspitzung ausdrückt. Ihm zufolge stammen nicht einmal die ersten beiden Gebote aus einer unmittelbaren Offenbarung an die ganze Gemeinde Israel. Alles, was ihnen offenbart wurde, was Israel hörte, war nichts als jenes *Aleph,* mit dem im hebräischen Text der Bibel das erste Gebot beginnt, das *Aleph* des Wortes '*anochi,* «Ich». Dies scheint mir in der Tat ein überaus bemerkenswerter und nachdenklich stimmender Satz. Der Konsonant *Aleph* stellt nämlich im Hebräischen nichts anderes dar als den laryngalen Stimmeinsatz (entsprechend dem griechischen *spiritus lenis*), der einem Vokal am Wortanfang vorausgeht. Das *Aleph* stellt also gleichsam das Element dar, aus dem jeder artikulierte Laut stammt, und in der Tat haben die Kabbalisten den Konsonanten *Aleph* stets als die geistige Wurzel aller anderen Buchstaben aufgefaßt, der in seiner Wesenheit das ganze Alphabet und damit alle Elemente menschlicher Rede umfaßt[26]. Das *Aleph* zu hören ist eigentlich so gut wie nichts, es stellt den Übergang zu aller vernehmbaren Sprache dar, und gewiß läßt sich nicht von ihm sagen, daß es in sich einen spezifischen Sinn klar umrissenen Charakters vermittelt. Mit seinem kühnen Satz über die eigentliche Offenbarung an Israel als die des *Aleph* reduzierte also Rabbi Mendel diese Offenbarung zu einer mystischen, das heißt zu einer Offenbarung, die in sich selbst zwar unendlich sinnerfüllt, aber doch ohne spezifischen Sinn war. Sie stellte etwas dar, das, um religiöse Autorität zu begründen, in menschliche Sprache übersetzt werden mußte, und das ist es, was im Sinne dieses Ausspruchs Moses tat. Jede Aussage, die Autorität begründet, wäre also demzufolge nur eine wenn auch noch so gültige und hochrangige, aber immer noch menschliche Deutung von etwas, das sie transzendiert[27]. Eine mystische Erfahrung ist einmal in der Geschichte einem ganzen Volk zuteil geworden und hat es an Gott gebunden. Aber das eigentlich göttliche Element dieser Offenbarung, jenes ungeheure *Aleph,* war in sich selbst nicht genug, die göttliche Botschaft auszudrücken, und konnte von der Gemeinde als solcher nicht ertragen werden. Erst der Prophet war berufen, den Sinn jener unartikulierten Stimme der Gemeinschaft zu deuten. Es ist die mystische Erfahrung, die die Autorität gebiert und aus sich entläßt.

Zweites Kapitel

Der Sinn der Tora in der jüdischen Mystik

I

Die jüdische Mystik stellt die Gesamtheit der Versuche dar, den Sinn des rabbinischen Judentums, wie es sich in der Periode des zweiten Tempels und später herauskristallisiert hat, im Rahmen mystischer Auffassungen und Begriffe zu interpretieren. Eine derartige Entwicklung konnte natürlich erst stattfinden, nachdem dieser Kristallisationsprozeß einen gewissen Grad von Dauer und Festigkeit erreicht hatte. Dies gilt sowohl für den Typ des Gesetzesjudentums, den Philo von Alexandria zu deuten unternahm, als auch für den weiter entwickelten Typus des talmudischen Judentums, das den Rahmen für die geistigen Bemühungen der mittelalterlichen Kabbalisten abgab. Es ist hier nicht meine Absicht, die historischen Probleme der Entwicklung der jüdischen Mystik, und insbesondere der Kabbala, zu erörtern; ich habe das an anderen Stellen, besonders in meinem Buch *Die jüdische Mystik in ihren Hauptströmungen,* getan. Andererseits nimmt das Thema, das ich hier untersuchen will, eine zentrale Stellung in der jüdischen Mystik ein.

In einer Religionsverfassung, die auf göttlicher Offenbarung und auf der Annahme heiliger Schriften, die deren Gehalt bestimmen, beruht, sind die Fragen nach der eigentlichen Natur solcher Offenbarung in den heiligen Texten unzweifelhaft von wesentlicher Bedeutung. Ja mehr: in Zeiten der Krisis – und die Mystik als ein historisches Phänomän *ist* ein Produkt von Krisen – werden solche Fragen besonders dringlich. Mystiker sind Menschen, die durch ihre eigene innere Erfahrung und ihre Spekulation über solche Erfahrung neue Schichten des Sinnes in ihrer überlieferten Reli-

gion entdecken. Wenn diese Art der Erfahrung und Spekulation sie nicht dazu bringt, den Rahmen der traditionellen Einrichtungen ihrer Religion zu durchbrechen, so ist die erste Frage, die hier notwendigerweise aufkam, die, wie sie ihre eigene Erfahrung in den heiligen Texten ihrer Überlieferung widergespiegelt oder vorweggenommen finden können, und nicht weniger auch, wie etwa ihre Sicht der Dinge mit der in Einklang gebracht werden könne, die von ihrer eigenen Tradition akzeptiert wurde[1]. Es ist natürlich ein Gemeinplatz, daß allegorische Deutungen immer dann spontan auftreten, wenn neue Ideen mit denen eines heiligen Buches zusammenstoßen, zu denen sie anscheinend im Widerspruch stehen, der in irgendeiner Form ausgeglichen werden soll. Was für allegorische Deutung gilt, trifft in verstärkter Form auf die in einem präziseren Sinn mystische Deutung solcher Texte zu.
Ich beabsichtige nicht, hier die mystische Exegese in ihrer konkreten Anwendung auf die Bibel zu untersuchen. Es existiert eine überaus reiche Literatur, in der die jüdischen Mystiker versucht haben, ihre eigenen Gedanken in die biblischen Texte hineinzulesen. Ein großer Teil der immensen kabbalistischen Literatur besteht aus Kommentaren zu biblischen Büchern, besonders zum Pentateuch (der «schriftlichen Tora»), den Psalmen, dem Hohenlied, dem Buch Ruth und dem Prediger Salomo. Viele produktive Geister unter den Kabbalisten haben dies als eine ihnen kongeniale Methode angesehen, um ihre eigenen Ideen zum Ausdruck zu bringen und sie dabei zugleich anscheinend natürlich aus dem Wortlaut der Bibel selber fließen zu lassen. Es ist nicht immer leicht, gegebenenfalls zu sagen, ob es nun der biblische Text war, der den Anstoß zur Entstehung jener Exegese gab, oder ob die Exegese ein künstliches Mittel bildet, um den vom Text unabhängigen neuen Gedanken in ihn hineinzulesen oder aus ihm zu entwickeln und damit den Abgrund zu überbrücken, der zwischen der alten und der neuen Sicht der Dinge sich auftut. Aber vielleicht ist diese Formulierung dessen, was wirklich im Geist

des Mystikers sich abspielt, schon viel zu sehr vom Verstande diktiert. Denn in der Tat arbeitet der Mystiker in weitem Maße unbewußt, und er ist sich vielleicht über den Zusammenstoß des Alten und Neuen, den der Historiker mit so beflissenem Eifer herausstellt, durchaus nicht im klaren. Als Anhänger seiner eigenen religiösen Tradition läßt er sich von ihr auch ganz durchdringen, und viele Dinge, die dem modernen Leser als phantastische Entstellungen des Textes erscheinen, sind für ihn auf ganz natürliche Weise mit seiner eigenen Auffassung vom Wesen der heiligen Texte verbunden. Denn das erste, was man mit Sicherheit von dem Kabbalisten sagen kann, ist eben dies: er ist und bestrebt sich, ein Traditionalist zu sein, wie dies schon im Begriff der *Kabbala* selber angezeigt ist, der einen der hebräischen Ausdrücke für «Tradition» darstellt.

Es ist also von Bedeutung, die Grundvoraussetzungen zu verstehen, auf denen solche konkret angewandte Exegese der Mystiker beruht. Die Frage nach der Natur dieser Grundvoraussetzungen ist es, die hier erörtert werden soll. Zur Klärung dieser Voraussetzungen sind wir keineswegs auf Mutmaßungen oder Schlußfolgerungen aus ihrem praktischen Verfahren angewiesen; vielmehr sind wir im Besitz sehr genauer und erhellender Darlegungen über diese Fragen. Die mystische Spekulation über das Wesen der Tora geht Hand in Hand mit der Entwicklung bestimmter allgemeiner Prinzipien. Manche dieser Ideen haben sich in recht eigentümlicher Weise entwickelt und sind keineswegs Gemeingut aller Kabbalisten, sondern bleiben charakteristisch für bestimmte Sonderrichtungen innerhalb der Kabbala. Es ist nicht uninteressant, zu sehen, wie solche verschiedenen Ideen mit den Grundprinzipien zusammenhingen, aus denen sie sich entwickelten.

Es ist viel über die allegorische Exegese Philos von Alexandria und deren Voraussetzungen geschrieben worden. Ich will auf diese Problematik hier nicht näher eingehen. Zweifellos stoßen wir bei der Erörterung der spezifischen Vorstellungen der Kabbalisten über den Sinn der Tora auf manche erstaunlichen Parallelen zu Stellen bei Philo, und erst jüngst hat ein so hervorragender Forscher wie I. F. Baer den Versuch unternommen, eine weitgehende strukturelle Verwandtschaft und sogar Identität in den Auffassungen Philos und denen der Kabbalisten, wie ich sie hier entwickelt habe, aufzuweisen und beide als durchaus legitime Entfaltungen der eigentlich rabbinischen, von der Halacha vorausgesetzten, aber in dieser Form nie klar entwickelten Anschauungen über das Wesen der Tora zu verstehen[2]. Dieser Parallelismus geht aber, soweit ich zu sehen vermag, nicht auf geschichtliche Berührungen und Filiationen zwischen Philo und den mittelalterlichen Kabbalisten zurück, obwohl es auch an Versuchen in dieser Richtung nicht gefehlt hat, die mir aber als durchaus verfehlt erscheinen[3]. Soweit solche Parallelen in der Tat vorhanden sind, beruhen sie auf der Ähnlichkeit ihres Ansatzes. Die Kabbalisten haben den ihren in der Tat auf unvergleichlich klare und eindringliche Weise formuliert, wie sich zeigen wird, und es ist sehr verführerisch, Philo im Lichte ihrer scharfen Formulierungen zu lesen. Aus der Gleichheit des Ansatzes und damit der Grundstruktur der mystischen Auffassung über das Wesen heiliger Schriften erklären sich auch die Parallelen zwischen manchen kabbalistischen Aussagen über die Tora und denen islamischer Mystiker über den Koran oder christlicher Mystiker über ihren biblischen Kanon. Nur eine Untersuchung der historischen Verhältnisse, unter denen sich bestimmte kabbalistische Ideen entwickelt haben, kann uns darüber Aufschluß geben, ob es historische Filiationen zwischen der jüdisch-kabbalistischen und der nichtjüdischen Spekulation über das Wesen der heiligen Schriften gibt. Ich glaube zeigen zu können, daß es mindestens in einem Falle, dem der Lehre von dem vierfachen Sinn der Schrift, eine solche Filiation tatsächlich gab.

Bevor ich aber auf das uns hier beschäftigende Thema eingehe, ist eine weitere Vorbemerkung am Platz. Das Ganze, mindestens aber der wesentlichste Teil der kabbalistischen Spekulationen und Lehren bezieht sich auf den Bereich der göttlichen Emanationen oder *Sefiroth,* in denen sich die schöpferische Kraft Gottes entfaltet. Welche Wege die Kabbalisten aber auch immer gesucht haben, um diesen Bereich zu beschreiben – und es hat während der langen Geschichte kabbalistischer Spekulation viele solcher Wege gegeben –, stets ist es dieser Bereich, auf den sich ihre Intuition vor allem bezieht und den sie in der Sprache des Symbols beschreiben, da er der unmittelbaren Wahrnehmung durch den menschlichen Geist nicht zugänglich ist. Sofern sich Gott überhaupt offenbart, tut er dies durch Vermittlung und durch Entfaltung dieser seiner schöpferischen Kraft. Der Gott, von dem die Religion spricht, wird stets unter einem oder mehreren solcher Aspekte seines Wesens aufgefaßt, in denen die Kabbalisten die verschiedenen Stufen im Prozeß der göttlichen Emanation erblicken. Diese Welt ist es, die sie als die Welt der Sefiroth auffassen und die das umfaßt, was Philosophen und Theologen die Welt der göttlichen Attribute nannten, die den Mystikern jedoch als das göttliche Leben selbst erschien, soweit es sich auf die Schöpfung zubewegt. Die verborgene Dynamik dieses Lebens fasziniert die Kabbalisten, die es in jedem Bereich der Schöpfung widergespiegelt finden. Aber dieses Leben an sich ist nichts von der Gottheit Losgelöstes, ihr Untergeordnetes; es ist vielmehr die Offenbarung jener verborgenen Wurzel, von der, da sie nie und nimmer, auch nicht in Symbolen auftritt, nichts ausgesagt werden kann und die die Kabbalisten *En-Sof* nannten, das Unendliche. Aber diese verborgene Wurzel und die göttlichen Emanationen sind eines.

Ich brauche hier nicht auf die Paradoxe und Mysterien der kabbalistischen Theologie einzugehen, die sich mit den Sefiroth und deren Natur befaßt. Ein wichtiger Punkt muß aber hier hervorgehoben werden. Der Prozeß, der bei den Kabbalisten als die Emanation der göttlichen *Energie* und des göttlichen *Lichtes* beschrieben wird, kann mit gleichem Recht als ein Prozeß aufgefaßt werden, in welchem sich die göttliche *Sprache* entfaltet. Dadurch entsteht ein grundlegender Parallelismus zwischen den zwei wichtigsten Arten von Symboliken, die die Kabbalisten zur Beschreibung ihrer Vorstellungen gewählt haben. Sie sprechen von Attributen und Lichtsphären; aber im gleichen Zusammenhang sprechen sie auch von göttlichen Namen und von den Buchstaben, aus denen diese zusammengesetzt sind. Schon mit dem ersten Auftauchen kabbalistischer Lehren erscheinen diese beiden *façons de parler* zusammen. Die geheime Welt der Gottheit ist eine Welt der Sprache, eine Welt göttlicher Namen, die sich nach ihrem eigenen Gesetz auseinander entfalten. Die Elemente der göttlichen Sprache erscheinen als die Buchstaben der Heiligen Schrift. Buchstaben und Namen sind nicht nur konventionelle Mittel zur Kommunikation. Sie sind weit mehr als das. Jeder einzelne unter ihnen stellt eine Konzentration von Energie dar und drückt eine Sinnfülle aus, die in menschliche Sprache gar nicht oder zum mindesten nicht erschöpfend übersetzt zu werden vermag. Es besteht natürlich dabei eine offensichtliche Diskrepanz zwischen diesen beiden Arten der Beschreibung. Wenn die Kabbalisten von göttlichen Attributen und Sefiroth sprechen, so beschreiben sie diese verborgene Welt unter zehn Aspekten; wenn sie dagegen von göttlichen Namen und Buchstaben sprechen, müssen sie notwendigerweise auf die zweiundzwanzig Konsonanten des hebräischen Alphabets zurückgreifen, in denen die Tora niedergeschrieben ist, das heißt nach ihrer Auffassung, in denen ihr verborgenes Wesen kommunizierbar geworden ist. Zum Ausgleich dieses offenkundigen Widerspruchs wurden mehrere Lösungen vorgeschlagen. Man konnte zum Beispiel sagen, daß Buchstaben und Sefiroth verschiedene Konfigurationen der göttlichen Machtfülle sind und daher nicht auf mechanische Weise miteinander identifizierbar. Für den Zusammenhang unserer Betrachtungen ist dabei die Analogie von Bedeutung, die sich solcherart zwischen Schöpfung und Offenbarung aufweisen läßt. Der Schöpfungsprozeß, der von Stufe zu Stufe fortschreitet und sich in den außergöttlichen Welten und selbstverständlich auch in der Natur widerspiegelt, ist mithin nicht notwendigerweise verschieden von dem Prozeß, der seinen Ausdruck in göttlichen Worten findet und in den Dokumenten der Offenbarung, in denen diese göttliche Sprache sich niedergeschlagen haben soll.

Diese Überlegungen führen uns in Zentrum unseres Themas. Der mystische Sinn der Tora steht in einer notwendigen Beziehung zu den Annahmen, die über ihr göttliches Wesen gemacht werden. Die Kabbalisten gehen nicht vom Begriff des mitteilbaren Sinnes aus. Natürlich bedeutet die Tora irgend etwas für uns. Sie kommuniziert irgend etwas in menschlicher Sprache. Dies aber ist, wie wir sehen werden, nur der äußerlichste von den verschiedenen Aspekten, unter denen sie betrachtet werden kann. Was diese verschiedenen Aspekte eigentlich sind, davon soll im folgenden gehandelt werden.

Drei Grundprinzipien sind es, die in den kabbalistischen Vorstellungen über die wahre Natur der Tora eine Rolle spielen. Nicht immer sind sie notwendigerweise miteinander verbunden, obwohl sie in unseren Texten oft zusammen auftreten, und es ist nicht schwer einzusehen, wie sie miteinander in Verbindung gebracht werden konnten. Ich möchte diese Prinzipien der Reihe nach definieren als

1. das Prinzip des Namens Gottes,
2. das Prinzip der Tora als Organismus,
3. das Prinzip der unendlichen Sinnfülle des göttlichen Wortes.

Historisch und vermutlich auch psychologisch haben sie nicht alle den gleichen Ursprung. Wenn wir darangehen, diese Prinzipien zu analysieren, wird es gut sein, sich diesen wichtigen Umstand vor Augen zu halten.

2

Die Auffassung des Namens Gottes als der höchsten Konzentration göttlicher Kraft stellt ein Bindeglied dar zwischen einem Ideenbereich, der ursprünglich mit Magie zusammenhing, und Vorstellungen, die mit mystischer Spekulation im eigentlichen Sinn zu tun haben. In der Geschichte der ältesten Kabbala läßt sich dieser Zusammenhang leicht verfolgen. Aber gehen wir von den Anfängen und der Vorgeschichte der Kabbala aus. Die Vorstellung von einer magischen Struktur und Wesenheit der Tora läßt sich schon in einem ziemlich frühen Midrasch nachweisen. Rabbi Eleasar gab zu dem Vers im Buche Hiob (28:13), «Kein Sterblicher kennt ihre Ordnung», folgenden Kommentar: «Die verschiedenen Abschnitte der Tora sind nicht in ihrer richtigen Reihenfolge gegeben worden. Denn wären sie in der richtigen Folge gegeben worden, könnte jeder, der sie liest, die Toten wiederbeleben und Wunder verrichten. Daher ist die richtige Folge und Anordnung der Tora verborgen worden und ist nur dem Heiligen, gelobt sei Er, bekannt, von dem es heißt [Jes. 44:7]: ‚Wer wie ich kann sie lesen, ansagen und mir in Ordnung setzen[4].‘»

Daß dieser Ausspruch einen starken magischen Akzent hat und eine entsprechende Auffassung der Tora impliziert, liegt auf der Hand. In der Tat ist wohlbekannt, daß die Tora in hellenistischer Zeit und später sowohl in jüdischen als auch in nichtjüdischen Kreisen zu magischen Zwecken benutzt wurde, indem man göttliche Namen anrief, die sich in ihr fanden, oder aber magische Namen, die man aus Buchstabenkombinationen ableitete. Im Einzelfall sind die Methoden der Kombination, mit denen solche magisch wirksamen Namen aus der Tora herausgeholt wurden, für uns oft unverständlich. Unter den hebräischen und aramäischen Texten aus spät- und nachtalmudischer Zeit existieren einige Schriften, die die spezifische Verwendung solcher magischen Namen angeben, von denen behauptet wurde, daß sie bestimmten Stellen aus der Tora und dem Buch der Psalmen entnommen seien. Die Einleitung zu einem dieser Texte – dem Buch *Schimmusche Tora,* das heißt wörtlich: dem Buch von den theurgischen Verwendungen der Tora – erzählt, wie Moses in den Himmel aufstieg, um die Tora in Empfang zu nehmen, wie er sich mit den Engeln auseinandersetzte und wie er schließlich von Gott nicht nur den Text der Tora, so wie wir ihn lesen, sondern auch jene geheimen Buchstabenkombinationen erhielt, die in ihrer Gesamtheit einen anderen und esoterischen Aspekt der Tora darstellen[5]. Eben diese literarische Quelle kam auch zur Kenntnis der ersten Kabbalisten in der Provence und in Spanien, um das Jahr 1200. Moses ben Nachman (Nachmanides), einer der hervorragendsten frühen Kabbalisten, bezieht sich in der Vorrede zu seinem berühmten Kommentar zur Tora auf dieses Buch. Er sagt: «Wir besitzen eine authentische Tradition, daß die ganze Tora aus Namen Gottes besteht, und zwar in der Art, daß die Wörter, die wir lesen, auch auf ganz andere Weise abgeteilt werden können, und zwar in [esoterische] Namen ... In der agadischen Äußerung, daß die Tora ursprünglich mit schwarzem Feuer auf weißem Feuer geschrieben gewesen sei[6], haben wir offenbar eine Bestätigung unserer Meinung, daß die Niederschrift kontinuierlich und ohne Wortabteilung verlief, wodurch es ermöglicht wurde, sie sowohl als eine Folge [esoterischer] Namen ['*al derech ha-schemoth*] als auch in der herkömmlichen Weise als Geschichte und Gebote zu lesen. So wurde die Tora an Moses in einer Form übergeben, in welcher die Aufteilung in Worte ihre Lesung als göttliche Gebote mit sich brachte. Gleichzeitig aber erhielt er mündlich ihre Überlieferung als Lesung einer Folge von Namen.» Dieser esoterische Aufbau der Tora gibt, dem Nachmanides zufolge, die Erklärung dafür, warum die größte Sorgfalt auf die masoretische Tradition gelegt werden muß, die die Art und die Details der Schreibung des Bibeltextes und speziell der Torarollen betrifft und sich oft auf einzelne Buchstaben bezieht, und warum eine Torarolle schon für den synagogalen Gebrauch unbrauchbar wird, wenn ein Buchstabe zuviel oder zuwenig geschrieben wird. Jeder einzelne Buchstabe zählt. Diese Anschauung von dem unendlichen Wert der Tora auch in ihrer schriftlichen Niederlegung, bei der es alle möglichen Details und Anomalitäten zu beobachten gab, ist sehr alt. Schon im zweiten Jahrhundert erzählt Rabbi Meir, einer der bedeutendsten Mischna-Lehrer: «Als ich bei Rabbi Akiba lernte, pflegte ich Vitriol in die Tinte zu tun, und er sagte nichts. Als ich aber zu Rabbi Ismael kam, fragte er mich: Mein Sohn, was ist deine Beschäftigung? Ich erwiderte ihm: Ich bin [Tora-] Schreiber. Da sprach er zu mir: Mein Sohn, sei vorsichtig bei deiner Arbeit, denn sie ist eine Gottesarbeit; wenn du nur einen Buchstaben ausläßt oder einen Buchstaben zuviel schreibst, zerstörst du die ganze Welt...[7]»

Die Stelle bei Nachmanides zeigt unverkennbar den Einfluß der magischen Tradition, die natürlich viel älter als die Kabbala war. Von hier war es jedoch nur ein kleiner Schritt zu einer noch radikaleren Ansicht, daß nämlich die Tora nicht nur aus den Namen Gottes besteht, sondern in der Tat als Ganzes den einen großen Namen Gottes bildet. Dies ist nun keine magische These mehr, sondern eine rein mystische. Sie tritt zuerst bei den spanischen Kabbalisten auf, und zwar scheint der Übergang von der älteren zu der jüngeren Anschauung im Kreise der Lehrer des Nachmanides stattgefunden zu haben. Esra ben Salomo, ein älterer Zeitgenosse des Nachmanides, der mit ihm in dem gleichen kabbalistischen Zirkel in der katalonischen Stadt Gerona lebte, kommentiert eine Stelle im Midrasch *Bereschith Rabba,* wo es heißt, daß das Wort *Licht* im Schöpfungsbericht über den ersten Tag fünfmal vorkommt, weil es den fünf Büchern der Tora entspricht: «Wie weitreichend sind die Worte dieses Weisen, und seine Worte sind in der Tat sehr wahr, denn die fünf Bücher der Tora sind *der Name* des Heiligen, gelobt sei Er[8].» Das mystische Licht, das in diesen Büchern strahlt, ist also der eine große Name Gottes. Dieselbe These findet sich mehrfach bei den Mitgliedern des Geronenser Kabbalistenkreises und wurde aus deren Tradition vom Verfasser des Sohar, des klassischen Buches der spanischen Kabbala, übernommen[9].

Ich vermute, daß diese neue Vorstellung auch dem Nachmanides selbst durchaus bekannt war, daß er sich aber scheute, eine so weitreichende mystische These in einem Werk zum Ausdruck zu bringen, das für ein breites, in die kabbalistische Lehre nicht eingeweihtes Publikum bestimmt war. Die Behauptung, daß die Tora ihrem Wesen nach nichts anderes sei als der eine große Name Gottes, war ja gewiß eine kühne Aussage, die eine Erklärung verlangt. Hier wird die Tora als eine mystische Einheit aufgefaßt, deren Zweck in erster Linie nicht darin besteht, einen spezifischen Sinn zu übermitteln, sondern vielmehr die Kraft und Machtfülle Gottes selber zum Ausdruck zu bringen, die in seinem «Namen» konzentriert erscheint. Diese ganze Auffassung der Tora als eines Namens bedeutet nicht, daß es sich hier um einen Namen handelt, der als solcher ausgesprochen werden könnte, und hat auch nichts mit einem rationalen Verständnis der möglichen sozialen Funktion eines Namens zu tun. Die Rede von der Tora als Name Gottes besagt, daß Gott sein transzendentes Sein in ihr zum Ausdruck gebracht hat, zum mindesten aber jenen Teil oder Aspekt seines Seins, der an die Schöpfung und durch die Schöpfung offenbart werden kann. Ja mehr: da die Tora schon von der alten Agada als Instrument der Schöpfung angesehen wurde, durch welches die Welt ins Dasein trat[10], so muß diese neue Auffassung von der Tora als eine Erweiterung und mystische Reinterpretation der älteren Auffassung gelten. Denn das Instrument, das der Welt zum Dasein verhalf, ist ja hier weit mehr als ein bloßes Instrument, indem es, wie oben gesagt, die konzentrierte Kraft Gottes selber darstellt, die in dem Namen zum Ausdruck gebracht wird. Diese Vorstellung impliziert aber noch eine weitere. Ein anderer alter Midrasch besagt, daß Gott «in die Tora sah und die Welt schuf[11]». Der Urheber dieses Satzes muß gedacht haben, daß das Gesetz, das die Schöpfung als solche und damit Kosmos und Natur regiert, schon in der Tora präfiguriert war und daher dort von Gott, als er in sie hineinsah, erblickt werden konnte, wenn auch dieser Aspekt der Tora uns verborgen bleibt. Diese Vorstellung wird in der Tat von Philo formuliert, wenn er das Faktum, daß das mosaische Gesetz mit einem Bericht über die Weltschöpfung beginnt, dahin erklärt, daß «Moses die Genesis des großen Weltstaates [*Megalopolis*] darstellen wollte, da seine eigenen Gesetze das zutreffendste Abbild der Verfassung der ganzen Natur seien[12]». Im Bewußtsein der Kabbalisten traten diese alten, in der agadischen Tradition überlieferten Vorstellungen zu einer einzigen Idee zusammen. Der Name enthält Macht, zugleich aber umfaßt er auch die geheimen Gesetze und die harmonische Ordnung, von denen alles Dasein regiert und durchwaltet wird. Darüber hinaus konnten die Kabbalisten in den esoterischen und apokalyptischen Büchern aus der talmudischen Zeit lesen, daß Himmel und Erde durch den Namen Gottes geschaffen wurden[13]. Es lag nahe, Aussagen dieser Art mit der Vorstellung von der Tora als dem Instrument der Schöpfung, das eben jener große Name Gottes sei, zu kombinieren.

Diese Grundvorstellung von der Tora als dem Namen Gottes war die Quelle für mehrere weitere Entwicklungen bei den Kabbalisten. Es versteht sich von selbst, daß solche Behauptung über die Tora sich nicht auf das Dokument bezieht, das mit Tinte auf eine Pergamentrolle niedergeschrieben wird, sondern auf die Tora als ein präexistenzielles Wesen, das allem anderen in der Welt voranging, wie dies etwa aus der Agada ersichtlich ist, nach der die Tora 2000 Jahre vor der Weltschöpfung geschaffen wurde[14]. Für die Kabbalisten wies solche «Erschaffung der Tora» eben auf jenen Prozeß hin, durch welchen der göttliche Name oder jene Welt der göttlichen Sefiroth, von denen wir oben gesprochen haben, aus dem verborgenen Wesen Gottes ausströmten. Diese Tora, wie sie von den Kabbalisten konzipiert wurde, ist daher nicht etwas vom göttlichen Wesen Getrenntes, nicht etwas Erschaffenes im eigentlichen Sinne des Wortes, sondern vielmehr etwas, das jenes geheime Leben in Gott repräsentiert, das die kabbalistische Emanationstheorie zu beschreiben suchte. Jenes geheime Leben ist in die Tora projiziert und enthält in seiner Gesetzmäßigkeit die Gesetzmäßigkeit der Schöpfung. Dieser verborgenste Aspekt der Tora, man möchte sagen, die Tora in ihrer okkulten Gestalt, heißt in der kabbalistischen Literatur des 13. Jahrhunderts nicht selten *Tora Keduma,* Ur-Tora, und wird teilweise mit Gottes *Sophia,* seiner «Weisheit», gleichgesetzt, der zweiten Emanation und Manifestation der göttlichen Kraft, die aus dem verborgenen «Nichts» entsprang[15]. Wir werden im Verlauf dieser Darlegungen sehen, wie sich manche Kabbalisten den Zustand der Tora ausmalten, als sie noch in mystischer Einheit in Gottes Weisheit enthalten war. Es gab Kabbalisten, für die diese Vorstellung von der Tora als dem Namen Gottes sich einfach auf ihre Identität mit Gottes Weisheit bezog oder darauf, daß sie einen Teilaspekt dieser Weisheit bildete. Aber es gab auch andere Erklärungen[16].

Eine der wichtigsten Abwandlungen dieser Theorie tritt bei Josef Gikatilla auf, einem bedeutenden spanischen Kabbalisten, der Ende des 13. Jahrhunderts schrieb und zweifellos schon mit manchen Teilen des Sohar bekannt war. Ihm zufolge ist die Tora nicht selber der Name Gottes, sondern die Explikation dieses Namens. Für ihn bedeutet der Name selber genau das, was er auch für die jüdische Tradition bedeutet hatte, nämlich des *Tetragrammaton,* welches der eine und eigentliche Eigenname Gottes ist. Er schreibt: «Wisse, daß die ganze Tora etwas wie eine Explikation und ein Kommentar zum Tetragrammaton JHWH ist. Und das ist, was der biblische Ausdruck ‚Tora Gottes', *Torath JHWH,* im präzisen Verstande meint[17].» Mit anderen Worten: die Phrase *Torath JHWH* bezieht sich nicht auf die Tora als von Gott gegeben, sondern auf die Tora als eine Anweisung und weitere Ausführung und Belehrung über den Namen Gottes JHWH. Tora wird hier als *Hora'a,* belehrende Explikation, verstanden. Aber Gikatillas Idee reicht weiter. In welchem Sinne stellt die

Tora eine Explikation des Namens Gottes dar? Seine Antwort, wie sie mehrfach in seinen Schriften[18] präzisiert wird, geht dahin, daß die Tora aus dem Namen Gottes gewebt ist. Es scheint, daß Gikatilla als erster diesen Begriff des Gewebes 'Ariga, benutzte, um zu beschreiben, wie der Name Gottes in der Textur der Tora immer wieder vorkommt. Er sagt etwa: «Erkenne die wunderbare Art und Weise, wie die Tora in Gottes Weisheit gewebt wurde», oder an einer anderen Stelle: «Die ganze Tora ist ein Gewebe aus Beinamen, *kinnujim* – dies ist der hebräische Ausdruck für die verschiedenen Epitheta Gottes, wie etwa barmherzig, groß, gnädig, ehrfurchtgebietend –, und diese Beinamen ihrerseits sind Gewebe aus den verschiedenen Namen Gottes [wie etwa *El, Elohim, Schaddai*]. Diese heiligen Namen selber hängen aber alle von dem Tetragrammaton JHWH ab, mit dem alle verbunden sind. Daher ist die ganze Tora letzten Endes aus dem Tetragrammaton heraus gewebt[19].»

Dies scheint mir für das Verständnis seiner These sehr erhellend. Die Tora ist der Name Gottes, weil sie ein lebendiges Gewebe, einen «Textus» im präzisen Verstande darstellt, worin der eine wahre Name, das Tetragrammaton, in verborgener und indirekter Weise eingewebt ist und in dem er auch direkt gleichsam als Leitmotiv des Gewebemusters immer wiederkehrt. Die Tora ist eine Struktur, deren Grundelement, aus dem sie sich aufbaut, das Tetragrammaton ist. Würde man Gikatilla gefragt haben, in welcher Weise eigentlich dieses Weben vor sich gegangen sei, so würde er zweifellos mit seinem Lehrer Abraham Abulafia geantwortet haben, daß die Grundelemente, der Name JHWH, die anderen Gottesnamen und die Appellativa oder *kinnujim,* durch Permutationen und Kombinationen der Konsonanten, nach den von den Talmudisten für solche Prozesse gegebenen Formeln verändert wurden, diese ihrerseits weiter solchen Kombinationsprozessen unterworfen wurden, bis sie schließlich in der Form der hebräischen Sätze der Tora erschienen, wie wir sie jetzt lesen. Die Eingeweihten, die diese Prinzipien der Permutation und Kombination kennen und verstanden haben, können umgekehrt vom Text aus rückwärts gehen und das ursprüngliche Gewebe der Namen rekonstruieren. All diese Metamorphosen der Namen haben eine doppelte Funktion. Sie dienen einerseits dazu, der Tora jenen Aspekt zu verleihen, unter dem sie als eine Mitteilung, als eine Botschaft Gottes an den Menschen erscheint, die ihm und seinem Verständnis zugänglich ist. Andererseits weisen diese Prozesse auf das geheime Wirken der göttlichen Macht hin, das nur an dem Gewande kenntlich ist, das aus den heiligen Namen gewoben wird, wenn sie bestimmten Zwecken im Schöpfungswerk dienen. Abschließend muß hierzu gesagt werden, daß das Prinzip der Auffassung der Tora als eines Gewebes, das aus dem Namen gewoben ist, keinen Beitrag zur konkreten Exegese der Schrift leistet. Wir haben es hier mit einem rein mystischen Prinzip zu tun, dem viel eher die Tendenz innewohnt, die Tora mehr und mehr der menschlichen Einsicht in ihre spezifischen Sinnzusammenhänge zu entziehen, welche letztere doch für die Exegese schließlich allein von Belang ist. Das hat aber die Kabbalisten keineswegs abgeschreckt. Für sie ist der Umstand, daß Gott sich selbst zum Ausdruck bringt, mag auch solcher Ausdruck noch so weit von menschlicher Einsicht weg liegen, unendlich wichtiger als jedwede spezifische «Bedeutung», die solcher Ausdruck übermitteln könnte. So betrachtet, ist die Tora ein Absolutum, das allen Phasen menschlicher Deutung vorausgeht, die, wie tief sie auch immer dringen mag, doch zwangsläufig stets eine Relativierung des absoluten, bedeutungslosen Charakters der göttlichen Offenbarung darstellt.

Manche Kabbalisten, wie zum Beispiel Menachem Recanati (um 1300), sind sogar noch weiter gegangen. Indem sie auf ein altes Wort zurückgriffen: «Bevor die Welt erschaffen wurde, waren Gott und sein Name allein da[20]», lehrten sie, daß der Name, um den es hier geht, nicht nur das Tetagrammaton JHWH sei, sondern die Totalität aller der mannigfaltigen Manifestationen der göttlichen Kraft sei, welche der eigentliche Name Gottes im mystischen Sinne sei. Von hier aus konnten sie dann einen Schritt weitergehen und die Behauptung aufstellen, daß Gott selbst die Tora sei, «denn die Tora ist nicht etwas außerhalb von Ihm, und Er ist nicht etwas außerhalb der Tora[21]». Recanati zitiert dies im Namen der Kabbalisten, und in der Tat wird eine ähnliche Behauptung in einem anonymen Werk über die mystischen Gründe der Gebote zitiert: «Seine Tora ist in Ihm, und das ist es, was die Kabbalisten sagen, daß der Heilige, gelobt sei Er, in seinem Namen ist und sein Name in Ihm, und daß sein Name seine Tora ist[22].» In demselben Werk verdeutlicht er diese Aussage an einer anderen Stelle, wenn er im Anschluß an eine alte Formel in den Hymnen der Merkaba-Mystiker sagt: «Es ist ein wichtiges Prinzip, das die Alten in den Worten ausdrückten: ‚Dein Name ist in Dir und in Dir ist Dein Name.' Denn die Buchstaben Seines Namens sind Er selber. Wenn sie sich auch von Ihm weg bewegen, so bleiben sie doch fest in Ihm verwurzelt [wörtlich: fliegen davon und bleiben bei Ihm][23].» Seine Erklärung ist, daß die Buchstaben einen mystischen Körper der Gottheit darstellen und Gott etwas wie die Seele für die Buchstaben. Dieser Vergleich zwischen Gott und seiner Tora einerseits und Seele und Körper andererseits führt uns zu dem zweiten Prinzip, von dem im folgenden gehandelt werden soll.

3

Daß die Tora ein lebender Organismus sei, ist ein Gedanke, der auf der Linie mehrerer kabbalistischer Gedankengänge liegt. Nicht nur der Vergleich von Seele und Körper in dem eben erwähnten anonymen Zitat legt solche Auffassung nahe, sondern auch die Vorstellung, daß die Tora aus heiligen Namen gewebt sei, ist lediglich ein anderer metaphorischer Ausdruck dafür, daß sie ein lebendiges Gewebe sei. Aber diese Idee der Tora als eines Organis-

mus ist älter als Gikatilla und mit eindringlicher Klarheit schon von den ältesten spanischen Kabbalisten formuliert worden. Esra ben Salomo aus Gerona schreibt in seinem Kommentar zum Hohenlied, die Tora enthalte auch nicht einen überflüssigen Buchstaben oder Punkt, «weil sie in ihrer göttlichen Totalität einen Bau darstelle, der aus dem Namen des Heiligen, gelobt sei Er, ausgehauen ist[24]». Was unter einem derartigen göttlichen Bau, *binjan elohi,* zu verstehen ist, geht aus einer langen Auseinandersetzung über diesen Punkt hervor, die Esras jüngerer Zeitgenosse Asriel aus Gerona in seinem kabbalistischen Kommentar zu den talmudischen Agadas gegeben hat. Auch er geht von der Annahme aus, daß die Tora der Name Gottes ist sowie daß sie ein lebendiger Körper mit einer Seele sei. Die masoretischen Besonderheiten der Schreibung der Tora, wie sie aus den verschiedenen Arten der Einteilungen der Torarolle in verschiedene Abschnitte und Stücke wie auch aus anderen unterscheidenden Momenten hervorgehen, legen für ihn den Vergleich mit einem vollständigen, ja in sich vollkommenen Organismus dar. «So wie es im Körper des Menschen Glieder und Gelenke gibt, und so wie es dort Organe gibt, die lebenswichtig sind oder weniger lebenswichtig, so steht es scheinbar auch mit der Tora. Gewisse Abschnitte und Verse erscheinen dem, der ihren verborgenen Sinn nicht versteht, als wert, ins Feuer geworfen zu werden; aber dem, der Einsicht in ihren wahren Sinn gewonnen hat, erscheinen sie als wesentliche Bestandteile der Tora. Daher ist, wer selbst einen Buchstaben oder Punkt aus der Tora wegläßt, wie jemand, der etwas aus einem vollkommenen Bau herauslöst[25]. Daraus folgt auch, daß es hinsichtlich ihres göttlichen Charakters keinen wesentlichen Unterschied zwischen dem Abschnitt in Genesis 36, der die Stammeshäupter Esaus verzeichnet [also ein anscheinend gänzlich überflüssiges Unternehmen], und den Zehn Geboten gibt, denn alles ist *ein* Ganzes und *ein* Gebäude[26].»
Hier haben wir eine deutliche Verbindung der beiden Prinzipien. Die Tora ist ein Name, aber dieser Name ist wie ein

lebendiger Organismus gebaut. Der Name, der die Wurzel von allem bildet, ist nicht nur ein Absolutum, sondern in dem Prozeß, in dem er sich in der Tora manifestiert, teilt er sich in die verschiedenen Schichten eines organischen Wesens. Der Unterschied besteht nur darin, daß ein gewöhnlicher Organismus in lebenswichtige und lebensunwichtige Teile zerfällt, während bei der Tora eine solche Unterscheidung nur scheinbar ist, denn der authentische Mystiker entdeckt die geheimen Bedeutungen sogar in den anscheinend völlig unwichtigen Teilen, ja er vermag gerade aus ihnen vielleicht Stichworte oder Symbole für tiefgreifende Erkenntnisse oder Lehren zu gewinnen, wie das etwa der Sohar und die lurianische Kabbala für jenes Kapitel 36 der Genesis geleistet haben.

Diese Auffassung von einer Konstitution der Tora als eines mystischen Organismus ist schon in Philos Bericht über die jüdische Sekte der Therapeuten in Ägypten bezeugt: «Denn die ganze Tora [*nomothesia*] scheint diesen Menschen etwas wie ein lebendiges Wesen zu sein; der Wortsinn ist dabei der Körper, die Seele aber ist der geheime Sinn, der dem geschriebenen Wort zugrunde liegt[27].» Eine ähnliche Auffassung der Tora hat aber Philo selber mehrfach seinen eigenen Ausführungen zugrunde gelegt[28]. Ich sehe keinen zureichenden Grund, eine historische Verbindung zwischen den Kabbalisten und den alten Therapeuten in Ägypten oder Philo selber anzunehmen. Die Haltung der Mystiker zu den heiligen Texten drückt sich ganz unabhängig voneinander in verwandten Bildern aus.

Diese Vorstellung von der Tora als einem Organismus bildet auch eine Grundidee im Sohar, der etwa fünfzig Jahre nach Asriels Werk abgefaßt wurde. Hier lesen wir zum Beispiel: «Wer sich mit der Tora beschäftigt, hält die Welt in Gang und setzt jeden Teil in die Lage, seine Funktion auszuüben. Denn es gibt kein Glied im menschlichen Körper, das nicht sein Gegenstück in der Welt im Ganzen hätte. Denn so wie der Körper des Menschen aus Gliedern und Gelenken verschiedenen Ranges besteht, die alle aufeinander wirken und rückwirken und einen Organismus bilden, so ist auch die Welt: alle Kreaturen in ihr sind wie Glieder angeordnet, die in einem hierarchischen Verhältnis zueinander stehen, und wenn sie richtig angeordnet sind [oder: harmonisch im Einklang stehen], so bilden sie im präzisen Verstande einen Organismus. Und alles ist nach dem Urbild der Tora geordnet, denn die Tora besteht vollständig aus Gliedern und Gelenken, die in hierarchischem Verhältnis zueinander stehen, und wenn richtig angeordnet, bilden sie einen einzigen Organismus[29].» Ein anderes Gleichnis für denselben Gedanken, das vom Bild des Baumes ausgeht, findet sich an einer anderen Stelle des Sohar[30] und wird in noch bündigerer Form von Moses de Leon, den ich als den Autor des Hauptteils des Sohar betrachte, in einer seiner hebräischen Schriften zum Ausdruck gebracht. Er schreibt: «Denn die Tora wird der Baum des Lebens genannt... Ähnlich wie der Baum aus Zweigen und Blättern, Rinde, Mark und Wurzeln besteht, von denen jeder einzelne Bestandteil Baum genannt werden kann, ohne daß sie voneinander substanziell getrennt sind, findest du auch, daß die Tora viele innerliche und äußerliche Dinge enthält, und alle bilden eine einzige Tora und einen Baum, ohne daß dabei ein Unterschied stattfindet... Und obwohl man in den Worten der Weisen des Talmuds findet, daß der eine verbietet, was der andere erlaubt, der eine etwas als rituell rein erklärt, was der andere für unerlaubt hält, der eine dies und der andere das sagt, so ist doch zu wissen not, daß alles eine Einheit ist[31].» Der Autor des Buches *Tikkune Sohar,* der nur wenige Jahre nach der Abfassung des Sohar-Hauptteils schrieb, sagt ebenfalls: «Die Tora hat einen Kopf, Körper, Herz, Mund wie auch andere Glieder, in derselben Weise wie Israel[32].» Hier haben wir eine Parallele zwischen den zwei mystischen Organismen der Tora und Israel. Im Sohar selbst wird von jedem dieser Organismen an separaten Stellen gesprochen, ohne daß sie direkt miteinander in Verbindung gebracht würden. Die Parallele zwischen ihnen scheint zuerst vom Autor der

Tikkunim gezogen worden zu sein. Der mystische Organismus der Tora, die den Namen Gottes in sich verkörpert, wird somit in Korrelation zu dem mystischen Körper der Gemeinde Israel gebracht, die von den Kabbalisten nicht nur als der historische Organismus des jüdischen Volkes, sondern auch als ein esoterisches Symbol der Schechina betrachtet wird, wobei die einzelnen Glieder dieses Körpers sozusagen die «Glieder der Schechina» sind[33]. Spätere Kabbalisten zogen, wie wir sehen werden, aus der Annahme dieser Korrelation noch präzisere Folgerungen.

Es gibt aber noch eine weitere Symbolik, in der dieser Gedanke des Organismus zum Ausdruck kommt, ja in dem sogar besonders kühne Vorstellungen über die Natur der in der Tora vorliegenden Offenbarung zuerst ans Licht treten. Um diese Gedanken zu verstehen, muß hier der sehr alten traditionellen jüdischen Scheidung der Tora in «schriftliche Tora» und «mündliche Tora» gedacht werden. Die schriftliche Tora, wie der exoterische Sprachgebrauch der talmudischen Quellen sie versteht, ist der im Pentateuch niedergelegte Text. Die mündliche Tora ist alles andere, was von den Schriftgelehrten und Weisen zur Explikation dieses schriftlichen Corpus vorgebracht wird, sei es auf normativer, halachischer Ebene, das heißt in näherer Ausführung der Bestimmungen des Gesetzes, sei es in sonstigen Deutungen von dessen Text. Die mündliche Tora stellt die Überlieferung der Ekklesia Israels dar, als notwendige Ergänzung und Konkretisierung der schriftlichen Tora. Im Sinne der rabbinischen Überlieferung hat Moses die mündliche Tora zugleich mit der schriftlichen am Sinai empfangen, und alles, was irgendein Schriftgelehrter später in der Tora forscht und legitimerweise aus ihr folgert, war schon in dieser mündlichen Überlieferung an Moses mitgegeben. Die Totalität der Tora umfaßt daher im rabbinischen Judentum diese beiden Schichten als eine Einheit[34]. Die mündliche Tradition und das geschriebene Wort ergänzen sich und können nicht ohne einander gedacht werden. Im Denken der Kabbalisten haben diese beiden Begriffe von Anfang an eine bedeutende Rolle gespielt und wurden auch mit der mystischen Symbolik der Sefiroth verbunden. Dabei wurde besonders die schriftliche Tora als ein Symbol der spendenden Sphäre der Gottheit, wie sie vor allem in der Sefira *Tif'ereth* erscheint, aufgefaßt, die mündliche Tora aber als ein Symbol der rezeptiven Sphäre, die zugleich die der Schechina und der Gemeinde Israel ist. Diese beiden Sefiroth offenbaren in ihrer aktiven Verbindung das Wirken Gottes, so wie das Ganze der Offenbarung der Tora eben erst in dieser Einheit der schriftlichen und mündlichen Tora gegeben ist. Die Formen, unter denen die schriftliche und die mündliche Tora hier auf Erden gegeben sind, etwa die Torarolle oder die Sammlungen der talmudischen Traditionen, verweisen auf jene tieferen Sphären zurück, denen sie essentiell entstammen. In jenem Bilde der Tora als eines gegliederten Organismus, das ich oben aus den *Tikkune Sohar* zitiert habe, stellt, wie der Autor an derselben Stelle weiter ausführt, das Herz die schriftliche Tora, der Mund aber die mündliche dar.

Schon die ältesten Schriften der Kabbalisten wie das Buch Bahir spekulieren über diese beiden Bereiche der Tora[35]. Aber die bemerkenswertesten Ausführungen über ihr Verhältnis finden sich in einem Fragment eines der ältesten Kabbalisten, das vielleicht dem provenzalischen Kabbalisten Isaak dem Blinden zuzuschreiben ist. Dieses bisher nur handschriftlich erhaltene Fragment gibt einen mystischen Kommentar zum Anfang des *Midrasch Konen*[36], der über die Kosmogonie handelt. Dieser Midrasch wiederholt die schon oben erwähnte Vorstellung, daß die präexistente Tora mit schwarzem Feuer auf weißes Feuer geschrieben gewesen sei, die, wie wir oben sahen, auch Nachmanides als einen Hinweis auf den mystischen Status der Tora verstanden hat. Die Tora scheint hier in schwarzen Feuerbuchstaben auf weißem Feuer vor Gott zu brennen, und es ist diese Vorstellung, die den Rabbi Isaak wohl noch vor Nachmanides zu seinen Ausführungen inspiriert hat.

Er schreibt unter anderem: «In Gottes Rechte waren alle Eingrabungen [innersten Formungen] eingegraben, die dereinst aus der Potenzialität zur Aktualität hervorzugehen bestimmt waren. Aus der Emanation aller [höheren] Sefiroth wurden sie eingegraben, eingeritzt und eingeformt in den Grad der Gnade [die Sefira *Chessed,* die auch Gottes Rechte heißt], und zwar geschah dies in einer innerlichen, unvorstellbar subtilen Formung. Diese Formung heißt die noch unentfaltete, zusammengefaßte Tora oder auch Tora der Gnade. Mit allen anderen Eingrabungen sind in sie [vornehmlich] zwei Eingrabungen vorgenommen worden. Die eine hat die Form der schriftlichen Tora, und die andere hat die Form der mündlichen Tora. Die Form der schriftlichen Tora ist die der Farben des weißen Feuers, und die Form der mündlichen Tora hat Farbgestalten wie vom schwarzen Feuer. Und alle diese Eingrabungen und die noch unentfaltete Tora selbst bestanden potenziell und konnten weder von einem geistigen noch von einem sinnlichen Auge wahrgenommen werden, bis der Wille [Gottes] den Gedanken anregte, sie vermittels der Urweisheit und der verborgenen Erkenntnis zur Aktualität zu bringen. So bestand denn am Anfang jedes Werkes präexistenziell die unentfaltete Tora [*Tora kelula*], welche in der Rechten Gottes ist, mit all jenen Urformen [wörtlich: Einzeichnungen der Eingrabungen], die in ihr verborgen sind, und darauf zielt der Midrasch hin, indem er sagen will, daß Gott die Ur-Tora [*Tora keduma*], die aus dem Bruchort der ‚Buße' und aus der Quelle der Urweisheit[37] stammt, nahm und in einem geistigen Akt die unentfaltete Tora emanierte, um durch sie den Fundamenten aller Welten Dauer zu verleihen.» Im weiteren Verfolg seiner Darlegungen beschreibt der Autor dann, wie aus der unentfalteten Tora, die der Sefira der Gnade entspricht, die schriftliche Tora, die der Sefira des göttlichen Erbarmens, welches *Tif'ereth* ist, zugeordnet ist, und die mündliche Tora, die dem Walten des göttlichen Gerichts in der letzten Sefira *Malchut* entspricht, entspringen. Der feurige Organismus der Tora, die in schwarzem auf weißem Feuer vor Gott brannte, wird von ihm nun dahin verstanden, daß das weiße Feuer die schriftliche Tora ist, in der die Form der Buchstaben noch nicht hervortritt, sondern solche Form der Konsonanten oder Vokalpunkte erst durch die Kraft des schwarzen Feuers erhält, welches die mündliche Tora ist. Dies schwarze Feuer ist wie die Tinte auf dem Pergament. «Und so kann die schriftliche Tora keine körperliche Form annehmen, es sei denn durch die Kraft der mündlichen Tora, das heißt: sie kann ohne diese nicht wahrhaft verstanden werden.» Zu jener mystischen schriftlichen Tora, die in der unsichtbaren Form des weißen Lichtes eigentlich noch verborgen ist, ist im Grunde und in beständiger Kontemplation nur der Meister aller Propheten, Moses, vorgedrungen. Selbst alle anderen Propheten haben nur in momentanen Intuitionen einen flüchtigen Schimmer von ihr erhascht[38].

In diesem tiefsinnigen Stück versteckt sich hinter der mystischen Symbolik die Auffassung, daß es hier auf Erden, präzise gesprochen, überhaupt keine schriftliche Tora gibt. Fürwahr eine weitreichende Idee! Was wir schriftliche Tora nennen, ist selber schon durch das Medium der mündlichen gegangen, ist nicht mehr im weißen Licht verborgene Form, sondern aus dem schwarzen Licht, das determiniert und begrenzt und damit schon die Eigenschaft der göttlichen Strenge und des Gerichts bezeichnet, hervorgetreten. Alles, was wir in der Tora in festen Formen, mit Tinte auf Pergament geschrieben, wahrnehmen, sind letzten Endes schon Deutungen, sind nähere Bestimmungen des Verborgenen. Es gibt nur mündliche Tora, das ist der esoterische Sinn dieser Worte, und schriftliche Tora ist nur ein mystischer Begriff. Er erfüllt sich nur in einer Sphäre, die allein Propheten zugänglich ist. Moses hat zwar ihre Offenbarung erlangt, aber die Übermittlung dessen, was er als schriftliche Tora der Welt hinterlassen hat, ist schon deren sinnliche Form, die sie im Medium der mündlichen Tora angenommen hat. Die mystische Weiße der Buchstaben auf dem Pergament der Rolle ist die schriftliche Tora, aber nicht die Schwärze der von der Tinte umrissenen Schrift!³⁹ Im mystischen Organismus der Tora verschränken sich die beiden Sphären ineinander, und es gibt keine schriftliche Tora, die ohne das Element der mündlichen von Geschöpfen, die keine Propheten sind, gedacht oder erkannt werden kann.

4

Dieses Prinzip der Tora als eines Organismus hängt aufs engste mit dem dritten Prinzip zusammen, das wir nun diskutieren können, nämlich dem Prinzip der mannigfaltigen, ja sogar unendlichen Bedeutung und Sinnfülle der Tora. Oft wurden die verschiedenen Glieder der Tora, die in diesem Bild des Organismus angenommen wurden, nicht als gleichgeordnete *Organe* angesehen, die alle dieselbe Wichtigkeit hatten, sondern als verschiedene *Sinnesschichten* innerhalb der Tora. Sie führen den Mystiker, der sich in den heiligen Text versenkt, von den äußerlichen Bedeutungen zu immer tieferen Schichten des Verständnisses. Die Idee des Organismus wird nun mit der Vorstellung von einer lebendigen Hierarchie der Bedeutungen und Sinnesschichten identifiziert.

Die kabbalistische Auffassung traf hier auf eine Denkart, die von den jüdischen Philosophen des Mittelalters gepflegt wurde, die sie ihrerseits aus der philosophischen Tradition der Araber als Erbschaft übernommen hatten. Es ist bekannt, daß in dieser Literatur der Araber und Juden dem Dualismus der beiden Schichten der heiligen Texte, der inneren und der äußeren, eine überaus große Bedeutung zugeschrieben wurde. Dieser Dualismus kam ebensosehr dem esoterischen Rationalismus der Philosophen und radikalen Aufklärer entgegen, auf den mit so großer Energie in unserer Generation Leo Strauß in bedeutenden Schriften hingewiesen hat[40], wie den religiösen Interessen der Mystiker, die ihre eigene Welt in den Tiefen der heiligen Schriften wiederzufinden unternahmen. Ich brauche hier nicht im einzelnen auf die Strömungen in der Religionsgeschichte des Islams einzugehen, die, wie vor allem die esoterischen Sekten, wie etwa die Ismailiten, besonderen Nachdruck auf den inneren, allegorischen oder mystischen Sinn des Korans legten – im Gegensatz zu dem äußeren oder einfachen Wortsinn, der in den höheren Graden der Einweihung bedeutungslos wurde. Die arabischen Autoren lieben es, die Anhänger dieser Richtungen unter dem Namen *bātinijja,* das heißt Vertreter des inneren Sinnes, Esoteriker oder Spiritualisten, zusammenzufassen. Es ist interessant, festzustellen, daß auch die von vielen jüdischen Philosophen benutzten Bezeichnungen für diesen Dualismus der beiden Sinnesschichten (*chizon* und *penimi,* Äußerliches und Innerliches) in diesem Zusammenhang niemals in den älteren jüdischen Quellen vorkommen, sondern genaue Übersetzungen der entsprechenden arabischen Begriffe sind. Zweifellos bürgerte sich diese Terminologie zuerst in islamischen Kreisen ein, bevor sie von den jüdischen Philosophen übernommen wurde. Bei diesen wurde dann der innere Sinn mit der philosophischen Interpretation des Textes identifiziert, die dessen esoterischen Charakter zu entziffern unternahm. Gerade für im präzisen Sinn mystische Interpretation des Textes diente dieser Begriff bei ihnen nicht. Dazu kam es erst, als diese Terminologie von den spanischen Kabbalisten übernommen wurde und damit auch schließlich beim Autor des Sohar landete, der sie ins Aramäische übertrug. An vielen Stellen des Sohar wird das Prinzip entwickelt, daß die Tora zugleich verborgen wie offenbar ist, esoterisch und exoterisch in einem, ʾoraitha sethim we-galia[11]. Der Autor erblickt diesen Dualismus nicht nur in der Tora, sondern auf jeder denkbaren Schicht des Daseins, angefangen von Gott bis in alle Bereiche und Aspekte der Schöpfung.

Andererseits darf nicht vergessen werden, daß die spanischen Kabbalisten in einem geistigen Klima lebten, wo Ideen aus der christlichen Umwelt und deren Tradition leicht den Weg auch in jüdische Kreise finden konnten. Zwei verschiedene Zweige, die aus derselben alten Wurzel stammten, treffen sich in der endgültigen Ausgestaltung der Lehre des Sohar von der Tora. Diese alte Wurzel ist zweifellos Philo von Alexandria, von dem im letzten Grunde all jene Differenzierungen zwischen dem Wortsinn und dem spirituellen Sinn sich herschreiben, die ebenso dem Christentum der Kirchenväter und des Mittelalters wie auch (auf dem Wege über christlich-orientalische Quellen) dem Islam zugekommen sind. Wenn solche Vorstellungen, wie wohl möglich ist, sich auch in jüdischen Kreisen erhalten haben, die für uns vorläufig unerkennbar sind, so haben sie ihren historisch sichtbaren Ausdruck zweifellos unter der Rückwirkung jener anderen Strömungen gefunden.

In der Tat stellt uns die Lehre des Sohar über die verschiedenen Sinnesschichten vor die Frage, ob sie nicht historische Verbindungen mit der ähnlichen, aber älteren Lehre über den vierfachen Sinn der Schrift hat, wie sie von frühmittelalterlichen christlichen Autoren entwickelt worden ist[42]. Vor 70 Jahren schon hat Wilhelm Bacher in einem wertvollen Aufsatz über die biblische Exegese des Sohar eine solche historische Filiation angenommen[43]. Da er jedoch keine klare Vorstellung von dem Wesen der verschiedenen literarischen Schichten, aus denen der Sohar besteht, hatte, konnte er seine Resultate nicht mit der Genauigkeit formulieren, die man meiner Meinung nach bei unserem jetzigen Stand der Forschung erzielen kann. Bevor wir jedoch auf die Vorstellungen des Sohar näher eingehen, ist eine weitere Bemerkung angebracht. Der innere Sinn der Tora wurde, wie oben gesagt, von vielen jüdischen Philosophen mit der philosophischen Allegorie gleichgestellt. In der Tat klingen viele ihrer allegorischen Erklärungen stark «philonisch». Ideen und Lehren philosophischen Charakters werden in der Bibel wiedergefunden. Allegorie in diesem Sinne bildete jedoch keineswegs das Rückgrat oder den Angelpunkt der kabbalistischen Exegese, die in einem genaueren Sinne als symbolisch bezeichnet werden darf. Was die kabbalistische Exegese hinter dem Wortsinn der Bibel oder auch deren talmudischen Ausdeutungen entdeckte, war vielmehr etwas ganz anderes. Die Kabbalisten fanden in der Bibel in erster Linie nicht eine Darstellung philosophischer Gedanken, sondern vielmehr die symbolische Darstellung des verborgenen Prozesses des göttlichen Lebens, das sich in den Manifestationen und Emanationen der Sefiroth entfaltet. Dieses am besten wohl theosophisch zu nennende Anliegen steht für sie an erster Stelle. Was die eigentliche Allegorie angeht, so gibt es bei den Kabbalisten sehr verschiedene Haltungen. Eine so überragende Autorität wie Nachmanides scheut bewußt davor zurück, in seinem Kommentar zur Tora irgendwelche allegorischen Deutungen im Sinne der Philosophen anzuführen. Er war sich wohl der Gefahr bewußt, die der Observanz des jüdischen Rituals aus einer reinen Vergeistigung der Tora erwachsen konnte, wie sie einer zu Ende gedachten Allegorese eigentlich innewohnt. Er warnt vor solchen Gefahren ausdrücklich in einem Passus seines Kommentars zu Deuteronomium 29:29, der aus irgendeinem Grunde in unseren Ausgaben fehlt[44]. Diese Gefahr war wohl seiner Meinung nach bei der mystischen Interpretation des Bibeltextes nicht gegeben, wo das Symbol nur durch den realen Vollzug des Gebotes selbst bedeutungsvoll wurde. Aber nicht alle Kabbalisten bezogen die gleiche zurückhaltende Stellung gegenüber der Allegorie. Viele von ihnen betrachteten sie als ein legitimes Instrument. Auch der Autor des Sohar, der gewiß vornehmlich an einer mystischen und symbolischen Beschreibung der verborgenen Welt der Gottheit interessiert war, schließt keineswegs allegorische Deutungen gewisser Bibelstücke aus. So werden ihm das Buch Jona, aber auch die Geschichten der Patriarchen in der Genesis zu allegorischen Darstellungen des Schicksals der menschlichen Seele – was eine darüber hinausreichende rein mystische Deutung gerade etwa der Patriarchengeschichten bei ihm keineswegs verhindert. Von dem Augenblick an, wo die esoterische Interpretation der Schrift unter zwei verschiedenen Aspekten erschien, nämlich dem allegorischen und dem eigentlich mystischen Aspekt, war auch für die Kabbalisten der Weg zu einer Auffassung der Tora frei, in der sie auf vier verschiedenen Ebenen des Sinnes erscheinen konnte. Während zum Beispiel Josef ibn Aqnin, Zeitgenosse des Maimonides, in seinem Kommentar zum Hohenlied durchweg von drei solchen Schichten der Deutung spricht – der wörtlichen, der agadischen und der philosophisch-allegorischen –, fügten die Kabbalisten nun eine vierte Schicht hinzu, die des theosophischen Mysteriums in dem oben definierten Sinn. Diese Schicht heißt im Sohar gern *rasa de-mehemanutha,* Schriftverständnis, wie es sich dem «Geheimnis des Glaubens» eröffnet.

Diese Vorstellung von dem wesentlich vierfachen Sinn der Tora kam ungefähr um die gleiche Zeit, gegen Ende des 13. Jahrhunderts, bei drei kabbalistischen Autoren auf, die vermutlich zu dem gleichen Kreis gehörten oder jedenfalls in Verbindung miteinander standen. Es sind dies Moses de Leon, der auch der Verfasser des Sohar-Hauptteils ist, Bachja ben Ascher und Josef Gikatilla. Die Definitionen, die sie von diesen vier Schichten geben, divergieren jedoch im gewissen Grade untereinander. Von größter Bedeutung war dabei die Entwicklung, die diese Vorstellung im soharitischen Schrifttum durchgemacht hat und die zugleich auch von nachhaltigem Einfluß auf die ganze spätere jüdische Mystik war.

Die älteste Spur dieser Auffassung findet sich im *Midrasch ha-neʿelam* zum Buche Ruth, einer der frühesten Kompositionen, in denen sich der Sohar-Autor versucht hat. Hier heißt es: «Die Worte der Tora werden mit einer Nuß verglichen. Wie ist das zu verstehen? Genau wie die Nuß eine äußere Schale und einen inneren Kern hat, so enthält auch jedes Wort der Tora ein äußeres Faktum [*maʿasseh*], Midrasch, Hagada und Mysterium [*Sod*], wobei jedes einen tieferen Sinn vorstellt als das Vorangehende[45].» Diese

Stelle ist in mancher Hinsicht bemerkenswert. Sie benutzt noch kein festes Schlagwort oder eine Formel zur Benennung der vier Schichten, wie wir sie später finden werden. Auch wird der Unterschied zwischen Midrasch und Hagada noch nicht klar definiert. Man erhält den Eindruck, daß Hagada sich auf irgendeine allegorische oder tropische Form der Interpretation bezieht, während unter Midrasch die hermeneutische Methode verstanden wird, durch die die Halachisten und Legalisten des Talmud ihre Bestimmungen aus dem Bibeltext herauslasen. Der Vergleich der Tora mit einer Nuß ist in der jüdischen Literatur nicht neu. Er wurde, besonders auch in bezug auf die von Ezechiel Kap. 1 beschriebene Merkaba, schon von den deutschen und französischen Chassidim am Anfang des 13. Jahrhunderts benutzt. Es handelte sich um einen besonders anschaulichen Vergleich, da es von der Nuß hieß, sie enthalte nicht nur die harte äußere Schale, sondern auch zwei weitere zarte Hüllen im Inneren, die den Kern der Nuß abschirmen. Dasselbe Gleichnis wurde übrigens am Ende des 12. Jahrhunderts auch von dem berühmten kalabresischen Mönch und Seher Joachim von Fiore in seinem *Enchiridion in Apocalypsim* verwendet[16].

Die im wesentlichen gleiche Folge von Schichten, aber in detaillierterer Ausführung wird im Sohar an einer berühmten Stelle beschrieben, die ein *locus classicus* der Kabbalisten geworden ist. «Freilich, die Tora läßt ein Wort aus ihrem Schrein nach außen gehen, und es erscheint einen Moment und verbirgt sich sofort. Und wo sie aus ihrem Schrein sich offenbart und sogleich wieder verbirgt, so tut sie das nur für die, welche sie erkennen und mit ihr vertraut sind. Denn die Tora ist wie eine schöne und wohlgewachsene Geliebte, die sich in einer verborgenen Kammer in ihrem Palast verbirgt. Sie hat einen einzigen Geliebten, von dem niemand weiß, und der im Verborgenen bleibt. Aus Liebe zu ihr umwandert dieser Geliebte immer wieder das Tor ihres Hauses und läßt [in der Suche nach ihr] seine Augen nach allen Seiten schweifen. Sie weiß, daß der Geliebte stets das

Tor ihres Hauses umkreist. Was tut sie? Sie öffnet einen kleinen Spalt in jener verborgenen Kammer, wo sie ist, enthüllt für einen Augenblick ihr Antlitz dem Geliebten, und sofort verbirgt sie sich wieder. Alle, die etwa bei jenem Geliebten wären, würden nichts sehen und nichts wahrnehmen. Nur der Geliebte allein sieht es, und sein Inneres, sein Herz und seine Seele gehen nach ihr aus, und er weiß, daß aus Liebe zu ihm sie sich einen Augenblick ihm offenbarte und in Liebe zu ihm entbrannte. So auch steht es mit dem Wort der Tora. Sie offenbart sich nur dem, der sie liebt. Die Tora weiß, daß jener Mystiker [*Chakim libba*, wörtlich: der Herzensweisheit hat] täglich das Tor ihres Hauses umkreist. Was tut sie? Sie enthüllt ihm ihr Antlitz aus ihrem verborgenen Palast und winkt ihm zu und kehrt sofort an ihren Ort zurück und verbirgt sich. Alle, die dort sind, sehen es nicht und wissen es nicht, nur er allein, und sein Inneres, sein Herz und seine Seele gehen nach ihr aus. Und daher auch ist die Tora offenbar und verborgen und geht in Liebe zu ihrem Geliebten und erweckt die Liebe bei ihm. Komm und sieh: so ist der Weg der Tora. Am Anfang, wenn sie sich dem Menschen zuerst enthüllen will, gibt sie ihm für einen Augenblick einen Wink. Versteht er ihn, so ist es gut; versteht er ihn nicht, so sendet sie zu ihm und nennt ihn töricht. Die Tora spricht zu dem, den sie zu ihm sendet: sage jenem Toren, er solle hierherkommen, damit ich mit ihm spreche. Davon heißt es [Prov. 9:4]: ‚Wer töricht ist, kehre hierher ein, spricht sie zu dem, dessen Sinn blind ist.' Kommt er dann zu ihr, so beginnt sie, mit ihm hinter einem Vorhang zu reden, Worte, die seinem Verständnis entsprechen, bis er ganz langsam näher hinschaut und eindringt, und das wird *Derascha* genannt[47]. Dann spricht sie mit ihm durch einen dünnen Schleier allegorischer Worte [*millin de-chida*], und das wird unter *Hagada* verstanden[48]. Dann erst, wenn er mit ihr vertraut geworden ist, enthüllt sie sich ihm von Angesicht zu Angesicht und spricht mit ihm von allen ihren verborgenen Geheimnissen und allen ihren verborgenen Wegen, die seit den Urtagen in ihrem Herzen sind. Dann wird ein solcher Mensch vollendet genannt, ein ‚Meister‘, das heißt aber ein ‚Vermählter der Tora‘ im genauen Verstand, wie der Meister des Hauses, dem sie alle ihre Geheimnisse enthüllt und nichts von ihm fernhält und verbirgt. Sie sagt zu ihm: siehst du jetzt, wie in jenem Wink, den ich dir am Anfang in einem Worte zugewinkt habe, so und so viele Mysterien enthalten sind und wie es wirklich darum steht. Dann sieht er ein, daß zu jenen Worten in der Tat nichts hinzuzufügen und nichts von ihnen wegzunehmen ist. Und dann wird ihm erst der wahre Wortsinn der Tora, so wie er dasteht, klar, zu dessen Wortlaut weder ein Buchstabe zuzufügen noch von ihm wegzunehmen ist. Und darum sollen die Menschen acht darauf geben, der Tora nachzugehen [das heißt, sie mit großer Präzision erforschen], um so ihre Geliebten zu werden, wie beschrieben worden ist[49].»

Dieses schöne Gleichnis, das mit Topoi aus der ritterlich-höfischen Tradition des Mittelalters durchsetzt ist, stellt eine ausgezeichnete nähere Ausführung jenes kurzen Satzes über die Tora als Nuß dar, den ich oben aus dem Midrasch zu Ruth angeführt habe. Es benutzt genau die gleiche Terminologie, nur tritt hier an die Stelle von *Ma'asseh,* dem äußeren Faktum, der gebräuchlichere Begriff *Peschat,* der den wörtlichen oder einfachen Sinn bezeichnet, der auch noch in der mystischen Durchleuchtung erhalten bleibt, wenn auch transparent geworden, weil das mystische Licht durch ihn durchscheint. Einen Schritt weiter geht die Sohar-Stelle III, 202a, wo die verschiedenen Schichten des Sinnes ausdrücklich als Teile des Organismus der Tora, die der Baum des Lebens ist, erscheinen. Hier ist indessen der alte Ausdruck *Hagada* durch den neueren Begriff *Remes* ersetzt, der im mittelalterlichen Hebräisch (unter dem Einfluß des arabischen Sprachgebrauchs) als *terminus technicus* für Allegorie dient. Hier wird außer den genannten vier Sinnesschichten noch eine fünfte aufgeführt, nämlich die Deutung mit Hilfe des Zahlenwertes der hebräischen

Buchstaben, *Gematria,* die sonst keine eigene Sinnesschicht bildet.

In diesem Stadium war dem Autor des Sohar noch keine feste Formel eingefallen, in die er diese ganze Vorstellung hätte zusammenfassen können. Die eben angeführten Stellen aus dem Sohar wurden zwischen 1280 und 1286 geschrieben. Nachdem Moses de Leon jedoch den aramäisch geschriebenen Hauptteil des Sohar in pseudepigraphischer Form, als eine Sammlung der Gespräche und Vorträge des Rabbi Simon ben Jochai und seiner Schüler im zweiten Jahrhundert, fertiggestellt hatte, faßte er nach 1286 auch eine Reihe hebräisch geschriebener kabbalistischer Werke ab, die unter seinem eigenen Namen erschienen. Hier finden sich häufig Gedankengänge, die zuerst im Sohar niedergelegt worden waren, weiter ausgeführt. Wir wissen, daß er vor 1290 ein (verlorenes) Buch mit dem Titel *Pardes* geschrieben hat, was wörtlich Paradies heißt. Dieser Titel beruht auf einem Wortspiel, das später sehr beliebt wurde und in der hebräischen Literatur weiteste Verbreitung fand. Dies Wortspiel benutzt die berühmte Geschichte aus dem Talmud, wo von den vier großen Lehrern erzählt wird, die sich im zweiten Jahrhundert mit esoterischen Studien abgaben und von denen in diesem Zusammenhang der Ausdruck gebraucht wird, sie seien «ins Paradies hineingegangen». Die vier hießen R. Akiba, Ben Soma, Ben Asai und Acher. «Der eine sah und starb, der andere sah und verlor den Verstand, der dritte verwüstete die jungen Pflanzungen [das heißt, er wurde abtrünnig und verführte die Jugend]. Nur R. Akiba kam heil hinein und heil hinaus[50].» Der genaue Sinn des Wortes *Pardes* an dieser Stelle hat spekulativ gerichtete Geister seit jeher beschäftigt, und ich kann es mir ersparen, auf die Frage einzugehen, was seine ursprüngliche Bedeutung im Zusammenhang der Talmudstelle war. Ich habe das an anderer Stelle getan[51]. Was für uns von Belang ist, ist die Tatsache, daß Moses de Leon diesen in vielen Nuancen schillernden Begriff als Abkürzung für die vier Sinnesschichten der Tora las, wobei jeder

Konsonant in dem Wort *PaRDeS* auf eine dieser Schichten verweist: *P* steht für *Peschat,* den Wortsinn, *R* für *Remes,* den allegorischen Sinn, *D* für *Derascha,* talmudische und agadische Deutung, *S* für *Sod,* den mystischen Sinn. Der *Pardes,* in den die vier alten Gelehrten eindrangen, bekam damit die Bedeutung von Spekulationen über den wahren Sinn der Tora auf allen diesen vier Schichten. In einem nur wenig später geschriebenen Werk nahm Moses de Leon selber dieses Bild wieder auf und kombinierte es mit der oben erwähnten Vorstellung von der Tora als Nuß, Schale und Kern. Wenige Jahre später, etwa zwischen 1295 und 1305, verfaßte ein Anonymus, wahrscheinlich ein Schüler oder ein Angehöriger des Kreises um Moses de Leon, die spätesten Teile des soharitischen Schriftenkomplexes, nämlich die beiden Werke *Ra'ja Mehemna,* «Der treue Hirt», und *Tikkune Sohar,* ein Buch, das 70 Deutungen zu dem ersten Abschnitt der Tora (Gen. I–V) enthält. Dieser Autor übernahm nun diese neue Formel für die vier Sinnesschichten *Pardes,* und aus dieser Quelle haben dann alle Späteren geschöpft.

In dem Kommentar dieses Autors zu Genesis 2:10ff., über die vier Flüsse, die aus Eden, dem Paradies, entspringen, erfährt die alte talmudische Anekdote von jenen vier Gelehrten eine neue Wendung. Der eine, heißt es hier, ging in den Fluß Pischon hinein, welcher Name hier als *pi schone halachoth* gedeutet wird, das heißt «Ein Mund, der den genauen Sinn der Halacha lernt.» Dieser Pischon steht hier für den wörtlichen Sinn. Der zweite ging in den Fluß Gichon hinein, dessen Name auf die Allegorie bezogen wird. Der dritte ging in den Chidekel, dessen Name als Komposition aus den zwei Worten *chad kal,* scharf und flink, gedeutet wird, womit die Schärfe und Behendigkeit der talmudischen Interpretation, *derascha,* angezeigt werden soll. Der vierte trat in den Fluß Euphrat ein, der auf den innersten Kern bezogen wird, das Mark, aus dem der Same des Lebens strömt, der – mit anderen Worten – immer neue Mysterien entdeckt und entwickelt. Ben Soma und Ben Asai kamen nur bis an die Schalen und inneren Hüllen der Tora und verfingen sich dort und nahmen in diesen Bereichen Schaden. Nur R. Akiba drang bis zum Mark der Tora vor, kam heil hinein und heil hinaus[52]. Der Autor des *Ra'ja Mehemna* hat noch eine weitere Variation. Er spricht zwar an mehreren Stellen von dem Stichwort *Pardes,* ersetzt aber den Ausdruck *Remes,* Allegorie, durch *Re'ijoth,* Einsichten[53].

Der Autor der *Tikkunim* identifiziert die Schechina, Gottes Gegenwart, die als die letzte Emanation unter den zehn Sefiroth aufgefaßt wird, mit der Tora in der Manifestation ihrer Fülle, in der sie alle Bedeutungen und Sinnesschichten umfaßt. So konnte er von der Schechina sagen, sie heiße «das Paradies der Tora», *Pardes ha-Tora*[54]. Auch er kombiniert, wie Moses de Leon, dies mit dem Nuß-Motiv: «Die Schechina im Exil heißt *Pardes* [weil sie nämlich in die vier Sinnesschichten sozusagen eingekleidet ist], aber sie selbst ist der innerste Kern. Daher nennen wir sie auch Nuß, und König Salomo sagte, als er dies Paradies [der mystischen Spekulation] betrat: in den Nußgarten bin ich hinabgestiegen [Hohes Lied 6 : 11][55].» Was die «Schechina im Exil» in diesem Zusammenhang der Erscheinung der Tora bedeutet, wird uns in der Folge dieser Untersuchung klar werden. Moses de Leon selber hat in seinem 1290 verfaßten «Buch über die vernünftige Seele» dieses Prinzip des *Pardes* mit dem ersten Prinzip, das hier eingangs dargelegt wurde, zusammengebracht, nämlich dem Prinzip der Tora als Namen Gottes. Er sagt: «Unter dem Titel *Pardes* habe ich ein Buch über das Mysterium der vier Wege geschrieben, worauf schon sein genauer Name hinweist, der auf jene vier Bezug nimmt, die das *Pardes* betreten haben, das nichts ist als eben *Peschat, Remes, Derascha, Sod.* In diesem Buch habe ich mich hierüber ausführlich im Zusammenhang mit dem Geheimnis der Erzählungen und Fakten verbreitet, die in der Tora berichtet werden, um zu zeigen, daß sie alle sich mystisch auf das ewige Leben beziehen und daß es dort nichts gibt, was nicht im Mysterium Seines Namens enthalten ist[56].»

Das gleiche Grundprinzip der vierfachen Schriftdeutung wird durchweg auch von Bachja ben Ascher in seinem umfangreichen Kommentar zur Tora benutzt, den er um 1291 in Saragossa schrieb. Bachja gebraucht den Ausdruck *Remes* nicht, sondern nennt diese allegorische Interpretationsmethode, die ihm identisch mit einer Interpretation nach den Prinzipien der mittelalterlichen Philosophie ist, «Die rationale Weise», *Derech ha-Sechel*. Das Stichwort *Pardes* ist noch nicht zu ihm gedrungen, da er zwar von manchen Stücken des Sohar-Hauptteils, die, bevor er zu schreiben begann, erschienen, Kenntnis hatte, aber nicht von jenen späteren Teilen, die damals noch gar nicht vorhanden waren.

Eine weitere Art, vier solcher Sinnesschichten zu definieren, findet sich in den Fragmenten kabbalistischer Erklärungen zu Maimonides' «Führer der Verwirrten», die dem Josef Gikatilla zugeschrieben werden. Jedenfalls dürfte dieser Text am Ende des 13. Jahrhunderts abgefaßt worden sein[57]. Der Autor sagt: «Die Tora kann auf drei oder sogar mehr Weisen erklärt werden.» Er nennt diese Weisen oder Methoden *Perusch, Be'ur, Pescher* und *Derasch. Perusch* bedeutet bei ihm den genauen grammatischen Sinn und ist analog zu dem, was oben *Peschat* hieß. *Pescher*, «Ausdeutung», bezieht sich auf ein tieferes Eindringen in den Wortsinn. *Derasch* umfaßt für ihn sowohl die talmudische Methode zur Deduktion der Halacha aus dem Schriftwort als auch die Allegorie. Der mystische Sinn heißt bei ihm *Be'ur*. Wörtlich bedeutet dies einfach Erklärung, aber durch ein mystisches Wortspiel, wie es die Kabbalisten lieben, wird es mit dem hebräischen Worte *Be'er*, Brunnen, zusammengebracht, denn die Tora wird mit einem Brunnen frischen Wassers verglichen, aus dem immer neue Schichten ihres verborgenen Sinnes hervorquellen. Ein ganz ähnlicher Gedanke steht auch im *Ra'ja Mehemna*, dessen Autor mindestens einige von Gikatillas Jugendschriften gelesen hat. Auch hier ist die Tora ein unausschöpflicher Brunnen, den kein Krug, hebräisch *Kad,* je erschöpfen kann. Das Wort *Kad* hat im Hebräischen den Zahlenwert 24, und das heißt für den Autor, daß selbst die 24 Bücher, in welche nach der jüdischen Überlieferung der biblische Kanon aufgeteilt ist, die mystische Tiefe der Tora, die Tiefe und Fülle des verborgenen Wesens der Gottheit, das sich durch die Bücher der Bibel manifestiert, nicht völlig ausschöpfen können[58].

Von Bedeutung in diesem Zusammenhang ist übrigens die Tatsache, daß sich in der Stellung des Sohar zur Allegoristik noch ganz die aristokratische Esoterik der philosophischen Aufklärer gehalten hat. Dies zeigt sich gerade an einer merkwürdigen Stelle des *Midrasch ha-Neʻelam,* der allegorische Deutungen besonders gern berücksichtigt. Hier finden wir eine Deutung der bekannten Agada über das messianische Festmahl, bei der Israel den Leviathan verspeisen wird[59]. Der Autor stimmt ganz mit der philosophischen Umdeutung überein, die Maimonides von diesem Festmahl gegeben hat[60] und die er wörtlich benutzt. Er rechtfertigt dabei, ganz im Sinne der Philosophen, die figürliche und drastische Redeweise der Rabbinen mit der Notwendigkeit der Akkommodation an die inferioren Begriffe der Menge, die die Leiden des Exils leichter erträgt, weil sie auf jenes Festmahl und ähnliche Belohnungen hoffe. Hier wird ausdrücklich einem der Sprecher das Wort in den Mund gelegt, man dürfe den Volksglauben nicht zerstören, sondern müsse ihn vielmehr bestätigen[61].

Dieser vierfache Aspekt der Tora hat starke Ähnlichkeit mit den Vorstellungen frühmittelalterlicher christlicher Autoren wie Beda (im 8. Jahrhundert) und andere. Diese Ideen sind im späteren Mittelalter dann bei christlichen Schriftstellern überaus verbreitet. Sie sprechen in diesem Zusammenhang von Geschichte, Allegorie, Tropologie (was bei ihnen moralische Homiletik bedeutet) und Anagogie (worunter meistens Interpretation des Schriftwortes auf endzeitliche Verhältnisse verstanden wird). Aber auch hier überschneiden sich die Einteilungen in verschiedener Weise. Die eigentlich mystische Deutung, *sensus mysticus,* wird mit der *anagogia* manchmal zusammengebracht, manchmal von ihr getrennt, wobei dann *allegoria* und *anagogia* eins werden[62]. Berühmt geworden ist der Merkvers noch nicht aufgeklärter Herkunft, den im 14. Jahrhundert Nikolaus de Lyra zitiert:

> *Littera gesta docet, quid credas allegoria,*
> *Moralis quid agas, quo tendas anagogia.*

Dürfen wir eine historische Filiation zwischen der kabbalistischen und der christlichen Vorstellungsreihe in diesem Punkte annehmen? Diese Frage hat verschiedene Antworten gefunden. Wilhelm Bacher hat in seinem oben erwähnten Aufsatz in der Tat solche Beziehung angenommen, wohingegen in der letzten Zeit Perez Sandler eine selbständige, immanente Entwicklung der kabbalistischen Doktrin vom *Pardes* zu erweisen gesucht hat[63]. Obwohl es natürlich möglich wäre, daß die Kabbalisten zu ihrer Lehre von den vier Sinnesschichten ohne äußere Beeinflussung gekommen sind, indem sie einfach die allegorische Schriftdeutung in die zwei Aspekte der philosophischen und theosophisch-mystischen aufteilten, so scheint mir doch die ältere Ansicht Bachers die Wahrheit zu enthalten. Die Tatsache, daß die Vorstellung bei drei kabbalistischen Autoren im christlichen Spanien gleichzeitig auftaucht, sowie die weitere Tatsache, daß sie einer solchen Theorie der vier Schichten folgen, obwohl sie hinsichtlich derer genauer Aufteilung auseinandergingen, spricht dafür, daß sie irgendwo eine solche Vorstellung von gerade *vier* solchen Schichten vorgefunden haben müssen, die sie aufgriffen. Dabei drängt sich dann der Rückschluß auf eine Beeinflussung durch christliche Hermeneutik zwingend auf. Die Erklärung der verschiedenen Schichten im Sohar ähnelt in der Tat der christlichen Auffassung außerordentlich. Andererseits würde auch Gikatilla (oder Pseudo-Gikatilla) keinen zureichenden Grund gehabt haben, eine Unterscheidung zwischen zwei verschiedenen Methoden inner-

halb des Wortsinns vorzunehmen, wenn er nicht von vorneherein ein Interesse gerade an der Heraushebung einer vierfachen Sinnesschichtung der Tora gehabt hätte[64].
Daß sich im Sohar die Vorstellung von den vier Sinnesschichten im hierarchischen Organismus der Tora herauskristallisierte, war nicht der einzige Beitrag, den dieses Werk in dem uns beschäftigenden Problemzusammenhang anzubieten hatte. Hier ist von Bedeutung die weitere These, daß jedes Wort, ja jeder Buchstabe, siebzig Aspekte, wörtlich «Gesichter», hatte. Dies ist keine ursprünglich kabbalistische These. Sie findet sich bereits in dem freilich späten Midrasch *Bamidbar rabba* und wird schon im 12. Jahrhundert von dem berühmten Bibelausleger Abraham ibn Esra in der Einleitung zu seinem Pentateuch-Kommentar zitiert[65]. Sie kommt im Talmud noch nicht vor, ist aber aus einem talmudischen Motiv heraus entwickelt worden. Siebzig ist die traditionelle Anzahl der Nationen, die die Erde bewohnen. Der Talmud statuiert, daß jedes Gebot, das bei der Offenbarung am Sinai aus Gottes Mund hervorkam, sich zerteilte und in allen siebzig Sprachen vernommen werden konnte[66]. Der Übergang von hier zu der späteren Vorstellung von den siebzig Aspekten erscheint deutlich in einem Passus des Alphabets des Rabbi Akiba, einem halbmystischen Traktat der frühen nachtalmudischen Periode, der in diesem Zusammenhang bisher nicht berücksichtigt worden ist. Hier lesen wir: «Alle Schätze der Weisheit wurden dem Engelfürsten der Weisheit Segansagael übergeben, und alle wurden dem Moses auf dem Berge Sinai geöffnet, so daß er während der vierzig Tage, die er dort verbrachte, in der Tora in allen siebzig Aspekten der siebzig Sprachen unterwiesen wurde[67].» Später ließ man die siebzig Sprachen fallen, und die neue Formel war geboren. Der Sohar macht ausgiebigen Gebrauch von ihr. Die verschiedenen Aspekte sind die Geheimnisse, die in jedem Wort entdeckt werden können. «In jedem Worte scheinen viele Lichter[68].» Diese These wird in der Tat schon von einem Autor des frühen 12. Jahrhunderts ver-

treten, der bei den Kabbalisten in Spanien in großem Ansehen stand. Abraham bar Chija schreibt: «Jeder Buchstabe und jedes Wort in jedem Abschnitt der Tora hat einen tiefen Grund in der Weisheit und enthält ein Mysterium von den Mysterien der [göttlichen] Einsicht, die wir nicht bis auf den Grund zu durchdringen vermögen. Gebe Gott, wir möchten nur ein weniges von dieser Fülle erkennen[69].» Der Sinn des heiligen Textes kann nicht in irgendeiner endlichen Zahl von Lichtern und Deutungen erschöpft werden, und die Zahl Siebzig steht hier natürlich für die unerschöpfliche Totalität des göttlichen Wortes. Übrigens sind das Licht und das Mysterium der Tora eins, denn das hebräische Wort 'or, Licht, und das hebräische Wort ras, Mysterium, haben den gleichen Zahlenwert 207. Als Gott sprach: es werde Licht, da meinte er das Mysterium, das auch in der Tora durchscheint, wie der Autor des *Midrasch ha-Ne'elam* sagt[70]. Und dies verborgene Urlicht der Schöpfung, das zu edel war, als daß es zum Dienst der Kreaturen erniedrigt werden sollte, ist es, das Gott in die Tora eingeschlossen hat. In den mystischen Meditationen des Kabbalisten über die Schrift erhascht er einen Strahl, «Licht vom unerschöpften Lichte». Eine schlagende Anwendung dieser Vorstellung auf das Buch Sohar selbst findet sich bei den berühmten Kabbalisten Chajim Vital (gest. 1620). Das Wort Sohar bedeutet wörtlich Glanz. So spiegelt sich nach ihm der Glanz des göttlichen Lichtes, das in der Tora scheint, in den Mysterien dieses Buches wider. Als diese Mysterien jedoch unter der Verkleidung des Wortsinns erschienen, verdunkelte sich ihr Licht. Der Wortsinn der Tora ist Dunkelheit, aber der kabbalistische Sinn, das Mysterium, ist der «Sohar», der in jeder Zeile der Schrift aufleuchtet[71].

Diese Entwertung des Wortsinnes im einfachen Verstande ist bei den späteren Kabbalisten nichts Neues. Sie kommt mit großem Nachdruck schon an manchen eindeutigen Stellen im Sohar selbst zu Worte. «Rabbi Simon sagte: Weh dem, der die Tora als ein Buch bloßer Erzählungen und Allerweltsangelegenheiten betrachtet. Denn wäre sie das, so könnten wir noch heute eine Tora verfassen, die von solchen Dingen handelte und die noch viel ausgezeichneter wäre. Wenn es sich um irdische Dinge handelt, so gibt es bei den Königen und Fürsten dieser Welt [in ihren Chroniken?] wertvollere Materien. Die könnten wir nachahmen und aus ihnen eine Tora solcher Art zusammensetzen. Aber in Wirklichkeit sind die Worte der Tora höhere Worte und höhere Geheimnisse. Es gilt ja sogar von den Engeln, daß, wenn sie in die Welt hinabsteigen [um dort eine Sendung zu erfüllen], sie sich in das Gewand dieser Welt kleiden, und wenn sie das nicht täten, könnten sie in dieser Welt nicht bestehen, und die Welt vermöchte sie nicht zu ertragen. Und wenn das schon für die Engel gilt, um wieviel mehr gilt es von der Tora, mit der Er sie und alle Welten geschaffen hat und durch die sie alle bestehen. Wenn sie in diese Welt hinabsteigt, wie könnte die Welt sie ertragen, kleidete sie sich nicht in irdische Gewänder. So sind denn die Erzählungen der Tora nur ihre äußeren Gewänder. Wer da denken wollte, daß dieses Gewand die Tora selber sei und nichts anderes, der möge den Geist aushauchen. Solch ein Mensch wird keinen Anteil an der künftigen Welt haben. Darum sagte auch David [Psalm 119:18]: ‚Öffne meine Augen, daß ich Wunderbares aus Deiner Tora ersehe', nämlich das, was unter dem Gewand der Tora ist. Komm und sieh: es gibt Gewänder, die jeder sieht, und wenn die Toren einen Menschen in einem solchen Gewande sehen, das ihnen schön scheint, schauen sie nicht näher hin. Wichtiger aber als jenes Gewand ist der Körper, und wichtiger als der Körper die Seele. So auch hat die Tora einen Körper, der aus den Geboten und Vorschriften der Tora besteht, die *Gufe Tora,* «Körper der Tora», genannt werden[72]. Dieser Körper ist in Gewänder eingehüllt, die aus Erzählungen irdischen Charakters bestehen. Die Toren sehen nur das Gewand, welches der Erzählungsteil der Tora ist; sie wissen nicht mehr und sehen nicht, was unter dem Gewande ist. Die aber mehr wissen, sehen nicht auf das Gewand, sondern auf den Körper, der darunter ist. Die wahrhaft Weisen aber, die Diener des höchsten Königs, jene, die am Berge Sinai standen, sehen nur auf die Seele, die der wirkliche Grund der ganzen Tora ist, ja dereinst wird es ihnen auch vergönnt sein, sogar die innerste Seele der Tora zu schauen.» Die Tora, fügt der Autor zu, braucht ein äußeres Gewand von Geschichten, so wie Wein, um sich zu halten, einen Krug braucht. Aber stets ist es nötig, zum Geheimnis vorzudringen, das sich dahinter verbirgt[73].

Der letzte und radikalste Schritt in der Entwicklung dieses Prinzips der unendlichen Sinnesfülle der Tora wurde von der Safeder Kabbalistenschule im 16. Jahrhundert unternommen. Sie benutzte dabei die alte Vorstellung, daß die Gesamtzahl der Seelen Israels, die aus Ägypten auszogen und die Tora am Sinai empfingen, 600 000 betrug. In jeder Generation gibt es, nach den Gesetzen der Seelenwanderung und der Verteilung der Funken, in die die Seele zerstäubt, diese 600 000 Grundseelen in Israel. «Dementsprechend gibt es 600 000 Aspekte und Erklärungen in der Tora. Entsprechend jeder einzelnen dieser Arten, die Tora zu erklären, existiert die Wurzel einer Seele in Israel. In der messianischen Zeit wird jeder Einzelne in Israel die Tora gemäß jener Erklärung lesen, die seiner Wurzel zugeordnet ist, und so auch steht es mit dem Verständnis der Tora im Paradies[74].»

Diese mystische Idee, daß es einen eigenen Weg gibt, auf welchem jede einzelne Seele die Tora erfaßt, wird schon von Moses Cordovero aus Safed betont. Er sagt, daß jede dieser 600 000 heiligen Seelen einen Bezirk in der Tora habe, der nur ihr zukommt, «und keinem anderen als demjenigen, dessen Seele von dorther stammt, würde es erlaubt sein, sie auf diese besondere und individuelle, nur ihm vorbehaltene Weise zu verstehen[75].» Die Safeder Kabbalisten entwickelten im Anschluß an den Sohar auch eine weitere Idee, wonach die Tora, die in ihrem sichtbaren Bestand nur etwa 340 000 Buchstaben enthält, auf irgendeine geheimnisvolle Weise doch 600000 Buchstaben umfasse. So besäße denn jeder Einzelne in Israel einen Buchstaben in dieser mystischen Tora, an den seine Seele gebunden ist, und er liest die Tora in der besonderen Weise, die von dieser seiner oberen Wurzel in der Tora stammt. Menachem Asaria von Fano, einer der großen italienischen Kabbalisten um 1600, sagt in seinem Traktat über die Seele, daß die Tora in der Form, wie sie ursprünglich auf den ersten, dann zerbrochenen Tafeln eingraviert war, eben jene 600000 Buchstaben enthielt und daß sie erst auf den zweiten Tafeln in ihrer eingeschränkteren Fassung erschien, die jedoch dank einem geheimen Prozeß von Buchstabenkombinationen immer noch auf die ursprüngliche Zahl von 600000 Buchstaben hinweisen, die das Corpus mysticum der Tora bilden[76].

5

Wir haben die drei Grundprinzipien kennengelernt, von denen man sagen kann, daß sie die allgemeine Auffassung der Kabbalisten von der Tora bestimmen. Damit aber sind wir noch keineswegs am Ende. In gewissen kabbalistischen Schriften bekommen diese Prinzipien eine neue Wendung und eröffnen damit noch weitergehende Perspektiven. Vor gewagten Folgerungen sind die Kabbalisten in solchen Dingen nicht zurückgeschreckt. Der gemeinsame Ansatzpunkt solcher weiteren Entwicklungen war zwiefach. Zwei Fragen waren es, die sich auf ganz natürliche Weise für einen frommen, aber spekulativ veranlagten Juden stellen mußten: 1. Welches wäre wohl der Inhalt der Tora, die ja als die höchste Manifestation der göttlichen Weisheit anzusehen ist, gewesen, falls der Sündenfall Adams nicht geschehen wäre? Oder noch radikaler formuliert: Wenn die Tora präexistent war, der Schöpfung voranging, wie sah sie dann vor dem Fall aus? 2. Was wird die Struktur der Tora in der messianischen Zeit sein, wenn der Mensch in seinem ursprünglichen Stande wiederhergestellt sein wird?

Im Grunde bilden diese beiden Fragen nur eine, nämlich: was ist die Beziehung der Tora zu der fundamentalen Historie des Menschen? Kein Wunder, daß diese Fragestellung manchen Kabbalisten sehr zu denken gegeben hat. Ihre Gedanken dazu haben in der späteren kabbalistischen Literatur weite Resonanz gefunden und tiefen Einfluß auf die weitere Entwicklung der jüdischen Mystik ausgeübt, sowohl in ihren orthodoxen als auch in ihren häretischen Aspekten.

Wenn auch der Autor des Sohar-Hauptteils Fragen dieser Natur nicht selbst aufgeworfen hat, so nahmen sie im Bewußtsein seines jüngeren Zeitgenossen, der den *Ra'ja Mehemna* und die *Tikkune Sohar* schrieb, eine zentrale Stellung ein. In diesem Zusammenhang sind zwei Gedankengänge bei ihm von Bedeutung.

Der eine betrifft zwei verschiedene Aspekte der Tora, die in diesen Schriften *Tora de-beri'a*, «die Tora im Stand der Schöpfung», und *Tora de-'aziluth*, «die Tora im Stand der Emanation», heißen. Von der letzteren gilt das Wort des Psalmisten (19:8): «Die Tora Gottes ist vollkommen», womit gemeint sei, daß sie in ihrer göttlichen Natur in sich abgeschlossen und noch unberührt liegt. Von der *Tora de-beri'a* dagegen gilt der Satz aus den Sprüchen Salomos (8:22): «Gott hat mich am Anfang seines Weges geschaffen.» Das ist die Tora, wie sie da erscheint, wo Gott die Verborgenheit seines Wesens aufgibt und in geschaffenen Werken und Welten sich kundgibt[77]. An einer anderen Stelle heißt es hier: «Es gibt eine Tora, von der man nicht sagen kann, daß sie Schöpfung sei, sondern die Seine Emanation ist.» Nur im Hinblick auf diese unerschaffene *Tora de-'aziluth* gelte die mystische These, daß Gott und die Tora eins sind[78]. Der Autor entwickelt diesen Gedankengang nicht weiter im Detail, außer an Stellen, wo er in Beziehung zu dem zweiten Gedankengang tritt, der von ihm oft und in viel größerer Ausführlichkeit dargelegt wird. So lesen wir an einer dritten Stelle, daß die erschaffene Tora, *Tora de-beri'a*, das äußere Gewand der Schechina sei[79]. Wenn der

Mensch nicht der Sünde verfallen wäre, hätte die Schechina ohne solche Bedeckung bleiben können. Jetzt aber braucht sie sie, wie einer, der seine Armut verbergen muß. Daher ist jeder Sünder einem zu vergleichen, der die Schechina ihrer Gewänder beraubt; wer aber die Gebote der Tora erfüllt, ist wie einer, der die Schechina in ihre Gewänder hüllt, sie in der irdischen Welt erscheinen läßt. Hieraus folgt, daß, was der Autor *Tora de-beri'a* nennt, die Tora ist, wie sie sich wirklich manifestiert und vollziehbar ist und wie sie von der talmudischen Tradition verstanden wurde. Sie ist eine Tora, die positive und negative Gebote enthält, die eine klare Trennungslinie zwischen Gut und Böse, Rein und Unrein, Erlaubt und Unerlaubt, Heilig und Profan zieht. Dieser Gedanke der Gewänder der Tora taucht in dieser spätesten Schicht des Sohar immer wieder auf, wenn auch in sehr verschiedenen Nuancierungen. Er fußt auf der Gleichsetzung der Schechina (die auch die Königin oder *Matrona* ist) mit der Tora, wie sie dem Menschen offenbart worden ist. So heißt es mehrfach, daß die Farbe ihrer Gewänder nach dem Sündenfall, besonders aber während der Zeit des Exils, schwarz sei, womit sie als im Stand der Trauer befindlich dargestellt wird. Zugleich aber weist dieses schwarze Gewand, an anderen Stellen, auf den Wortsinn der Tora hin, der zuerst an ihr sichtbar wird. So heißt es etwa im *Ra'ja Mehemna,* an einer Stelle, an der er über die *Matrona* als Tora spricht, daß der Gerechte durch seine guten Taten und offenbar auch durch seine tiefere Einsicht die Schechina erleuchte, «indem er sie der düsteren Gewänder des Wortsinns und der talmudischen Kasuistik entledigt und sie mit strahlenden Gewändern schmückt, welche die Mysterien der Tora sind[80]».

Was hier als zwei verschiedene Arten von Gewändern begriffen wird, von denen eines den tatsächlichen und pragmatischen Aspekt der Tora darstellt, das andere den kontemplativen und mystischen, erscheint an vielen anderen Stellen im Bilde einer anderen Symbolik. Wir sahen bereits, daß die Tora dem Baum des Lebens im Paradies verglichen wurde. Aber die Bibel spricht von zwei Bäumen im Paradiese, die nun auf zwei verschiedene Sphären im göttlichen Bereich bezogen wurden. Der Baum des Lebens wurde (schon vor der Zeit des Sohar) mit der schriftlichen Tora gleichgesetzt, wogegen der Baum der Erkenntnis von Gut und Böse nun mit der mündlichen Tora identifiziert wurde. Der Begriff der schriftlichen Tora hat in diesem Zusammenhang natürlich vor allem auf den absoluten Charakter der Tora Bezug, während die mündliche Tora mit den Modalitäten zu tun hat, unter denen die Tora in unserer irdischen Welt appliziert werden kann. Das ist nicht so paradox, wie es auf den ersten Blick scheinen mag. Für den Kabbalisten stellt die schriftliche Tora, wie bereits oben gesagt wurde, in der Tat ein Absolutum dar, das an sich vom menschlichen Bewußtsein nicht voll und unmittelbar aufgenommen werden kann. Erst die Tradition macht die Tora verständlich, indem sie die Mittel und Wege bezeichnet, auf denen sie im jüdischen Leben angewandt werden kann. Für einen orthodoxen Juden – und vergessen wir nicht, daß die Kabbalisten in ihrem Bewußtsein orthodoxe Juden waren – wäre die schriftliche Tora allein, ohne die Tradition, welches die mündliche Tora ist, allen Arten häretischer Mißdeutung offen. Die mündliche Tora ist es, die die reale Lebenshaltung des Juden bestimmt. Es ist leicht einzusehen, wie es zu der von allen alten Kabbalisten angenommenen Gleichsetzung der mündlichen Tora mit der neuen mystischen Auffassung der Schechina kommen konnte, welch letztere als die göttliche Potenz angesehen wurde, die die Gemeinde Israel regiert und sich in ihr selbst manifestiert. Wir haben schon oben gewisse sehr kühne Folgerungen diskutiert, die einer der ältesten Kabbalisten aus diesem Symbolismus der zwei Erscheinungsweisen der Tora gezogen hat.

Der Autor des *Ra'ja Mehemna* und der *Tikkunim* gab aber dieser Symbolik nun eine neue und folgenreiche Wendung. Der Baum der Erkenntnis von Gut und Böse erscheint ihm als Symbol derjenigen Sphäre der Tora, auf der Gut und Böse, Rein und Unrein usw. gegeneinander abgegrenzt sind. Zugleich aber stellt er auch die Macht dar, die das Böse in Zeiten der Sünde und besonders in Zeiten des Exils über das Gute gewinnen kann. Damit wurde der Baum der Erkenntnis zum Baum der Beschränkungen, der Verbote und Abgrenzungen, während der Baum des Lebens der Baum der Freiheit war, in dem die Dualität von Gut und Böse noch gar nicht (oder auch gar nicht mehr) absehbar war, sondern in dem alles auf die Einheit des göttlichen Lebens hinwies, das noch von keinen Beschränkungen, von der Macht des Todes und all den anderen negativen Aspekten des Lebens, betroffen war, die erst nach dem Sündenfall erschienen. Diese hemmenden, begrenzenden Aspekte der Tora sind in der Welt der Sünde, in der unerlösten Welt, durchaus legitim, und die Tora konnte in einer solchen Welt gar nicht anders erscheinen. Erst nach dem Sündenfall und dessen weitreichenden Folgen bekam die Tora den materiellen und sinnlich begrenzten Aspekt, unter dem sie nun erscheint. Dem entspricht es dann, daß in dieser Symbolik der Baum des Lebens, wie man wohl sagen darf, den eigentlich utopischen Aspekt der Tora darstellt[81]. So gesehen lag es auch nahe, die Tora als Lebensbaum mit der mystischen Tora gleichzusetzen, die Tora als Baum der Erkenntnis von Gut und Böse aber als die Tora in ihrer historischen Erscheinung. Wir haben es hierbei natürlich mit einem sehr schönen Fall typologischer Exegese zu tun, für die der Autor des *Ra'ja Mehemna* und der *Tikkunim* eine ausgesprochene Vorliebe hatte. Aber wir müssen noch einen Schritt weitergehen. Der Autor bringt diesen Dualismus der Bäume mit den zwei verschiedenen Tafelgruppen zusammen, die dem Moses auf dem Berge Sinai gegeben wurden. Nach einer alten talmudischen Vorstellung hatte das Gift der Schlange, das Eva und durch sie die ganze Menschheit verdorben hatte, seine Kraft mit der Offenbarung am Sinai verloren, gewann sie aber wieder, als Israel sich auf die Verehrung des goldenen Kalbes einließ. Der kabbalistische Autor deutet dies auf seine eigene Weise. Die ersten Tafeln, die noch vor der Sünde mit dem goldenen Kalb gegeben worden waren, die aber außer Moses keiner je gelesen hat, stammten vom Baum des Lebens. Die zweiten Tafeln, die gegeben wurden, nachdem die ersten zerbrochen waren, stammten vom Baum der Erkenntnis. Der Sinn dieser Vorstellung ist klar: die ersten Tafeln enthielten eine Offenbarung der Tora gemäß dem ursprünglichen Stande des Menschen, in dem er sich von dem Prinzip hätte lenken lassen, das im Baum des Lebens verkörpert ist. Es wäre dies eine rein spirituelle Tora gewesen, die einer Welt überantwortet worden wäre, in der Offenbarung und Erlösung zusammengefallen wären, in der alles heilig war und in der die Macht des Unreinen und des Todes nicht durch Verbote und Beschränkungen im Zaum gehalten werden brauchte. In diesem Stand der Tora wäre das Mysterium an ihr unverstellt offenbart worden. Aber dieser utopische Augenblick schwand schnell dahin. Als die ersten Tafeln zerbrochen wurden, «flogen die auf ihnen eingravierten Buchstaben davon», das heißt, das rein spirituelle Element trat zurück und ist seitdem nur noch für den Mystiker sichtbar, der es auch unter den neuen und äußerlichen Gewändern wahrzunehmen vermag, in welchen es sich auf den zweiten Tafeln repräsentierte[82]. Auf den zweiten Tafeln erscheint die Tora im historischen Gewand und als historische Macht. Gewiß, noch immer hat sie ihre verborgenen Schichten unendlicher Mysterien. Das Licht scheint noch immer durch das Gute hindurch, während das Böse durch all jene Verbote eingedämmt und bekämpft werden muß, die als sein Gegenpart gedacht sind. Dies ist die harte Schale der Tora, die in einer Welt, in der die Mächte des Bösen regieren, unvermeidbar ist. Aber die Schale darf nicht für das Ganze genommen werden. Im Vollzug der Gebote vermag der Mensch die äußere Schale zu durchbrechen und zum Kern vorzudringen. Diese Haltung hilft uns auch, den einigermaßen zweideutigen Klang mancher Aussagen über die Rangordnung von Bibel, Mischna, Talmud und Kabbala zu erklären, die im *Ra'ja Mehemna* und den *Tikkunim* öfters wiederholt werden und die nicht wenige Leser dieser Texte stutzig gemacht haben. Aber es wäre falsch, von einem antinomistischen und antitalmudistischen Charakter dieser Stellen zu sprechen[83]. Der Autor macht sich keineswegs zum Anwalt einer Abschaffung des talmudischen Gesetzes, das für ihn tatsächlich die historische Form darstellt, unter der die Tora gegeben worden ist, und die für ihn volle Gültigkeit und Legitimität besitzt. Die detaillierten Erörterungen über Halachisches in diesen Schriften sind in durchaus positivem Sinne und ohne Ranküne geschrieben. Es kann aber kaum bezweifelt werden, daß für die Zeit der Erlösung der Autor in der Tat die unverstellte Offenbarung und Wirksamkeit jenes utopischen und rein mystischen Aspektes der Tora erwartete, von dem oben gesprochen wurde. Das wirkliche Wesen der Tora ist nur eins; es ist das, was im Begriff der *Tora de-'aziluth* verkörpert ist. Aber das Gewand oder die äußere Form, die sie in einer Welt angenommen hat, in der es gilt, die Mächte des Bösen zu bekämpfen, ist durchaus legitim und unabdingbar. Der starke Nachdruck, den der Autor auf diese düsteren Aspekte der Tora in ihrer talmuschen Form legt – er liebt es, Parallelen zwischen der Fronarbeit der Israeliten im ägyptischen Exil und den hermeneutischen Anstrengungen zu ziehen, mit denen die talmudischen Gelehrten den Inhalt der mündlichen Tora aus der schriftlichen herausarbeiten und aufbauen, eine Parallele, die leicht einen ironischen und kritischen Anstrich erhalten konnte[84] –, beweist, wie überwältigend letzten Endes doch sein Interesse an der mystischen und utopischen Seite der Tora war. Das Exil der Schechina, das im Grunde schon mit dem Sündenfall begann, erhält seine volle Bedeutung in dem historischen Exil des jüdischen Volkes. Das ist auch der Grund, warum diese beiden ihrer Natur nach so verschiedenen Begriffe der Sünde und des Exils in seinen Ausführungen so oft kombiniert und fast gleichgesetzt werden.

Die Kabbalisten der Schule von Safed im 16. Jahrhundert entwickelten diese Idee in einer überaus interessanten Weise weiter. Sie suchten die Frage zu beantworten, wie die Tora vor dem Sündenfall aussah und wie diese ursprüngliche Gestalt mit der geschichtlichen Erscheinung der Tora als konkretem Gebilde in Übereinstimmung gebracht werden konnte. Ausgezeichnete Darstellungen dieser Gedankengänge finden sich in den Schriften des Moses Cordovero (gest. 1570), aus denen sie von vielen anderen Autoren übernommen worden sind. Auch er geht davon aus, daß die Tora ihrem innersten Wesen nach aus göttlichen Buchstaben zusammengesetzt ist, die ihrerseits nichts anderes sind als Konfigurationen des göttlichen Lichtes. Erst auf weiteren Stufen fortschreitender Materialisierung schließen sich diese Buchstaben auf verschiedene Weisen zusammen. Zuerst bilden sie Namen, das heißt Gottesnamen, später Appellative und Prädikationen, die das Göttliche umschreiben, und noch später kombinieren sie sich auf eine neue Weise, in der sie Worte bilden, die sich nun auf irdische Ereignisse und materielle Gegenstände beziehen. Wie unsere gegenwärtige Welt ihren grobmateriellen Charakter erst als Folge des Sündenfalls des Menschen annahm, so erwarb auch die Tora ihre materielle Erscheinung in genauer Parallele zu diesen Wandlungen. Die spirituellen Buchstaben wurden ihrerseits materiell, als der materielle Charakter der Welt dies erforderlich machte. Von dieser Grundvoraussetzung aus konnte Cordovero die beiden Fragen beantworten: was war die Natur der Tora vor dem Sündenfall, und was wird ihre Natur in der messianischen Zeit sein?[85]

Er illustriert seine Ansicht am Beispiel des biblischen Verbotes, Kleider zu tragen, deren Material aus Wolle und Leinen gemischt ist. Solche Mischung heißt im Hebräischen *Schaʿatnes*. «Wenn die Tora sagt [Deuteronomium 22:11], ‚Du sollst kein *Schaʿatnes* anziehen', so konnte davon ja nicht die Rede sein, bevor Adam selber sich mit jenem grobmateriellen Körper bekleidet hatte, der in mystischer Sprache ‚Schlangenhaut' genannt wird. Die Tora konnte also ein solches Verbot noch gar nicht enthalten haben, denn welche Beziehung sollte die Seele des Menschen, die ursprünglich noch in ein rein spirituelles Kleid gehüllt war, zu solchem *Schaʿatnes* haben? In der Tat war denn auch die ursprüngliche Kombination der Buchstaben in der Tora vor dem Sündenfall gar nicht *schaʿatnes zemer u-fischtim* [*Schaʿatnes* aus Wolle und Leinen], sondern enthielt dieselben Konsonanten in einer anderen Kombination, *satanʿas mezar u-tofsim,* deren Sinn vielmehr eine Warnung an Adam war, sein ursprüngliches Lichtgewand nicht gegen jenes Gewand aus Schlangenhaut einzutauschen, die ein Symbol der dämonischen Macht darstellt, die *satan ʿas,* ‚verwegener Satan', heißt. Ferner war hier eine Warnung enthalten, wonach diese Macht gewiß Angst und Not, *mezar,* für den Menschen nach sich ziehen und versuchen würde, von ihm Besitz zu ergreifen, *u-tofsim,* und ihn damit in die Hölle zu bringen. Wie kam es nun zu dieser Veränderung in der Kombination der Buchstaben, so daß wir jetzt *schaʿatnes zemer u-fischtim* lesen? Weil Adams Natur, als er jene Schlangenhaut anlegte, materiell wurde und daher auch eine Tora erforderlich wurde, die materielle Gebote gab. Dies bedingte eine dementsprechende neue Lesung der Buchstaben, die diesen Sinn eines Gebotes gaben. Und so verhält es sich in entsprechender Weise mit allen anderen Geboten, die auf der körperlichen und materiellen Natur des Menschen basieren[86].»

Die gleiche Quelle handelt auch von dem eschatologischen Aspekt dieser Fragestellung. «Auch von dem Sinn der neuen Deutungen der Tora, die Gott in der messianischen Zeit enthüllen wird, gilt, daß die Tora immer dieselbe bleibt, daß sie aber am Anfang die Form materieller Buchstabenkombinationen annahm, die auf die materielle Welt zugeschnitten waren. Dereinst aber werden die Menschen diesen ihren materiellen Körper abwerfen, werden verklärt werden und den mystischen Körper wieder erhalten, den Adam vor dem Sündenfall hatte. Dann werden sie das Mysterium der Tora begreifen, indem ihre verborgenen Aspekte werden offenbar werden. Und später, wenn mit dem Ablauf des sechsten Jahrtausends [das heißt nach der eigentlichen messianischen Erlösung und zu Beginn des neuen Äons] der Mensch in ein noch höheres geistiges Wesen verklärt werden wird, wird er noch tiefere Schichten des Mysteriums der Tora in ihrer verborgenen Wesenheit erkennen. Dann wird jedermann imstande sein, den wundersamen Inhalt der Tora und die geheimen Kombinationen ihrer Buchstaben zu verstehen, und dadurch wird er dann auch viel vom geheimen Wesen der Welt begreifen... Denn der Grundgedanke dieser Darlegung ist, daß die Tora ein materielles Gewand angelegt hat wie der Mensch selber. Und wenn der Mensch von seinem materiellen Kleid [nämlich seinem körperlichen Zustand] zu einem subtileren, geistigeren aufsteigen wird, so wird auch die Tora in ihrer materiellen Erscheinung verwandelt werden und in immer fortschreitenderen Graden in ihrer geistigen Wesenheit erfaßt werden. Die verhüllten Gesichter der Tora werden strahlen, und die Gerechten werden sie studieren. Und dennoch wird in allen diesen Stadien die Tora immer dieselbe sein, die sie am Anfang war, in ihrem Wesen wird sie sich nie wandeln[87].»

Derselbe Gedanke ist dann auch von Isaak Luria übernommen und in ähnlicher Richtung ausgeführt worden. «Der Wortsinn der Gebote im Paradies war anders und viel spiritueller als jetzt», und was der Fromme jetzt auf Erden als materiellen Vollzug des Gebotes erfüllt, wird er nachher im paradiesischen Gewand der Seele so erfüllen, wie es die Absicht Gottes bei der Schöpfung des Menschen war[88].

Diese Gedankengänge vereinigen in höchst erleuchtender Weise das orthodoxe Beharren auf dem unveränderlichen und absoluten Charakter der Tora mit der Vorstellung ihrer Relativierung in der geschichtlichen Perspektive. Das gleiche Prinzip wurde auch auf die Art und Weise angewandt, in der die Tora von den höheren Hierarchien der

Wesen erfaßt wird. Die späteren Kabbalisten pflegten von vier Welten zu sprechen, die eine derartige geistige Hierarchie bilden, der Welt der göttlichen Emanation, '*Aziluth,* der Welt der Schöpfung, *Beri'a,* der Welt der Formation, *Jezira,* und der Welt der Aktivierung, '*Assija.* Diese Welten folgen nicht zeitlich aufeinander, sondern bestehen gleichzeitig und bilden die verschiedenen Stadien, auf denen sich die schöpferische Macht Gottes fortschreitend materialisiert. Die Offenbarung der Tora als des Organons der Schöpfung muß all diesen Welten notwendigerweise in irgendeiner Form zugekommen sein, und in der Tat erfahren wir mancherlei über ihre Struktur. So entwickeln Texte, die in der Schule des Israel Saruk (um 1600) entstanden sind, folgenden Gedanken: In der höchsten Welt, '*Aziluth,* war die Tora noch lediglich eine Folge aller Konsonantenkombinationen, die aus dem hebräischen Alphabet gebildet werden können, wenn zwei solche Konsonanten zusammentreten. Dies war das ursprüngliche Gewand, das aus der inneren Sprachbewegung des *En-Sof* entsprang, das gleichsam aus der immanenten ‚Wonne' herausgesponnen wurde, die *En-Sof,* die unendliche und transzendente Gottheit, durchwaltete, sei es ihrer verborgenen Wesenheit nach, sei es, als sie zum erstenmal ihre Machtfülle zu offenbaren erwog. Hier haben wir die Tora in ihren innersten Elementen vor uns, die in ihrer Uranordnung die Keime aller Möglichkeiten, die in dieser Sprachbewegung liegen, enthielten. Erst in der zweiten Welt erscheint die Tora als eine Folge heiliger Gottesnamen, die durch gewisse Kombinationen von Elementen, die in der '*Aziluth-*Welt waren, gebildet wurden. In der dritten Welt erscheint die Tora dann als eine Darstellung angelischer Namen und Potenzen, nach dem Gesetz dieser Welt, die von Engelwesen bevölkert ist. Erst in der vierten und letzten Welt konnte die Tora so erscheinen, wie sie sich uns darstellt[89]. Die Gesetze, die die innere Struktur jeder dieser Welten bestimmen, werden aus der besonderen Form, in der die Tora in diesen vier Welten erscheint, deutlich. Fragen wir, warum wir die Tora nicht unmittelbar in dieser ihrer Funktion wahrnehmen, so liegt die Antwort eben in der Tatsache, daß dieser ihr Aspekt als Darstellung der kosmischen Gesetzmäßigkeiten der verschiedenen Welten durch die Veränderungen verborgen blieb, die ihre äußere Erscheinung nach dem Sündenfall durchmachte.

Ich glaube, dieser Gedanke der mystischen Relativierung der Tora hat nirgends einen drastischeren und naturalistischeren Ausdruck gefunden als in einem Fragment aus einem Buch des Rabbi Elijahu Kohen Ittamari aus Smyrna (gest. 1729), das handschriftlich dem Chajim Josef David Asulai vorgelegen hat und von ihm zitiert wird. Dieser Rabbi Elijahu war ein berühmter Prediger und Kabbalist von asketischer Frömmigkeit, wenn auch seine Theologie in eigentümlicher Weise mit Ideen durchsetzt ist, die aus der häretischen Kabbala der Anhänger des Pseudo-Messias Sabbatai Zwi stammen. Dieses Fragment sucht eine Erklärung dafür, weshalb die Torarolle für den synagogalen Gebrauch nach rabbinischer Vorschrift ohne Vokale und ohne Interpunktion geschrieben sein muß. Dem Autor zufolge enthält dieser Sachverhalt «einen Hinweis auf den Zustand der Tora, wie sie vor Gottes Antlitz existierte und bevor sie an die niederen Sphären weitergegeben wurde. *Denn es gab vor Ihm eine Anzahl Buchstaben, die nicht zu Wörtern vereinigt waren, wie es jetzt der Fall ist, weil die eigentliche jeweilige Anordnung der Wörter sich nach der Art und Weise richten würde, wie diese untere Welt sich verhielte.* Wegen der Sünde Adams ordnete Gott die Buchstaben vor ihm zu Wörtern an, welche den Tod und andere irdische Gegenstände, beispielsweise die Vorschrift über die Leviratsehe einer Witwe, beschreiben. Ohne Sünde hätte es aber auch keinen Tod gegeben. Dieselben Buchstaben wären zu Wörtern vereinigt worden, die eine andere Geschichte erzählt hätten. Daher enthält die Torarolle keine Vokale, keine Interpunktion und keine Akzente, als Hinweis auf die Tora, die *ursprünglich einen Haufen ungeordneter Buchstaben* bildete[90]. Die ursprüngliche Absicht Gottes in der Tora wird aber offenbar werden, wenn der Messias kommen wird, der den Tod für immer verschlingen wird, so daß es keine weitere Anwendungsmöglichkeit mehr für Dinge in der Tora geben wird, die mit Tod, Unreinheit und dergleichen zu tun haben. Denn dann wird Gott die gegenwärtige Buchstabenkombination, die die Wörter unserer jetzigen Tora bilden, aufheben und wird die Buchstaben zu anderen Wörtern neu zusammenstellen, woraus dann neue Sätze sich ergeben werden, die von anderen Dingen reden. Dies ist der Sinn der Worte Jesajas [51:4]: ›Denn Tora wird von mir ausgehen‹, was schon die alten Rabbinen gedeutet haben: ›Eine neue Tora wird von mir ausgehen[91].‹ Soll das nun heißen, daß die Tora nicht ewig gültig ist? Vielmehr bedeutet es, daß die Torarolle zwar sein wird wie jetzt, daß aber Gott uns lehren wird, sie nach einer anderen Anordnung der Buchstaben zu lesen, und uns über die Einteilung und Kombination der Worte Aufschluß geben wird[92].»

Es läßt sich wohl kaum eine gewagtere Formulierung des Prinzips denken, das diese Theorie bestimmt. Niemand wird sich wundern, daß ein frommer Rabbi wie Asulai sich entsetzt gegen solche radikale These wehrte. Merkwürdigerweise stützt er sich bei seinem Protest gerade auf Nachmanides und dessen Lehre von dem ursprünglichen Charakter der Tora, die er der Lehre des Elijahu Kohen entgegensetzt, die, wie er meint, keine Gültigkeit beanspruchen könne, solange sie sich nicht als echte rabbinische Tradition erweise. Offensichtlich vermochte er die stetige Linie der Entwicklung nicht zu sehen, die von der Ausgangsposition bei Nachmanides, die wir früher erörtert haben, bis zu deren letzten logischen Konsequenzen führt, wie sie Elijahu Kohen formuliert hat. Jedenfalls scheint es mir sehr bedeutsam, daß ein berühmter Rabbi von hohem Ansehen und großer moralischer Autorität[93] eine so radikale These akzeptieren konnte, in der eine höchst spiritualistische und utopische Auffassung vom Wesen der Tora in der messianischen Zeit auf ein in kabbalistischen Kreisen weithin angenommenes Prinzip gegründet werden konnte. Derselbe Asulai aber, der sich so über den mystischen Extremismus des Elijahu Kohen entrüstet, formuliert selber in einer seiner Schriften eine nicht viel weniger radikale These. In einem alten Midraschwerk heißt es, wer auch nur den ganzen Tag den Vers (Genesis 36:22): «Die Schwester Lothans war Timna» lese, der als besonders irrelevant und inhaltsleer in der Tora auffällt, erlange dennoch die ewige Seligkeit. Zu diesem Aphorismus gibt Asulai die folgende Erklärung: «Wenn der Mensch Toraworte spricht, so erzeugt er ständig geistige Potenzen und neue Lichter, die wie Arzneien aus täglich neuen Zusammensetzungen der Elemente und Konsonanten hervorgehen. Wenn er daher selbst den ganzen Tag nur diesen einen Vers liest, erlangt er die ewige Seligkeit, denn zu jeder Zeit, ja in jedem Augenblick ändert sich die Zusammensetzung [der inneren Sprachelemente] nach dem Zustand und der Rangordnung jenes Augenblicks, und nach den Namen, die in diesem Augenblick in ihm aufleuchten[94].» Hier wird also ebenfalls die mystische, unbegrenzte Plastizität des göttlichen Wortes ganz prinzipiell, gerade am sozusagen gewichtslosesten Wort der Tora vertreten und aufgezeigt. Im Grunde ist das wohl in der Tat die einzige Weise, in der man die Vorstellung von einem geoffenbarten Wort Gottes ernst nehmen kann.

Noch merkwürdiger scheint mir, daß eine Formulierung dieses Prinzips, die der bei Elijahu Kohen sehr ähnlich ist, gerade dem Israel Baal-schem, dem Begründer der späteren chassidischen Bewegung in Polen und Rußland, zugeschrieben wird. In einer Schrift aus der Frühzeit der chassidischen Bewegung, die aus dem Kreis seines jüngeren Zeitgenossen und Freundes Pinchas aus Koretz stammt, heißt es: «In der Tat ist es wahr, daß die heilige Tora ursprünglich nur in einem *unzusammenhängenden Durcheinander von Buchstaben* geschaffen wurde[95]. Das heißt, daß alle Buchstaben der Tora von den ersten Worten der Genesis bis zum Schluß des Deuteronomiums damals noch nicht zu jenen Wortverbindungen kombiniert waren, wie wir sie jetzt dort lesen, wie etwa ‚im Anfang schuf' oder ‚gehe aus von deinem Lande' und dergleichen. Vielmehr waren all diese Worte noch nicht vorhanden, denn die Vorgänge in der Schöpfung, von denen sie berichten, waren noch nicht eingetreten. So waren denn in der Tat all jene Buchstaben der Tora durcheinandergemischt, und erst wenn irgendein bestimmter Vorgang in der Welt sich ereignete, traten die Buchstaben zu den Wortverbindungen zusammen, in denen dies Ereignis berichtet wird. Als etwa die Schöpfung der Welt oder die Begebenheiten von Adam und Eva stattfanden, bildeten die Buchstaben jene Worte, die diesen Vorgang erzählen. Oder wenn etwa jemand starb, so entstand die Wortverbindung ‚Und es starb N. N.'. So lag es auch mit allen anderen Sachverhalten. Sobald sich etwas ereignete, formierten sich die Buchstabenkombinationen dementsprechend. *Hätte sich statt dessen ein anderes Ereignis abgespielt, so würden andere Buchstabenkombinationen entstanden sein,* denn die heilige Tora ist Gottes unendliche Weisheit, und verstehe das[96].»

Abschließend dürfte die Bemerkung am Platze sein, daß diese recht naturalistische Auffassung vom ursprünglichen Wesen der Tora einigermaßen an die Atomtheorie Demokrits erinnert. Der griechische Begriff *stoicheion* hat bekanntlich die doppelte Bedeutung von Buchstabe und Element beziehungsweise Atom. Die verschiedenen Eigenschaften der Dinge müssen nach Demokrit durch die verschiedenen Bewegungen der gleichen Atome erklärt werden. Diese Konkordanz zwischen den Buchstaben als den Elementen der Welt der Sprache und den Atomen als den Elementen der Wirklichkeit ist schon von einigen griechischen Philosophen festgestellt worden. Wenn Aristoteles die kurze Formulierung prägt: «Es sind die gleichen Buchstaben, aus denen die Tragödie und die Komödie kommen[97]», so spinnt er damit an jener Stelle nicht nur den Gedanken des Demokrit weiter, sondern er bringt das Prinzip zum Ausdruck, das in der kabbalistischen Theorie über die Tora

dann wiederkehrt: Die gleichen Buchstaben reproduzieren
in ihren verschiedenen Kombinationen die verschiedenen
Aspekte der Welt.

6

Wir haben vom Prinzip der Relativierung gesprochen, die
die als Absolutum betrachtete Tora in ihren verschiedenen
Manifestationen in verschiedenen Geschichtsperioden
durchmacht. Hier hatten wir es dann mit ihren verschiedenen Lesungen zu tun, die dem paradiesischen Stand, dem
der Sünde und des Exils, dem der messianischen Erlösung
und dem der künftigen Verklärung als Perioden innerhalb
des Ablaufs dieser Schöpfungen entsprechen. Dieses Prinzip hat aber eine noch umfassendere Anwendung wieder
anderen Charakters in einer weiteren kabbalistischen Lehre
gefunden. Ich meine damit die Lehre von den kosmischen
Zyklen oder *Schemittoth*[98], die, wenn sie auch von den Autoren des Sohar nicht übernommen und daher von ihnen
stillschweigend übergangen wurde, dennoch in der älteren
Kabbala einen bedeutenden Platz eingenommen und einen
beträchtlichen Einfluß auch auf gewisse spätere Entwicklungen innerhalb der jüdischen Mystik ausgeübt hat. Diese
Lehre ist in einem überaus schwierigen, noch keineswegs
genügend erforschten Werk niedergelegt, dessen Titel
Sefer ha-Temuna sowohl «Buch von der Gestalt», nämlich
der Gestalt der hebräischen Buchstaben, als auch «Buch
vom Bilde», nämlich dem Bilde Gottes, bedeuten kann.
Denn die Buchstaben, die Gestaltungen der schöpferischen
Kraft Gottes sind, bilden zugleich auch das mystische Bild
der Gottheit, wie es in der Welt der Sefiroth erscheint.
Dieses Buch erschien um 1250 in Katalonien, und sein Verfasser ist bisher unbekannt geblieben[99]. In ihm handelt es
sich nicht mehr um die verschiedenen Aspekte der Tora
innerhalb eines Schöpfungsablaufs wie dem, von dem die
Bibel berichtet, sondern innerhalb einer ganzen Folge solcher Schöpfungen, in deren jeder eine der sieben unteren

Sefiroth regiert. Denn die Schöpfungsmacht Gottes wirkt sich in jeder Sefira und einer von ihr entscheidend geformten kosmischen Einheit, *Schemitta* genannt, aus. Jede bringt ein anderes Attribut der Gottheit als beherrschende Macht in den ihr entsprechenden Schöpfungsprozeß, und erst in der vollständigen Folge solcher sieben *Schemittoth,* die das große Weltenjubeljahr bilden, manifestiert sich die Totalität der schöpferischen Kraft Gottes. Die biblische Vorschrift über das Sabbathjahr und über das Jubeljahr im 15. Kapitel des Deuteronomiums diente dabei als Ausgangspunkt dieser Spekulationen.

Für unsere Fragestellung ist dabei die Vorstellung wesentlich, die sich der Autor von der Stellung der Tora in diesen kosmischen Perioden macht, deren jede ihm zufolge siebentausend Jahre dauert, worauf mit dem 50. Jahrtausend die gesamte Schöpfung in den Schoß der ‚Wiederkehr' oder ‚Buße' genannten dritten Sefira zurückkehrt, ja nach der Meinung einiger späterer Kabbalisten sogar in das Nichts. Auch für ihn ist die Tora ihrem Wesen nach jene Ur-Tora, die in der göttlichen Weisheit befaßt war oder aus ihr entsprungen ist. Die Buchstaben dieser Ur-Tora sind tief im Schoß der göttlichen Weisheit verborgen und haben eine Gestalt und einen Zusammenhang, der sich unserer Erkenntnis völlig entzieht. Sie haben dort weder Form noch Grenze. Aber mit jeder *Schemitta* trat diese verborgene, in sich vollkommene Tora in einen von der Natur des sich jeweilig auswirkenden Attributs Gottes bestimmten Stand, auf dem sie als Offenbarung in der ihr zugeordneten *Schemitta* erscheint. In jeder *Schemitta* also relativiert sich das absolute Wesen der Tora. Innerhalb der organischen Einheit eines solchen Äons oder Schöpfungsablaufs ist diese Tora aber dann die eine legitime Form, unter der sie allein aufgefaßt werden kann, und daher für den Ablauf dieses Äons von unveränderlicher Gültigkeit. Mit anderen Worten: in jeder *Schemitta* wird man etwas völlig anderes in der Tora lesen, weil in jeder die eine göttliche Weisheit der Ur-Tora sich unter einem anderen Aspekte darstellt.

Ist doch das Wesen der Geschöpfe selbst in diesen Zyklen keineswegs identisch, sondern unterliegt den größten Veränderungen, und was in dieser Welt, in der wir jetzt leben, etwa von Engeln allein gesagt werden könnte, gilt in einer anderen vom Menschen oder dem ihm entsprechenden Produkt. In jedem Zyklus treten die Buchstaben nicht nur in anderen Formen und Gestalten auf, sondern treten auch in jeweilig verschiedene Verbindungen miteinander. Ihre Einteilung in Worte und damit ihr spezifischer Sinn innerhalb eines Sprachzusammenhangs wird in jedem Zyklus anders sein. Es ist klar, wie diese Gedanken mit denen zusammenhängen, die im vorigen Abschnitt erörtert worden sind. Zugleich ist auch die Differenz evident. Denn nicht innerhalb des historischen Ablaufes eines einzelnen Äons kann sich hier die Tora verschiedenartig darstellen, sondern nur beim Übergang von einem Äon zum anderen.

Der Autor des Buches *Temuna* war vor allem an den drei ersten *Schemittoth* interessiert, in denen sich für ihn der Reihe nach die Attribute der Gnade, der Strenge oder des Gerichtes und der Barmherzigkeit darstellen und auswirken. Dabei stellt die zweite *Schemitta* die Schöpfung dar, in der wir leben. Die vergangene war vom Gesetz der Gnade bestimmt, des unbeschränkt sich verschenkenden Stromes der göttlichen Liebe, die keine Einschränkungen und Negationen kannte. Und so waren auch ihre Kreaturen und die Tora, unter der sie standen. Sie wurde anders gelesen als jetzt, enthielt keine Verbote, sondern nur Affirmationen der seligen Verbindung, in der das Geschöpf mit seinem Schöpfer stand. Da es den bösen Trieb und die Schlange nicht gab, enthielt die Tora auch nichts, was darauf Bezug nahm. Es ist unverkennbar, daß diese Auffassung weitgehend, wenn auch in anderen Formen die Idee vorwegnimmt, die fünfzig Jahre später der Autor des *Ra'ja Mehemna* sich von der Herrschaft der Tora unter dem Aspekt des Lebensbaumes gemacht hat. Ebenso besteht auch eine Parallele zwischen der Tora im zweiten Äon des Buches *Temuna* und der unter dem Aspekt des Baumes der

Erkenntnis im *Ra'ja Mehemna*. Denn die Schöpfung dieser unserer Welt, die unter dem Zeichen der göttlichen Strenge steht, der Beschränkung und des Gerichts, kennt eben den bösen Trieb und die Versuchung, die zu ihrer Natur gehören. Ein anderer Verlauf ihrer Geschichte war eigentlich gar nicht denkbar, und so mußte auch ihre Tora die Form annehmen, unter der wir sie jetzt kennen. Daher enthält sie Gebote und Verbote und lebt und webt in der Auseinandersetzung von Gut und Böse. Ja der Autor geht so weit, zu versichern, daß die Buchstaben der Tora sich ursprünglich geweigert hätten, zu dieser besonderen Kombination zusammenzutreten und sich dem Gebrauch, oder Mißbrauch, von solchen Kreaturen ausliefern zu lassen, wie sie diesen Äon bevölkern würden. Dem entspricht dann die Überbetonung des utopischen Elements, das zugleich auch eine Rückkehr zu den reineren Formen der vergangenen *Schemitta* darstellt, in der dritten, künftigen. Die Tora wird wieder nur noch von Reinheit und Heiligkeit handeln, die in ihr vorgeschriebenen Opfer werden rein spiritueller Natur sein und die dankbare Anerkennung von Gottes Herrschaft und Akte der Liebe zum Schöpfer betreffen. Es wird keine Exile mehr geben, daher auch keine Wanderungen der Seele wie im gegenwärtigen Äon. Der böse Trieb im Menschen wird in verwandelter und verklärter Gestalt wirken, im harmonischen Ausgleich und nicht im feindseligen Konflikte mit dem Trieb zum Guten.

So verbindet denn dieses Werk streng traditionalistische Haltung, die nichts am Buchstaben der Tora, wie sie am Sinai gegeben wurde, rütteln läßt, mit der Auffassung, daß diese selbe Tora in anderen Äonen ein anderes Gesicht zeigen werde, ohne daß damit ein Widerspruch in ihrem inneren Wesen gegeben wäre. Der Autor weicht den Konsequenzen eines utopischen Antinomismus nicht aus, den der Autor des *Ra'ja Mehemna* nicht mehr in gleicher Schärfe auszudrücken wagte. Die Meinung des Buches *Temuna,* nach der, «was hienieden verboten ist, oben erlaubt ist[100]», führt zu der logischen Folgerung, daß Dinge, die in diesem Äon und nach der jetzigen Art, die Tora zu lesen, verboten sind, in einem anderen Äon erlaubt sein oder sogar positive Gebote bilden könnten, wenn ein anderes Attribut der Gottheit, zum Beispiel Erbarmen und Mitleid statt richtender Strenge, die Struktur und den Charakter der Schöpfung bestimmen. In der Tat haben wir hier wie auch in anderen Schriften derselben Schule manche Anschauungen über die Erscheinungsweise der Tora in den verschiedenen Äonen, deren antinomistische Möglichkeiten nicht wohl in Abrede gestellt werden können.

Zwei besonders merkwürdige Gedanken verdienen in diesem Zusammenhange besondere Beachtung. Die Kabbalisten dieser Richtung behaupteten mehrfach, daß in unserer *Schemitta* oder Weltperiode ein Buchstabe in der Tora fehlt. Es gibt zwei Erklärungen dafür, was in diesem Zusammenhang unter «fehlt» zu verstehen ist. Nach der einen Ansicht, die anscheinend auch vom Autor des Buches *Temuna* selbst geteilt wurde, soll ein bestimmter Buchstabe des Alphabets unvollständig und in seiner gegenwärtigen Gestalt mangelhaft sein, während er sowohl in der früheren als auch in der künftigen *Schemitta* in vollständiger Gestalt auftritt. Da jeder Buchstabe in seiner spezifischen Gestalt eine Konzentration göttlicher Energie darstellt, möchte man aus der Mangelhaftigkeit seiner jetzt sichtbaren Form darauf schließen, daß die Macht des strengen Gerichts, die unserer Welt das Gepräge gibt, die Aktivität der verborgenen Lichter und Kräfte hemmt und ihnen nicht gestattet, sich in ihrer Totalität und Fülle zu offenbaren. Die Beschränkungen unseres Lebens unter der Herrschaft der sichtbaren Tora zeigen, daß hier etwas fehlt, das erst in einem anderen Stand der Dinge wiederhergestellt werden wird. Nach Ansicht dieser Kabbalisten ist der solcherart mangelhafte, fehlerhafte Buchstabe der Tora der Konsonant *Schin,* den wir jetzt mit drei Köpfen ש schreiben, der aber in seiner vollen Gestalt vier haben sollte. Eine Andeutung auf diesen Sachverhalt fanden sie in der talmudischen Vorschrift, beide Formen des Buchstabens *Schin* in der Lederkapsel auszuprägen, die mit den Gebetsriemen, *Tefillin,* am Kopfe befestigt werden. Die andere Ansicht geht viel weiter. Hiernach fehlt in der Tat ein Buchstabe in unserem Alphabet, der in diesem unserem Äon überhaupt nicht in Erscheinung tritt und daher auch in der Tora nicht vorkommt. Die Tragweite dieser Ansicht ist evident. Das ursprüngliche göttliche Alphabet und damit auch die vollständige Tora beruhten auf einer Folge von 23 Buchstaben, von denen einer für uns unsichtbar geworden ist, der erst in der nächsten *Schemitta* wieder offenbar werden wird[101]. Nur weil dieser Buchstabe jetzt überall fehlt, lesen wir in der Tora positive und negative Vorschriften[102]. Jeder negative Aspekt hängt mit diesem fehlenden Buchstaben des ursprünglichen Alphabets zusammen.

Der zweite Gedanke beruht auf einer Talmudstelle[103], wo es heißt, daß die vollständige Tora eigentlich sieben Bücher enthielt, wobei die Kabbalisten nun jedes einzelne Buch auf eine der sieben Sefiroth bezogen, die sich in den sieben Zyklen der Äonen auswirken. Nur in der gegenwärtigen *Schemitta* wurde dieser Heptateuch zum Pentateuch, wobei das vierte Buch Moses, *Numeri,* als aus drei Büchern zusammengesetzt betrachtet wird. Das mittlere dieser drei Bücher ist bis auf zwei Verse (Num. 10:35,36) zusammengeschmolzen, die eine Andeutung auf seine Existenz darstellen. Josua ibn Schuʿeib, ein bedeutender spanischer Rabbi und Kabbalist aus dem frühen 14. Jahrhundert, konnte diese These mit seiner sonst durchaus orthodoxen Überzeugung in Einklang bringen. Nach ihm wird sich die Kraft, die der Tora innewohnt, in einem künftigen Äon wieder ausbreiten, so daß wir sieben Bücher wahrnehmen werden[104]. Der Autor des Buches *Temuna* sagt ausdrücklich, ein Buch sei unsichtbar geworden, «denn die Tora, welche es enthielt, und sein Licht, das früher schien, sind bereits verschwunden[105]». Er spricht auch davon, daß das erste Kapitel der Genesis, das in Genesis 1:3 eine Anspielung

auf eine *Schemitta* enthält, die ganz und gar aus Licht ohne Finsternis bestand, ein Überbleibsel einer volleren Tora sei, die der *Schemitta* der Gnade offenbart worden, der unseren aber vorenthalten worden sei.
Diese Idee von unsichtbaren Teilen der Tora, die dereinst sichtbar werden würden, hat sich in manchen Variationen bis in die chassidische Tradition hinein erhalten. Von einem der bedeutendsten Mystiker dieser Bewegung, dem Rabbi Levi Isaak von Berditschew, haben wir eine besonders eindringliche und gewagte Formulierung desselben Gedankens. Er wunderte sich über die midraschische Deutung von Jesaja 41:4, «Tora wird von mir ausgehen» im Sinne von: «Eine neue Tora wird von mir ausgehen.» Wie ist das möglich, wo es doch einen Glaubenssatz des Judentums darstellt, daß es keine andere Tora gibt als die dem Moses überlieferte, die nicht gegen eine andere vertauscht werden kann? Ist es doch sogar verboten, einen einzelnen Buchstaben zu verändern! «Aber es verhält sich so, daß auch das Weiße, die Spatien in der Torarolle, aus Buchstaben besteht, nur daß wir sie nicht wie das Schwarze der Buchstaben zu lesen verstehen. In der messianischen Zeit aber wird Gott auch das Weiße an der Tora, dessen Buchstaben jetzt für uns unsichtbar geworden sind, offenbaren, und das ist mit der Rede von der ‚neuen Tora' gemeint[106].»
Im Rahmen dieser Lehre gab es ohne Zweifel Raum für manche häretische Abwandlungen und Entwicklungen. Wenn einmal der Gedanke vollziehbar war, eine Offenbarung neuer Buchstaben oder Bücher könne die ganze äußere Erscheinung der Tora verändern, ohne doch an ihr wahres Wesen zu rühren, so war vieles möglich![107] Zugleich freilich betonten diese Kabbalisten durchaus die absolute Autorität der Tora, wie wir sie in dieser gegenwärtigen *Schemitta* lesen, und faßten die Möglichkeit nicht ins Auge, daß solcher Wechsel etwa ohne eine kosmische Umwälzung zustande gebracht werden könne, wie sie an die Heraufkunft einer neuen *Schemitta* geknüpft war. Die antinomistische Utopie wurde damit gänzlich auf einen Ge-

schichtsbereich abgeschoben, der ganz außerhalb des gegenwärtigen lag. Der eine Schritt, mit dem solch virtueller Antinomismus in den Bereich der Aktualisierung treten konnte, würde da vorgenommen werden, wo der Übergang von der Herrschaft der einen Sefira zur nächsten und damit von einer *Schemitta* zu der ihr folgenden innerhalb der historischen Zeit und nicht erst nach ihrem Ablauf statuiert wurde. Es ist gewiß bemerkenswert, daß in der Tat ein solcher Übergang von einem Kabbalisten strikt konservativer Richtung ernstlich erwogen wurde. Nach der Ansicht des Rabbi Mordechai Jaffe in Lublin, der am Ende des 16. Jahrhunderts schrieb, begann die gegenwärtige *Schemitta* tatsächlich zur Zeit der Offenbarung am Sinai, und die Generationen, die vor diesem Ereignis lebten, gehörten zur früheren *Schemitta* der Gnade[108]. Keine neue Schöpfung von Himmel und Erde war nötig, um diesen Übergang zu vollziehen. Wenn diese Meinung im 16. Jahrhundert zur Diskussion gestellt werden konnte, ohne daß jemand daran Anstoß nahm, brauchen wir uns kaum zu wundern, daß ähnliche Ideen noch radikaleren, ja geradezu umstürzlerischen Charakters im Zuge des großen messianischen Ausbruchs im 17. Jahrhundert aufkamen, in dessen Zentrum der Pseudo-Messias Sabbatai Zwi und seine Anhänger standen. Auch sie hielten es für denkbar, daß mit der Erlösung eine neue *Schemitta* einsetzen könnte und daß die Tora, die diesen neuen Äon beherrschen würde, in der Tat von dem Messias offenbart werden könne, womit ein radikaler Umsturz des alten Gesetzes gegeben wäre.

In diesem Zusammenhang müssen wir noch einmal auf den Begriff der *Tora de-'aziluth* zurückgreifen, die Tora im Stande der Offenbarung auf den höchsten Stufen, von dem oben gehandelt wurde. Gewisse Formen dieser Vorstellung waren schon in Kreisen bekannt, die um 1300 unter dem Einfluß des Buches *Temuna* standen, ohne doch dort unmittelbar mit der Lehre von den verschiedenen Aspekten der Tora in den *Schemittoth* verbunden zu werden. So heißt es beispielsweise, daß die Engel ihr Verständnis der Tora aus der *Tora de-ʾaziluth* empfangen und es mit allen seinen geheimen Bezügen dem Moses übermittelt hätten, als er in den Himmel stieg, um die Tora entgegenzunehmen[109]. Hier ist also die *Tora de-ʾaziluth* die Tora in ihrer reinen Wesenheit oder auch die Tora in ihren mystischen Aspekten, aber nicht die Tora eines bestimmten Äons oder einer bestimmten *Schemitta*.

Was sich in dem großen Ausbruch des spiritualistischen Messianismus abspielte, in dem sich der radikale Flügel der sabbatianischen Bewegung erging, weist auffallende Parallelen zu der Weiterentwicklung der Lehren des Joachim von Floris auf, als die radikalen «Spiritualen» des Franziskanerordens sie in der Mitte des 13. Jahrhunderts übernahmen. Was Joachim unter dem «Ewigen Evangelium» verstand, fällt im wesentlichen mit dem zusammen, was bei den Kabbalisten *Tora de-ʾaziluth* hieß. Joachim meinte, daß in diesem *Evangelium Aeternum* der mystische Sinn der Schrift in einem neuen Zeitalter des Geistes offenbart werden würde und an die Stelle des Wortsinns des Evangeliums zu treten bestimmt sei. Genau das ist es, was für die Kabbalisten vor der sabbatianischen Bewegung *mutatis mutandis* der Begriff der *Tora de-ʾaziluth* darstellte. Die franziskanischen Anhänger Joachims setzten nun zum Teil die Schriften ihres Meisters selber mit dem «Ewigen Evangelium» gleich, das sie als eine neue Offenbarung des Heiligen Geistes ansahen. Ganz entsprechend wurde auch der Begriff der *Tora de-ʾaziluth* bei den Sabbatianern abgewandelt. Die Lehren der Antinomisten, die ihre Stichworte von Sabbatai Zwi und einigen seiner Propheten in Saloniki nahmen, wurden selber als jene neue spirituelle Tora gedeutet, die Sabbatai Zwi in die irdische Welt gebracht habe und durch die die alte *Tora de-beriʾa* außer Geltung gesetzt wurde, die von ihnen mit der Tora der vormessianischen Zeit identifiziert wurde. Der mystische Gehalt der Tora wurde von seiner Bindung an die überlieferte Bedeutung des Textes abgelöst; er machte sich selbständig und konnte in diesem neuen Stande nicht mehr in den Symbolen der traditionellen jüdischen Lebensform seinen Ausdruck finden. Er geriet geradezu in einen Gegensatz zu ihnen: die Erfüllung und der Vollzug der neuen spirituellen Tora zogen die Außerkraftsetzung der einen niedrigeren Stand vorstellenden *Tora de-beri'a* nach sich, unter der nun einfach das rabbinische Judentum verstanden wurde. Der Antinomismus führt zum mystischen Nihilismus, der die Umwertung aller bisherigen Werte predigte und sich die Losung zu eigen machte: *bittula schel tora sehu kijuma*, «die Aufhebung der Tora ist ihre Erfüllung[110]».

Diese Gleichsetzung der *Tora de-'aziluth* mit der Tora des neuen Äons, die von dem radikaleren Flügel der sabbatianischen Sektierer vertreten wurde, hat ihre klarste Formulierung vielleicht in dem Buche *Scha'are Gan Eden*, «Die Pforten zum Paradiese», gefunden, das zu Beginn des 18. Jahrhunderts von dem wolhynischen Kabbalisten Jakob Koppel Lifschitz geschrieben wurde. Dieser Autor brachte es fertig, unangefochten fast alle Thesen des Sabbatianismus zur Sprache zu bringen und zu empfehlen, indem er im Vorwort seines erst posthum gedruckten Buches eine heftige, aber augenscheinlich nicht ernst gemeinte Denunziation gegen die Sektierer und ihre geheimen Lehren von sich gab, denen er selber huldigte!

In diesem Buch lesen wir nun: «In der *Schemitta*, in der wir leben, sind die Gebote der Tora eine göttliche Notwendigkeit... Diese Tora heißt *Tora de-beri'a* und nicht *Tora de-'aziluth*. Denn in dieser *Schemitta* stammt alle Schöpfung, *beri'a*, aus einer Sphäre, aus der sie [ihre Werke] sich in einer Weise entwickeln und zusammentreten, die dem Gesetz dieser *Schemitta* entspricht. Daher sprechen wir von einer Tora der Schöpfung, *Tora de-beri'a*. In der vorigen *Schemitta* aber, die eine der Gnade war und in der es daher weder den bösen Trieb noch Lohn und Strafe gab, herrschte notwendigerweise ein anderes kosmisches Gesetz [*hanhaga*]. Die Worte der Tora wurden so miteinander verwoben, daß sie den Bedürfnissen dieses spezifischen kosmischen Gesetzes entsprachen, und die Aktionen bei der Entstehung der vorigen *Schemitta* kamen aus einer höheren Sphäre, nämlich der Weisheit. Und so hieß auch dementsprechend ihre Tora *Tora de-'aziluth,* denn der Sinn von *'aziluth* ist das Geheimnis der göttlichen Weisheit... Am Ende des 6. Jahrtausends wird das Licht, das dem kosmischen Sabbath vorausgeht, seine Strahlen verbreiten, den Tod verschlingen und den unreinen Geist aus der Welt schaffen. Dann werden viele Gebote hinfällig werden, wie etwa alle, die Reinheit und Unreinheit betreffen. So wird dann ein neues kosmisches Gesetz herrschen, das den Bedürfnissen des Endes dieser *Schemitta* entspricht, wie es im Buch *Temuna* erklärt wird. Davon gilt das alte Wort: ‚Eine neue Tora wird ausgehen[111].' Das bedeutet nicht etwa, daß die Tora durch eine andere ersetzt wird, denn das würde die Aufhebung eines der dreizehn Grunddogmen des Judentums [die von Maimonides formuliert worden sind] mit sich führen. Vielmehr werden die Buchstaben der Tora sich auf eine andere Weise, nach den Bedürfnissen dieser Periode, zusammenfügen, ohne daß ein einziger Buchstabe zur Tora hinzugefügt oder von ihr weggenommen wird. Durch diese neue Kombination werden die Worte einen anderen Sinn erhalten. Dann wird die Erkenntnis bei den Menschen wachsen, und alle, groß und klein, werden Gott kraft jenes Lichtes erkennen, das aus dem Mysterium des göttlichen Gedankens am Vorabend des Weltensabbaths aufstrahlen wird. Es ist nicht nötig, darüber hier lang zu handeln, denn alle diese Dinge sind im Buch *Temuna* gründlich erklärt, wie man dort finden wird[112].»

Tishby, der als erster den zweideutigen Charakter dieser Theorie im Zusammenhang seiner Analyse dieses Werkes erkannt hat, hat mit Recht darauf hingewiesen[113], daß das Buch *Temuna,* wenn es auch von Prozessen spricht, die am Ende der gegenwärtigen *Schemitta* eintreten werden und mit dem Aussterben der Menschheit und dem Untergang der Natur zusammenhängen, nichts von der Lehre enthält, die ihm hier in den Mund gelegt wird. Wie weit seine wirklichen Lehren gingen, haben wir oben gesehen. Nur die messianischen Überzeugungen des späteren Autors brachten ihn dazu, in das Buch *Temuna* die Idee eines speziellen Gesetzes für die Endperiode unserer *Schemitta* hineinzulesen, um damit zu erklären, wie sich der Übergang von der alten zur neuen Tora, welches die *Tora de-ʾaziluth* ist, selbst in diesem Äon vollziehen könne. Natürlich hätten sich die häretischen Kabbalisten unter den Sabbatianern mit gutem Grund auf die Autorität Cordoveros und anderer Autoren berufen können, die in der Tat, wie wir oben gesehen haben, von solchem eschatologischem Wechsel in der Art, die Tora zu lesen, gesprochen haben. Man darf in der Tat sagen, daß die kabbalistische Spekulation den Weg geebnet und die begrifflichen Mittel für solche neue Auffassung geliefert hat, ohne daß die Kabbalisten sich des virtuellen Antinomismus bewußt geworden wären, der in diesen Theorien steckte.

Abschließend können wir sagen: Indem wir die Entwicklung verfolgt haben, die einige der Grundideen der Kabbalisten über das mystische Wesen der Tora genommen haben, konnten wir erkennen, wie nachhaltig der Impuls war, der von diesen Ideen in die mystischen Theologien des Judentums ausging. Es ist erstaunlich, mit welcher Energie und Konsequenz diese Vorstellungen formuliert und verfolgt wurden. In einer oder der anderen Form wird man manchen dieser Gedanken, die ich hier bis zu ihren Ursprüngen und in ihren präzisesten und klassischen Formulierungen verfolgt habe, in buchstäblich Tausenden von Schriften der späteren hebräischen Literatur aller möglichen Gattungen begegnen. Manchmal wurden die überscharfen Kanten, die in jenen kabbalistischen Formulierungen nicht fehlten, abgerundet und die Lautstärke etwas gedämpft. Aber die grundlegende Bedeutung dieser Gedanken für das Verständnis vieler Aspekte der jüdischen Literatur steht fest.

Drittes Kapitel

Kabbala und Mythos

Ich möchte zum Eingang hier eine ganz kleine, aber wahre Geschichte erzählen, die einem mir gut bekannten jungen Mann im Jahre 1924 begegnet ist. Mit dem bescheidenen Mantel der modernen Philologie und Historie bekleidet, kam er nach Jerusalem und suchte Verbindung zu dem Kreis der letzten Kabbalisten, die dort seit 200 Jahren die esoterische Tradition der orientalischen Juden bewahren. Schließlich fand er einen Kabbalisten, der ihm sagte: Ich bin bereit, dich Kabbala zu lehren. Es gibt aber eine Bedingung bei der Sache, und ich bezweifle, ob du sie übernehmen kannst. Die Bedingung war aber eine, die vielleicht nicht alle unter meinen Lesern hier erraten werden, nämlich *keine Fragen zu stellen*. Ein Denken, das nicht aus Frage und Antwort konstruierbar ist – fürwahr, eine seltsame Erscheinung in der Republik der Juden, der leidenschaftlichsten Frager der Welt, die ja dafür berühmt sind, daß sie auf Fragen sogar mit Fragen antworten. Und vielleicht ein erster, seltsamer Hinweis auf den sich noch in spätesten Formen erhaltenden Gehalt eines erzählenden, aber nicht mehr fragenden Denkens, einer, um Schellings Ausdruck zu gebrauchen, «erzählenden Philosophie», wie sie dem großen Philosophen der Mythologie als Ideal erschien.

I

Um das Problem, das durch die Verbindung der zwei Termini Kabbala und Mythos bezeichnet wird, in seiner

Schärfe zu präzisieren, wird es gut sein, sich die traditionelle, von Juden und Nichtjuden in den letzten Generationen gleichermaßen geteilte Auffassung von der Funktion des Judentums in der Religionsgeschichte zu vergegenwärtigen. Wird doch dadurch zugleich die besondere Paradoxie deutlich werden, die für den nachdenklichen Betrachter das Denken der jüdischen Kabbalisten so anziehend, aber auch so aufreizend macht.

Der religiöse Urantrieb des Judentums, der in dem ethischen Monotheismus der israelitischen Propheten seinen gültigen Ausdruck und in der jüdischen Religionsphilosophie des Mittelalters seine begriffliche Formulierung erhalten hat, ist von jeher als ein Gegenschlag gegen die Welt des Mythos angesehen worden. Gegen die pantheistische All-Einheit von Gott, Kosmos und Mensch im Mythos, gegen die Naturmythen der vorderasiatischen Religionen, suchte das Judentum einen Abgrund zwischen allen drei Sphären aufzureißen, der besonders zwischen dem Schöpfer und seiner Kreatur hier wesentlich unüberbrückbar blieb. Die bilderlose Gottesverehrung des Judentums enthielt eben in ihrer Bilderlosigkeit die Absage, ja die polemische Verwerfung der Welt der Bilder und Symbole, in denen die mythische Welt zur Sprache kommt. Sie versuchte, eine Region zu eröffnen, eben die der monotheistischen Offenbarung, in welcher die religiöse Rede des Mythos ausgeschaltet wurde oder aber – insofern sie in Rückständen oder Umdeutungen hier und da sich erhielt – nur noch als poetische Metapher, nicht aber mehr mit der symbolischen Macht des ungebrochenen mythischen Bildes auftrat. Diese Zusammenhänge sind von den Erforschern der biblischen Literatur, Theologen und Anthropologen, oft hervorgehoben und untersucht worden und sollen uns hier nicht beschäftigen. Die Tendenz der, wenn ich so sagen darf, klassischen jüdischen Tradition zur *Liquidation des Mythos* als einer zentralen geistigen Macht wird von solchen zur Metapher gewordenen quasi-mythischen Rückständen nicht berührt.

Das religiöse Denken des mittelalterlichen rabbinischen Judentums hat in seinen rationalen Gestaltungen diese Tendenz aufs lebhafteste unterstrichen, und in der Tat führte ihre konsequente Verfolgung von Saadja bis Maimonides zu einer Problematik, die eng mit der zusammenhängt, die uns hier beschäftigen wird. Das Anliegen der Philosophen und Theologen war auf die *Reinheit* des Gottesbegriffes gerichtet, auf seine immer schärfere Herausschälung und Abhebung von aller mythischen und anthropomorphen Rede. Diese Tendenz, den transzendenten Gott vor aller Verflechtung ins Mythische zu schützen, die unbekümmert vermenschlichenden Aussagen des biblischen Textes und der volkstümlichen Formen religiöser Äußerung ins theologisch Einwandfreie umzudeuten, führt aber zu einer Entleerung des Gottesbegriffs. Läßt sich doch immer weniger von diesem Gott aussagen, wenn die Furcht, seine Erhabenheit durch kreatürliche Bilder anzutasten, zu einem entscheidenden Faktor wird. Die Reinheit, um es kurz zu sagen, wird mit der Gefährdung der Lebendigkeit erkauft. Der lebendige Gott geht nie im reinen Begriffe auf. Das gerade, was ihn dem Gläubigen lebendig macht, ist es, was ihn irgendwo in die menschliche Welt verflicht, ihn im großen religiösen Symbol unmittelbar vor die Seele rückt. Im Prozeß der rationalen Neuformulierung verschwindet es. Die Reinheit des Gottesbegriffes zu bewahren, ohne die Lebendigkeit dieses Gottes anzutasten – das ist die unendliche Aufgabe der Theologie, die, immer wieder neu gestellt, nicht restlos lösbar ist.

In der Spannung zwischen diesen beiden Anliegen der Reinheit und Lebendigkeit ist die Geschichte der jüdischen Religion enthalten, mehr noch vielleicht als die jeder andern Religion, weil ja eben die besondere Natur der monotheistischen Forderung solche Spannung notwendigerweise erhöhte. Kam doch hier alles darauf an, die reine Einheit dieses Gottes festzuhalten, herauszustellen und vor aller Vermengung mit Elementen des Vielfältigen zu bewahren. Sie dabei aber zugleich als etwas Lebendiges zu erhalten, das freilich war nur in einer höchst prekären Balance der beiden Elemente zu erlangen, die immer wieder problematisch wurde. Je größer die Anstrengungen der Philosophen und Theologen um die reine Formulierung solcher Einheit wurden, die alle Symbole aufhebt und sprengt, desto nachdrücklicher war aber mit der Möglichkeit eines Gegenschlages zu rechnen, wo alles wieder auf das Lebendige des *einen* Gottes abgestellt war, das, wie alles Lebendige, in Symbolen spricht. Die *Fülle* Gottes in seinem schaffenden Leben, nicht die, sei sie noch so sublime, *Entleerung* in der reinen, unantastbaren, theologischen Formel, mußte ergriffenen Geistern als die größere Forderung erscheinen. Und es ist dieser Gegenschlag, diese «Reaktion», die die Geschichte des Judentums in den letzten 2000 Jahren mit solch dramatischer Spannung erfüllt. Denn nicht nur das ungebrochene Ausdrucksbedürfnis des einfachen jüdischen Frommen, der Volksreligon, sondern auch die großen Antriebe der jüdischen Mystik sind von hier her zu verstehen. Hiermit aber kommen wir zu der besonderen Problematik der Kabbala.

Die Kabbala – wörtlich verstanden: Tradition, nämlich esoterische Tradition – ist die Bewegung, in der vornehmlich zwischen dem 12. und 17. Jahrhundert die mystischen Tendenzen im Judentum in vielfacher Verzweigung und oft überaus lebhafter Entwicklung ihren religiösen Niederschlag gefunden haben. Es ist nicht etwa, wie immer noch manchmal gemeint wird, ein einheitliches System mystischen und speziell theosophischen Denkens, das hier vorliegt. So etwas wie «*die* Lehre der Kabbalisten» gibt es nicht. Statt dessen haben wir es hier mit einem in der Vielfalt und Widerspruchsfülle seiner Motive oft erstaunlichen Prozeß zu tun, der sich in überaus verschiedenen Systemen oder Halbsystemen niedergeschlagen hat. In Südfrankreich, aus unterirdischen, höchstwahrscheinlich aus dem Orient kommenden Quellen gespeist, trat sie zuerst ans Licht, in denselben Gegenden und zur selben Zeit, die in der nichtjüdischen Umwelt den Höhepunkt der katharischen oder neumanichäischen Bewegung sah. Im Spanien des 13. Jahrhunderts gedieh sie in rapider, erstaunlich intensiver Entwicklung zu ihren vollausgebildeten Gestaltungen, mit ihrem Höhepunkt in dem pseudepigraphischen Buch Sohar des Rabbi Moses de Leon, das eine Art Bibel der Kabbalisten wurde und für Jahrhunderte im Judentum fast unangefochten die Stelle eines heiligen und autoritativen Textes zu behaupten vermocht hat. Im Palästina des 16. Jahrhunderts errang sie, in zweiter Blüte, die Stellung einer zentralen historischen und geistigen Macht im Judentum; denn sie vermochte den von der Katastrophe der Vertreibung der spanischen Juden von 1492 tief aufgewühlten Gemütern eine Antwort <u>auf die immer wieder dringlich auftauchende Frage nach dem Sinn des Exils zu geben.</u> Von messianischer Energie erfüllt, explodiert sie im 17. Jahrhundert in der großen messianischen Bewegung um Sabbatai Zwi, die noch im Zusammenbruch eine Welt der jüdischen mystischen Häresie hervorrief, eine häretische Kabbala, die in ihren Antrieben und Entwicklungen paradoxerweise für die Entstehung des modernen Judentums von lange übersehener, uns jetzt erst allmählich klar werdender Bedeutung gewesen ist.

2

Um 1180 etwa erschien, niemand weiß so recht, wie und woher, in Südfrankreich die erste Schrift der Kabbalisten, das Buch *Bahir,* sicher einer der erstaunlichsten, um nicht zu sagen unglaublichsten Texte der hebräischen Literatur des Mittelalters. Es enthält eine unvorstellbar schlecht und lose redigierte Sammlung theosophischer Aussprüche in Form von Bibelerklärungen, die größerenteils fingierten Autoritäten, quasi aus dem talmudischen Zeitalter, in den Mund gelegt werden. Es ist ein ganz kleines Buch, 30 bis 40 Seiten nur, aber es beherbergt in diesen wenigen Seiten die Dokumente eines Einbruchs in die Welt des Judentums, mit dem wir uns hier zu befassen haben. Wie stark die religiöse Welt dieses Textes von der der rabbinischen Überlieferung, in deren Formen sie doch auftrat, differiert, wird am deutlichsten ein kurzes Zitat aus einem Rundschreiben eines südfranzösischen Gelehrten zeigen, des Meir ben Simon aus Narbonne, der in der ersten Hälfte des 13. Jahrhunderts sich über den blasphemischen Charakter des *Bahir* entrüstet. Dieser Fromme der alten Schule schreibt von den Kabbalisten – ich versuche, zum Teil wenigstens, seine schwungvolle Reimprosa wiederzugeben: «Sie berühmen sich in lügnerischen Reden und Kunden, in Ländern von Torakennern und Gelehrten hätten sie Bestätigung und Stärke [offenbar: für ihre Ideen] gefunden. Aber Gott bewahre uns davor, solchen häretischen Reden zuzuneigen, von denen es gut täte, in Israel zu schweigen. Und wir haben vernommen, daß ihnen schon ein Buch verfaßt worden ist und zugekommen, das sie Bahir, das heißt leuchtend, nennen, in dem es aber ganz duster ist. Wir haben das Buch in den Händen gehabt und daraus erhoben, daß sie es dem Rabbi Nechunja ben Hakanah [einer alten talmudischen Größe] zugeschoben. Gott sei davor! Nicht gestogen und nicht geflogen, alles ganz und gar erlogen, und jener Gerechte ist nicht darüber gestrauchelt, wie wir ihn kennen, und mit den Frevlern nicht in einem Atem zu nennen. Und die Sprache des Buches und sein ganzer Inhalt erweisen, daß es von jemand stammt, der weder Sinn für Sprache noch Schönheit der Rede hat.»

Was aber ist es nun, das die Entrüstung jenes frommen Lesers hervorrief? Es ist der Einbruch unverstellt mythischer Rede von Gott, die hier an vielen Stellen mit großem Nachdruck mitten im Herzen des mittelalterlichen Judentums wieder auftritt und, mehr noch, ohne jede Apologie und Entschuldigung für ihre Kühnheit mit einer Selbstverständlichkeit sich vernehmen läßt, die in der Tat höchst rätselhaft erscheint. Ich möchte, um die Rede von Gott, die hier geht, zu verdeutlichen, nur einige Zitate aus dem Buche bringen:

In einer Äußerung über die Erschaffung der Engel lesen wir[1]:

«Und alle geben zu, daß sie bis zum zweiten Tag [noch] nicht geschaffen waren, damit keiner sage: Michael spannte [das Universum] im Süden der Wölbung aus, Gabriel im Norden, und der Heilige, gelobt sei Er, maß in der Mitte; vielmehr [heißt es Jesaja 44:24]: ‚Ich, Gott, mache das All, spanne den Himmel aus allein, wölbe die Erde, ich selbst [*me'itti*] – wer wäre bei mir' [*mi 'itti*] steht im Text.»

Bis hierher stammt der Text in der Tat im wesentlichen aus einem alten jüdischen Buch, einem Midrasch zur Genesis. Die Fortsetzung im Buch Bahir (§ 14) aber ist neu und unerwartet:

«Ich bin es, der diesen ‚Baum' gepflanzt hat, daß alle Welt sich an ihm ergötze, und habe mit ihm das All gewölbt und seinen Namen ‚All' genannt; denn an ihm hängt das All, und von ihm geht das All aus, alles bedarf seiner, und auf es schauen und nach ihm bangen sie, und von dort gehen die Seelen aus. Allein war ich, als ich ihn machte, und kein Engel kann sich über ihn erheben und sagen: ich war vor dir da; denn auch als ich meine Erde wölbte, als ich diesen Baum pflanzte und einwurzelte und sie aneinander Freude haben ließ und mich [selbst] ihrer freute – wer wäre bei mir gewesen, dem ich dieses Geheimnis offenbart hätte?»

Von diesem Baum Gottes, der der Weltenbaum ist, zugleich aber der Seelenbaum, handeln noch andere Fragmente des Bahir. In ihnen erscheint er aber teilweise nicht als von Gott gepflanzt, sondern als die mythische Struktur von Gottes schöpferischen Kräften:

«Und was ist [dieser] ‚Baum', von dem du gesprochen hast? Er sagte zu ihm: Alle Kräfte Gottes sind übereinander [gelagert], und sie gleichen einem Baum: wie der Baum durch das Wasser seine Früchte hervorbringt, so mehrt auch Gott durch das Wasser die Kräfte des ‚Baumes'. Und was ist Gottes Wasser? Das ist [die] *Chochma* [Weisheit], und das [nämlich die Frucht des Baumes] ist die Seele der Gerechten, die von dem ‚Quell' zum ‚großen Kanal' fliegen, und sie steigt auf und haftet am Baum. Und wodurch blüht er? Durch Israel: Wenn sie gut und gerecht sind, so wohnt die Schechina unter ihnen, und durch ihre Werke weilen sie in Gottes Schoß, und er läßt sie fruchtbar sein und sich mehren.» (§ 85)

Alle hier vorkommenden Begriffe sind nirgends in dem Buch erklärt, sondern als selbstverständlich vorausgesetzt.

Was der Baum, was der Quell und was der große Kanal ist, wird nicht weiter erklärt. An einer dritten Stelle des Buches heißt es (§ 67), daß das «heilige Israel» die Krone des Baumes und sein Herz einnimmt. Und so zieht sich an mehreren weiteren Stellen hier die Symbolik des Welten- und Gottesbaums durch die Fragmente, ohne daß auch nur versucht würde, sie mit traditionellen Begriffen der jüdischen Theologie und Attributenlehre in Beziehung zu setzen.

Oder aber wenden wir uns zu einigen Äußerungen des Buches Bahir über das Böse, die freilich Anstoß genug zu geben geeignet waren. Über den Satan sagt uns ein Fragment (§ 109):

«Das lehrt, daß es bei Gott ein Prinzip gibt, welches ‚Böse' heißt, und es liegt im Norden Gottes, denn es heißt [Jer. 1:14]: Von Norden her öffnet sich das Böse, das heißt, alles Böse, das über alle Bewohner der Erde kommt, kommt von Norden. Und welches Prinzip ist dies? Es ist die Form der Hand [unter den sieben heiligen Formen, welche Gott unter der Form des Urmenschen darstellen], und sie hat viele Boten, und alle heißen ‚Böse', ‚Böse'... Und sie sind es, die die Welt in Schuld stürzen, denn das *Tohu* ist von Norden, und *Tohu* bedeutet eben das Böse, das die Menschen verwirrt, bis sie sündigen, und der ganze böse Trieb im Menschen stammt von dorther.»

Nicht weniger erstaunlich als diese Behauptung, daß das Böse ein Prinzip oder eine Qualität in Gott selbst sei, ist die folgende Exegese (§ 26):

«Rabbi Amora saß und trug vor: Was bedeutet der Vers [Psalm 87:2]: ‚Es liebt Gott die Tore Zions mehr als alle Wohnungen Jakobs?' Die ‚Tore Zions' – das sind die ‚Pforten der Welt'; denn Tor bedeutet eine Öffnung, wie es heißt [Psalm 118:19]: ‚Öffnet mir die Tore der Gerechtigkeit.' So sprach Gott: Ich liebe die Tore Zions, wenn sie offen sind. Warum? Weil sie von der Seite des Bösen sind; wenn aber Israel Gutes vor Gott tut und würdig ist, daß [jene Tore] geöffnet werden, liebt er sie mehr als alle ‚Wohnungen Jakobs', in denen immer Friede ist.»

In der Tat: die Vorstellung, daß die Tore Zions, also des Ortes, durch den die schöpferische Kraft Israels vermittelt wird und in dem sie sich für das jüdische Bewußtsein konzentriert, von der Seite des Bösen sind, wäre das letzte was wir in einem Texte jüdischer Frömmigkeit erwarten

Und so folgen sich hier, großenteils für uns noch ganz undurchsichtig, immer aber erstaunlich, in oft paradoxer Form die Grundaufstellungen der kabbalistischen Theosophie. Und nicht zu den geringsten Steinen des Anstoßes in diesem an Anstößen so reichen Text gehört es, daß manche der rätselhaften Aufstellungen des Bahir durch Gleichnisse erörtert werden, die noch viel unverständlicher sind als das, was sie erklären sollen, oder aber durch Gleichnisse, die die mythische Natur der hier weniger entwickelten als sozusagen hereinplatzenden Ideen in noch unvermittelterer Weise enthüllen als die vom Gleichnis erklärten Thesen. Aber ich will hier abbrechen; denn es ist nicht meine Absicht, hier in eine Analyse des überaus reichen mythischen Gehaltes des Bahir speziell einzugehen. Die wenigen Zitate mögen als Illustrationen dafür genügen, daß hier im Buch Bahir nicht mehr mythische Rückstände in poetischer Verwendung oder allegorisch verwandelt sich geltend machen, sondern daß wir es hier mit dem Wiederaufkommen mythischer Schichten aus dem Judentum selber zu tun haben.

Nur 50 Jahre vor dem Erscheinen des Bahir entstand in Südfrankreich oder Nordspanien ein umfangreicher Text, der den ganzen Abstand erweist, der das Buch Bahir von aller früheren, an Kosmogonie und Kosmologie interessierten jüdischen Literatur trennt. Ich habe den Kommentar des Juda ben Barsilai zum «Buch der Schöpfung» im Auge, jenem ältesten Text jüdisch-spekulativen Denkens, auf das, als ihre Autorität, sich die rationalistischen Philosophen des Mittelalters oft nicht weniger nachdrücklich bezogen als die Kabbalisten und das, ohne eigentlich kabbalistisch zu sein, dem Denken der jüdischen Mystiker zweifellos mehrere seiner fundamentalen Begriffe und Vorstellungen geliefert hat. Bei Juda ben Barsilai[2] haben wir die ausführlichste Diskussion aller altrabbinischen Stellen zur Kosmologie und Kosmogonie, von denen viele ja mythenschwanger genug sind. Aber hier, bei einem Autor, dessen Neigung zu esoterischen Spekulationen doch offenkundig ist, bleibt dennoch alles aufs Allegorische gestellt, hinter dem die Begriffe der zeitgenössischen Philosophie, besonders Saadjas, stehen. Desto erstaunlicher daher zwei Generationen später dies Wiederauftauchen einer ganz anderen Tradition.

Denn den Kabbalisten ging es nicht mehr um Allegorien einer Weltansicht, die auch mit anderen Mitteln mitteilbar gewesen wäre. Was sie geschaffen haben, sind Symbole im präzisen Sinn. Ihnen erscheint die Welt des Judentums in symbolischer Transparenz und enthüllt solcherart dem Kabbalisten das Weltgeheimnis. Dabei erhebt sich nun aber vom Anfang der Kabbala an das Problem des Mythos, der Wiederaufnahme mythischer Bilder und solcher Symbole, deren Affinität zum Mythos von jeher vielen Betrachtern, und begreiflicherweise zuerst gerade feindselig gestimmten, aufgefallen ist. Wir haben aus dem vorigen Jahrhundert ein ganzes Buch eines jüdischen Aufklärers, Salomo Rubin, mit dem vielversprechenden Titel *Heidentum und Kabbala* (1893), in dem die Kabbalisten mit vielen Quellennachweisen, aber ohne viel Verständnis als geheime Polytheisten entlarvt werden. Aber die Dringlichkeit des Problems, das sich hier stellt, scheint mir unleugbar.

Von zwei Punkten her, eben den zwei Polen der religiösen Welt des Judentums, ist dies Wiedererscheinen des Mythos in der Kabbala am klarsten zu ergreifen: von der Idee Gottes her und der des Gesetzes. Ist es doch evident, daß eben an den Punkten, die für den spezifischen Gehalt einer Religion entscheidend sind, ihre Transformation ins Mystische einsetzt und so den Charakter der jeweiligen religiösen Mystik als einer spezifischen historischen Erscheinung innerhalb einer konkreten Religion bewährt.

Ich sprach schon von der Problematik des monotheistischen Gottesbegriffs und der Gefahr, die ihm drohte, aus einem erfüllten, innerlichen, zu einem bloß formalen und abstrakten zu werden. Dem Kabbalisten aber enthüllt sich die Einheit Gottes von Grund auf als eine lebendige, erfüllte und dynamische. Was dem jüdischen Theologen nur

Attribute der Gottheit waren, sind ihm Potenzen, Hypostasen, Stadien eines innergöttlichen Lebensprozesses, und die Bilder, unter denen er Gott beschreibt, sind nicht umsonst vornehmlich die des Organismus. Der Baum, der zuerst von Gott selbst gepflanzt ist, wird selber zum Bilde Gottes. Er ist der Baum, in dem Gottes Kräfte in die Schöpfung wachsen. Ich werde wenigstens auf einige besonders hervorstechende mythische Motive in dieser Symbolik des sogenannten Baums der zehn Sefiroth noch zu sprechen kommen.

Nicht minder gewaltig und für die Geschichte des Judentums folgenreich war die Re-Mythisierung der Tora. Was nämlich machte im rabbinischen Judentum den unmythischen Charakter des Gesetzes aus? Die Antwort ist klar: es ist die Ablösung des Gesetzes von allem kosmischen Vollzug. Wenn überhaupt, so ist das Gesetz nur noch zum Teil im rein Historischen, dem Eingedenken begründet, aber nicht mehr aus der kultischen Repräsentation eines mythischen Vorgangs. Die Erinnerung an den Auszug aus Ägypten, die eine solche Rolle in der Tora spielt, ist für das jüdische Bewußtsein kein mythischer Vorgang mehr. Und nichts charakterisiert vielleicht diese Abtrennung des sozusagen nur noch in sich selbst beruhenden Gesetzes von seinen emotionalen Wurzeln stärker als eine kleine, aber in der späteren rabbinischen Literatur immer wieder zitierte, talmudische Anekdote. Ein Heide kam zu einem berühmten Rabbi des ersten nachchristlichen Jahrhunderts und fragte ihn nach den Gründen für die Vorschriften über die rote Kuh, eines der dunkelsten Ritualien der Tora. Er gab ihm eine leidlich windige Antwort, offenbar der Frage ausweichend. Als er gegangen war, fragten seine Schüler den Rabbi: diesen hast du mit einem Strohhalm abgefertigt, was aber hast du uns zu sagen? Da sagte der Rabbi nur: *choq chaqaqti, geserah gasarti,* das heißt, Gott spricht: ein Gesetz habe ich statuiert, eine Verfügung habe ich erlassen[5]. Diese Antwort auf die Frage nach den Gründen des Gesetzes, die sich unausweichlich immer wieder erhob, ist typisch und tief in ihrem Bruch mit allem Mythischen. Wie immer die Spekulation sich mit der Frage nach den Gründen der Gesetze beschäftigen möge, für das rabbinische Bewußtsein bleibt sie irrelevant und höchstens in eschatologischen Perspektiven bedeutsam. Was ich soeben die Abtrennung des Gesetzes von seinen emotionalen Wurzeln nannte, ist aber eine der großen, grundlegenden, zugleich freilich gefährlichen und zweideutigen Leistungen der *Halacha,* des normativen rabbinischen Judentums.

Hier nun begegnen wir dem neuen Paradox: eben in dieser Welt des Gesetzes, der Halacha, leben die Kabbalisten mit leidenschaftlicher Hingebung, aber das entmythisierte Gesetz wird unter ihren Händen zum Vehikel eines neuen und oft uralt anmutenden mythischen Bewußtseins. Die Frage nach den Gründen der Gebote war ja unabweisbar. Aber gerade die rationale Antwort empörte das unmittelbare religiöse Gefühl, nämlich die Lehre des Maimonides von dem pädagogischen und polemischen Sinn der Gebote des Gesetzes. In der Kabbala kommt hier nun, im Bewußtsein der absoluten Würde des Gesetzes, das sie stets begleitet, die Verwandlung der Tora in ein Corpus mysticum zustande.

So haben wir denn im Herzen der Kabbala einen Mythos der göttlichen Einheit als Verbindung der Urmächte allen Seins und einen Mythos der Tora als des unendlichen Symbols, in dem alle Bilder und Namen auf den Prozeß hinweisen, in dem Gott sich selber mitteilt.

3

Es wird gut sein, daß wir uns die bei solchem Wiederaufkommen des Mythos obwaltende Problematik der Kabbala in ihrer Vielfältigkeit klarmachen, zumindest in ihren Grundzügen.

In erster Linie ist in diesem Zusammenhang auf den Kampf zwischen dem begrifflich-diskursiven und dem bildhaft-symbolischen Denken innerhalb der Kabbala hinzuweisen, der ihrer Literatur und Geschichte einen eigenartigen Charakter verleiht. Ist es doch so, daß die entscheidenden Schöpfungen der Kabbala von ihrem ersten literarischen Niederschlag an Bilder sind, Bilder von oft eindrucksvollem mythischem Gehalt. So im Bahir, so bei den kastilischen Gnostikern des 13. Jahrhunderts, so im Buche Sohar und bei Isaak Luria in Safed. Daneben und fast immer auch zugleich finden wir aber eine Tendenz auf spekulative Rechtfertigung und begriffliche Interpretation dieser Symbole. Freilich, die Präponderanz und primäre Natur der Symbole vor den Begriffen zeigt sich eben bei diesem Prozeß. Die Symbole sind nämlich nicht wirklich und restlos in die Begriffe aufzulösen, die die spekulativen oder philosophierenden Kabbalisten oft genug (und desparat genug) an ihre Stelle haben setzen wollen. Konzeptionen wie die der Schechina, des Zimzum, des Bruchs der Gefäße, um nur einige Beispiele zu nennen, von denen im folgenden wenigstens in Kürze gehandelt werden wird, sind nur als Symbole wirklich zu erfassen. Das diskursive Denken der Kabbalisten stellt eine Art asymptotischen Prozesses dar: die begrifflichen Formulierungen suchen annäherungsweise eine philosophisierende Deutung von symbolisch erfüllten, unausschöpfbaren Bildern zu geben. Sie versuchen, diese Bilder als Abbreviaturen begrifflicher Konzeptionsreihen zu interpretieren. Und das offenkundige Scheitern der Versuche beweist, daß sie es nicht sind. Hierbei aber tritt dann ein Weiteres zutage. Die Kabbalisten schufen Bilder und Symbole, ja vielleicht erweckten sie uralte Erbschaft darin wieder – aber sie haben nur selten den Mut gehabt, jene Bilder, die sich ihnen offenbar so nachhaltig aufgedrängt haben, auch rückhaltlos und *sans phrase* zu vertreten. Meistens versuchen sie zu vermitteln: je kühner das große Bild, desto sicherer darf man erwarten, daß es vom Verwender mit einem einschränkenden «Wenn man so sagen dürfte...» oder Ähnlichem entschuldigend begleitet wird. Wir dürfen aber nicht vergessen, daß es nicht immer dieselben Kabbalisten sind, die die mythischen Bilder schaffen und die sie solchermaßen ängstlich einschränken oder als kühne Abkürzungen mehr oder weniger harmloser, oft aber auch sehr tiefsinniger Ideengänge erklären wollen. Die großen klassischen Dokumente der Kabbala, das Buch Bahir, das Buch Sohar und die lurianischen Schriften, sind fast ungehemmt in ihrer Produktion und Anwendung solcher, vom Theologischen aus gesehen, unreinen oder doch tief problematischen Bilder. Sie schränken nicht ein, ja eher könnte man sagen, sie schwelgen in den Bildern und treiben sie geflissentlich auf die Spitze. Andere bedeutende Kabbalisten, in denen der rein mystische Antrieb stärker ist, vermeiden mitunter die mythische Rede und suchen die philosophischen Begriffe der platonischen Tradition selber in mystische Symbole zu verwandeln, wie das besonders bei Asriel von Gerona, Abraham Abulafia aus Saragossa und Moses Cordovero in Safed der Fall ist. Man kann sagen, daß die Spannung, die ja bei aller Affinität immer zwischen Gnosis und Platonismus bestanden hat, sich solcherart auch im Schoße des Judentums wiederholt.

Dies aber führt uns auf einen weiteren Punkt. Sind nämlich, wie wir fragen müssen, diese Bilder, unter denen die Kabbala die geheime Welt und das verborgene Leben der Gottheit beschreibt, eigenständig, autochthon jüdisch, oder bilden sie ein altes Erbe? Hier haben wir in der Tat mit einer sehr komplizierten Sachlage zu tun, und die Frage, wieviel an dieser Symbolwelt historisches Lehngut ist, über die sachliche Affinität zu älterem Material hinaus, ist nicht mehr eindeutig zu beantworten. Taucht doch hier, als die Brücke zum Mythos und seiner Welt, in den kabbalistischen Bildern die Gnosis auf, deren Beziehung zur Kabbala historisch und metaphysisch gleichermaßen hier in Frage steht. Ich muß es mir an dieser Stelle versagen, auf das Problem der historischen Filiation der Kabbala und ihres möglichen Zusammenhanges mit gnostischen Traditionen einzugehen, über das ich an anderer Stelle ausführlich gehandelt habe⁴. Nur so viel sei hier zusammenfassend gesagt, daß, wie dünn immer die Fäden sein mögen, die die älteste kabbalistische Tradition auch historisch an gnostisches Erbe binden, mir die Existenz solcher Fäden sicher zu sein scheint. Freilich ließe sich manches auch dafür sagen, daß es sich hier nicht nur um historische Berührung, sondern um psychologische und strukturale Parallelentwicklungen handelt, die im 12. und 13. Jahrhundert ohnehin eher zu begreifen wären als die direkte historische Berührung. War doch sogar die katharische Häresie gerade von den gnostischen Elementen des Manichäismus relativ frei und zum großen Teil mit ihnen nicht bekannt. Als Resultat langer Untersuchungen über diese Frage der Ursprünge der Kabbala glaube ich sagen zu dürfen, daß, abgesehen von einigen freilich wesentlichen Elementen, die Gnosis der Kabbala sich von innen und eigenständig entfaltet hat. So liegt denn hier nicht ein Entweder-Oder zwischen historischer und psychologischer Ursprungserklärung der Kabbala vor, sondern ein Sowohl-Als auch. Gerade die am stärksten gnostischen Charakter tragenden Systeme der Kabbala, wie die des Sohar oder Isaak Lurias, sind durchaus von innen und aus jüdischen Voraussetzungen her zu begreifen.

Solche Feststellung freilich führt uns um so tiefer in die Problematik der Kabbala hinein: war doch die Gnosis mindestens in einigen ihrer fundamentalsten Motive eine, vielleicht zum Teil im jüdischen Volke selbst entstandene, Revolte gegen das antimythische Judentum, ein Ausbruch später und schon denkerisch verkleideter, aber desto intensiverer mythenschwangerer Kräfte. Das klassische rabbinische Judentum schied diese häretische Form im 2. Jahrhundert unserer Zeitrechnung aus, anscheinend endgültig; aber in der Kabbala, und damit sind wir im Zentrum unseres Problems, bricht gerade solche gnostische Weltansicht nicht nur als theosophische Interpretation des jüdischen Monotheismus wieder hervor – und das mitten in der Blütezeit der mittelalterlichen jüdischen Aufklärung –, sondern vermag sich im Zentrum des Judentums, als sein eigentlichstes Geheimnis, zu behaupten. Gnostische und quasi-gnostische Symbole werden, im Sohar und bei Isaak Luria, für orthodox-fromme Kabbalisten der tiefste Ausdruck ihrer jüdischen Glaubenswelt. Wenn die Kabbala in ihrem ersten und treibenden Impuls eine mythische Reaktion innerhalb der dem Mythos vom monotheistischen Denken unter unendlicher Mühsal abgerungenen Provinzen war, so besagt das in anderen Worten: die Kabbalisten handeln und leben im Aufstand gegen eine Welt, die sie im Bewußtsein doch zu bejahen nicht müde werden. Und das freilich führt zu tiefen Zweideutigkeiten[5].

Die Welt, aus der sie kommen, der strenge Monotheismus des Gesetzes, der Halacha, jenes alte Judentum, in dem sie sich wurzelnd wissen, verträgt es nicht ohne weiteres, in seinem Zentrum mythisch aufgerissen zu werden. Immer haben an den großen Urbildern der Kabbalisten, wenn sie auch aus der Tiefe eines echten und produktiven jüdisch-religiösen Anliegens kommen, fremde Welten mythischen Charakters echten Teil. Ohne sie hätten die Erregungen der alten Kabbalisten keine Prägung erhalten und gewiß nicht jene, die wir jetzt vorfinden, und das gibt ihnen ihre Gebrochenheit. Die Gnosis, eine der letzten großen Manifestationen des Mythos im religiösen Denken, mindestens zum Teil im Kampf gegen dessen jüdische Überwinder konzipiert, hat den jüdischen Mystikern Sprache geliehen. Die Bedeutung dieses Paradoxes kann nicht hoch genug veranschlagt werden. Die Sprache der Gnostiker muß wieder verwandelt werden; war doch das Ziel jener alten mythischen Bilder, die die Gnostiker den Redaktoren des Buches Bahir und damit der gesamten Kabbala als Erbteil hinterlassen haben, schließlich und eigentlich die Zerstörung eines Gesetzes, das die mythische Ordnung gebrochen hatte. So ist denn in weiten Bereichen der Kabbala die Rache des Mythos an seinen Überwindern mit Händen zu greifen und damit zugleich die innere Widerspruchsfülle in ihren Symbolen. Es gibt den systematischen Versuchen kabbalistischer Spekulationen wie schon manchen Systemen der Gnostiker eine besondere Note, daß hier mit den Mitteln eines den Mythos ausschaltenden Denkens eine Welt konstruiert und beschrieben werden soll, die dem Mythos zugehört. Die theosophische Kontemplation des geheimen Lebens der Gottheit als der wesentlichsten religiösen Wirklichkeit hat hier, mitten im Bereich der Mystik und der mystischen Erfahrung, eine neue Mythenwelt aufgerichtet – eine Dialektik, die außerhalb der Kabbala in der Geschichte der Mystik wohl wenige bedeutendere und charakteristischere Beispiele aufzuweisen hat als die Religion Jacob Böhmes, deren Affinität zur Welt der Kabbala nicht mit Unrecht schon seinen ältesten Gegnern aufgefallen ist und die in Vergessenheit zu bringen der neueren Böhme-Literatur groteskerweise gelungen ist.

Diese Wiederaufnahme mythischer Konzeptionen im Denken der jüdischen Mystiker verband sie aber von vornherein aufs stärkste mit gewissen Impulsen des Volksglaubens, mit gerade solchen ursprünglichen und äußerst wirkungsvollen Antrieben der Lebens- und Todesangst des einfachen Menschen, auf die die jüdische Philosophie nichts eben Kluges zu erwidern gewußt hat. Die jüdische Philosophie hat für die Vornehmheit, mit der sie sich von den primitiven Schichten des menschlichen Lebens abgewandt hat, einen hohen Preis bezahlt. Sie hat jene Ängste, aus denen Mythen geschaffen werden, nicht zum Problem gemacht. Ja sie schien das Dasein dieser Problematik selber zu bestreiten. In nichts kommt dieses verschiedene Verhalten der Philosophen und der Kabbalisten deutlicher zum Ausdruck als in ihrer Stellung zum Problem des Bösen und des Dämonischen in der Welt. Diese Frage wird von den jüdischen Philosophen im wesentlichen als Scheinproblem entlarvt, während sie für die Kabbalisten einen der großen Motoren ihres Denkens bildet. Der Sinn für die Realität des Bösen und für das Grauen des Dämonischen, dem die Kabbalisten zu begegnen strebten, statt ihm, wie die Philosophen, auszuweichen, verband ihre Bestrebungen in einem zentralen Punkte mit den Anliegen des Volksglaubens und all den Gestaltungen des jüdischen Lebens, in denen diese Ängste ihren Ausdruck fanden. Es ist wahr, daß die Kabbalisten in ihren Ideologien des Ritus im Unterschied zu der mehr oder weniger erhabene oder metaphysische Gedanken in ihnen suchenden philosophischen Allegorese oft den Sinn wieder herstellen, den er, wenn nicht überhaupt ursprünglich, so doch jedenfalls im allgemeinen Volksbewußtsein, hatte. Wenn somit die Dämonisierung des Lebens einer der wirksamsten und zugleich gefährlichsten Faktoren in der Entwicklung der Kabbala gewesen ist, so ist doch damit ihre Verwandtschaft mit den religiösen Interessen der weitesten Schichten des Volkes zweifellos legitimiert. Das Paradox, wie eine im Grunde doch aristokratische Gruppe von Mystikern gerade im Volkstümlichen eine so außerordentlich große Wirkung haben konnte, verliert hier viel von seiner Schärfe. Es dürfte schwerfallen, auf viele religiöse Sitten und Gebräuche hinzuweisen, die philosophischen Gedankengängen ihre Entstehung oder ihre Entwicklung verdanken. Aber es ist bekannt, daß die Zahl solcher Riten, die aus kabbalistischen Erwägungen sich herschreiben oder ihnen ihre geprägte Form verdanken, unter der sie sich behauptet haben, Legion ist. Unleugbar hat bei diesem Abstieg aus den Höhen der theosophischen Spekulation in die Tiefen des volkstümlichen Denkens und Handelns, die doch beide hier so eng verbunden sind, das Denken der Kabbalisten viel von seinem Glanz verloren. Als ihre Worte sinnfälligen, leiblichen Ausdruck fanden, wurden sie aus solcher Leiblichkeit heraus leicht grob. Die Gefahren, die in Mythos und Magie das religiöse Bewußtsein bedrohen, werden für die jüdische Religionsgeschichte in der Entwicklung der Kabbala noch einmal aufs ernsteste sichtbar, und wer sich tiefer in das Denken großer Kabbalisten zu versenken sucht, wird die Zwiespältigkeit der Empfindungen zwischen Bewunderung und Abstoßung selten los.

4

Wenden wir uns der kabbalistischen Rede von Gott zu, so tritt deren mythischer Charakter in der Lehre von den zehn Sefiroth, den Potenzen und Wirkungsweisen des lebendigen Gottes, am deutlichsten zutage[6]. Die kabbalistische Lehre von der dynamischen Einheit Gottes, wie sie bei den spanischen Kabbalisten erscheint, ist die von einem theogonischen Prozeß, in dem Gott aus seiner Verborgenheit und dem Unnennbaren seines Wesens heraustritt und sich als Schöpfer darstellt. Die Stadien dieses Prozesses sind in einer unendlichen Fülle von Bildern und Symbolen erfaßbar, deren jedes einen Aspekt der Gottheit in ihrer besondern Manifestation anvisiert. Diese Bilder aber, unter denen Gott erscheint, sind nichts anderes als die Urbilder allen Seins. Was nun die besondere mythische Struktur des kabbalistischen Symbolkomplexes ausmacht, ist die Beschränkung der unendlichen Fülle der Aspekte, unter denen Gott visiert werden kann, auf zehn Urkategorien oder wie immer wir die Konzeption umschreiben wollen, die dem Begriff der Sefiroth zugrunde liegt. Im «Buch der Schöpfung», aus welchem der Terminus stammt, bedeutet er die zehn archetypischen Zahlen (von *safar* = zählen) als die Grundmächte allen Seins, ohne daß aber in jenem alten Buch jeder Sefira eine Fülle von Symbolen zugeordnet wäre, in denen andere Urbilder mit ihr zu einer besonderen Struktur verbunden würden. Diesen Schritt hat erst die mittelalterliche Theosophie der Kabbala gemacht, gnostische Exegesen über die Äonenwelt wieder aufnehmend und weit über sie hinausführend.

Der Inbegriff dieser Potenzen, die in der Urdekas vereinigt sind, bildet die Welt der Sefiroth, der sich entfaltenden göttlichen Einheit, die die Archetypen allen Seins in sich beschließt. Diese Welt, die, wie nicht stark genug betont werden kann, eine Welt innergöttlichen Seins ist, strömt aber ohne Bruch und ohne Neuanfang in die geheimen und sichtbaren Welten der Schöpfung über, die alle in ihrer

Struktur jene innergöttliche Struktur wiederholen und in sich abspiegeln. Im Sinne der Kabbalisten ist jener Prozeß, der in der Schöpfung nach außen tritt, nichts anderes als die exoterische Seite eines Vorgangs, der im letzten Grunde in Gott selbst verläuft und dessen einzelne Stadien in ihrer besonderen Verbindung der hier zusammentretenden Motive die besondere mythische Form des Sefiroth-Denkens bestimmen. Auf einer neuen Ebene mystischer Erfahrung und Kontemplation erscheinen die mythischen Strukturen wieder, nicht mehr in den Personen der alten Götter, sondern eben in der einen oder in eins gesehenen Welt des Sefiroth-Baumes neu und oft eigenartig konzentriert. Die Analyse aller der alt-neuen Mythenbilder, die in dieser kabbalistischen Symbolik in so überreicher Fülle auftreten, ist eine der faszinierendsten Aufgaben der Kabbala-Forschung. Ist es doch gerade diese Symbolik, die in den alten Schriften der Kabbalisten, besonders der spanischen Periode, so durchaus im Zentrum steht. Und wenige Schriften können, unter diesem Aspekt gesehen, für den Erforscher des in den mystischen Symbolen sich darstellenden uralten Erbes aufregender und anziehender sein als die gnostischen Homilien des Sohar oder der Versuch der systematischen Entwicklung dieser Symbolik, wie er am großartigsten in Josef Gikatillas «Pforten des Lichtes» *(Schaʿare ʾOrah)* vorliegt.

Wie sehr wir es hier mit dem Wiedererscheinen des von der jüdischen Theologie so unnachsichtlich «liquidierten» Mythos zu tun haben, sei nur an zwei oder drei Exempeln dargelegt.

Repräsentativ für die ganze sich hier öffnende Problematik scheint mir die auf die paradoxeste Weise in der Kabbala sich vollziehende Re-Mythisierung und damit Liquidierung der Formel von der «Schöpfung aus Nichts» zu sein. Es ist bekannt, daß es ja eben diese Konzeption einer Schöpfung aus Nichts, im Gegensatz zu der Bewältigung des Chaos durch den schaffenden Gott, war, in der, noch über das biblische Theologoumenon von der Schöpfung hinaus, die sogenannte rationale Theologie des späteren Rabbinismus den endgültigen Bruch mit allen mythischen Rückständen zu vollziehen dachte. In der Ersetzung des Chaos durch das Nichts schien die Garantie für jene von aller mythischen Schicksalsbestimmtheit sich abhebende Freiheit des schöpferischen Gottes gegeben, dessen Schöpfung kein Kampf mehr ist und keine Krise, sondern freie Liebestat. Nichts hiervon ist in der Kabbala mehr erhalten, außer eben der nackten Formel selber, die mit um so größerer Intensität verkündet und gleichsam als Banner vorangetragen wird, als ihr realer Gehalt ins Gegenteil umgeschlagen ist. Wie aus den vorhin gemachten Bemerkungen über den Sinn der Sefiroth und des Sefiroth-Baumes implizite zu entnehmen war, ist ja für ein Nichts im Sinne der theologischen Konzeption in dieser Welt kein Platz mehr. Aus seiner Verborgenheit heraus erscheint Gott in seinen Potenzen, im Stamm und den Ästen des theogonisch-kosmogonischen «Baumes», und wirkt seine Kraft in immer weiteren Sphären aus. Überall haben wir es mit kontinuierlichen Übergängen zu tun, und wenn ein Bruch, ein Nichts des Uranfangs erschiene, könnte es nur in Gottes Wesen selber liegen. Und eben dies ist die Folgerung, die die jüdischen Mystiker unter Aufrechterhaltung der alten Formel gezogen haben. Das Chaos, das in der Theologie der «Schöpfung aus Nichts» eliminiert war, taucht in neuer Metamorphose wieder auf. Jenes Nichts war in Gott selber von jeher vorhanden, nicht außer ihm und nicht von ihm hervorgerufen. Es ist, mit der unendlichen Fülle Gottes koexistierend, der Abgrund in Gott, der in der Schöpfung bewältigt wird, und die Rede der Kabbalisten vom Gott, der in «den Tiefen des Nichts» wohnt, wie sie seit dem 13. Jahrhundert im Schwange ist, drückt dies Gefühl in einem Bilde aus, das dadurch um so merkwürdiger wird, als es aus einem unanschaulichen Begriff zurückgebildet ist. Wir können von einem produktiven Mißverständnis sprechen, das im Herzen philosophischer Begriffe mythische Bilder wieder entdeckt. Charakteristisch für solch

«Mißverständnis» ist die seit Asriel von Gerona auftretende Umdeutung der aristotelischen «Steresis» in dies mystische Nichts, das neben Materie und Form als das dritte Prinzip allen Seins erscheint.

Freilich, dies Nichts, das ein Über-Sein in Gott selber ist, wird in der kabbalistischen Symbolik nicht immer als solches angesprochen. Nehmen wir nur zum Beispiel die ersten Zeilen, in denen der Sohar in einer berühmten Stelle den Urbeginn der Schöpfung in Gott selbst abschildert:

«Am Anfang, als der Wille des Königs zu wirken begann, grub er Zeichen in die himmlische Aura. Eine dunkle Flamme entsprang im allerverborgensten Bereich aus dem Geheimnis des Unendlichen wie ein Nebel, der sich im Gestaltlosen bildet, eingelassen in den Ring [jener Aura], nicht weiß und nicht schwarz, nicht rot und nicht grün und von keinerlei Farbe überhaupt. Erst als jene Flamme Maß und Ausdehnung annahm, brachte sie leuchtende Farben hervor. Ganz im Innersten der Flamme nämlich entsprang ein Quell, aus dem Farben auf alles Untere sich ergossen, verborgen in den geheimnisvollen Verborgenheiten des Unendlichen. Der Quell durchbrach und durchbrach doch nicht den ihn umgebenden Äther und war ganz unerkennbar, bis infolge der Wucht seines Durchbruchs ein verborgener höchster Punkt aufleuchtete. Über diesen Punkt hinaus ist nichts erkennbar, und darum heißt er *Reschith*, das erste Schöpfungswort von jenen zehn, durch die das All geschaffen ist.» (I, 15 a.)

Nirgends in diesem kosmogonischen Mythos, der sich in jener Soharstelle noch lange und in bedeutsamen Bildern fortsetzt, ist mehr die Rede von einem Nichts. An seine Stelle ist, unter einem ganz neuen Aspekt, die Aura von Licht getreten, die *En-Sof,* das Unendliche, anfangslos und unerschaffen umgibt. Wo der Sohar, an anderen Stellen, ausdrücklich von solchem Nichts handelt, meint er stets jene innerste Seinsweise in Gott selber, die in der Emanation der Sefiroth schöpferisch wird. Dies Nichts ist selber die höchste und erste aller Sefiroth. Es ist im Symbol der Kabbalisten die «Wurzel aller Wurzeln», aus der der Baum sich nährt. Nichts wäre verfehlter, als anzunehmen, daß diese Wurzel selber aus einem freien Schöpfungsakt hervorgegangen sei. Erst die spätere Kabbala hat solchen Schöpfungsakt in tiefsinnigen Gedanken wieder eingeführt, vor allem bei Moses Cordovero und, in anderer Gestalt, bei Isaak Luria.

Der Urpunkt, von dem an der eben zitierten Soharstelle die Rede war, ist aber als zweite Sefira gesehen, als ein erster Anfang aus dem vom Bilde des Punktes eigentlich auch vorausgesetzten Nichts Gottes. Er ist der Weltensame, der, als höchste formende und väterlich-männliche Potenz, in den aus ihm sich entfaltenden, zugleich aber ihm gegenübertretenden Urschoß der «oberen Mutter» ausgesät ist und, in ihr fruchtbar werdend, nun aus ihr alle anderen sieben Potenzen entläßt, die von den Kabbalisten nicht nur als die eigentlichen Archetypen aller Schöpfung ausführlich ausgedeutet werden, sondern zugleich auch ausdrücklich als die sieben «Urtage», das heißt Urstadien des innergöttlichen Werdens, in Gen. 1, angesehen werden. Unter Bildern der elementaren Natur, nicht weniger aber des menschlichen Lebens, wird die besondere Art jeder dieser sieben Potenzen oder Urtage dargestellt.

Unendlich reich ist der mythische Gehalt dieser Symbole; aber in nichts wohl bricht er deutlicher hervor als in der Symbolik, für die dieser Gott, der sich in der Sefiroth-Welt enthüllt, eben der Mensch in seiner reinsten Gestalt, *Adam Kadmon,* der Urmensch, ist. Der Gott, der vom Menschen visiert werden kann, stellt eben selber sich als Urmensch dar. Der große Name Gottes in seiner schöpferischen Entfaltung heißt selbst Adam, wie die Kabbalisten auf Grund einer in der Tat verblüffenden Gematria (Isopsephie) sagen[7]. Schon das Buch Bahir kennt die «sieben heiligen Formen Gottes», die alle ihre Entsprechung in den Gliedern des Menschen haben, und von hier aus war es zur Ausbildung der *Adam-Kadmon*-Vorstellung nur ein Schritt, und die anthropomorphe und mythische Rede von Gott bezog von dieser Idee her nun immer neue Rechtfertigung und Nahrung. Die Urwelt des Menschen, sowohl des kreatürlichen als des ungeschaffenen, nur eben im *Adam Kadmon* entfalteten, ist der Bereich, auf den sich, wie der Sohar immer wiederholt, alle seine esoterische

Rede bezieht. Denn jene geheime Welt des im Symbol des Menschen erscheinenden Gottes ist beides zugleich: sie ist die Welt des «inneren» Menschen, aber auch der Bezirk, der sich nur dem gläubigen Sinn in der Kontemplation eröffnet und den der Sohar als «Geheimnis des Glaubens», *rasa de-mehemanutha,* vorstellt.

Am nachdrücklichsten tritt nun das Mythische an diesen Konzeptionen in der Scheidung zwischen zeugenden und empfangenden Potenzen in Gott hervor. In mehreren Sefiroth-Paaren sich wiederholend und steigernd, kommt es am stärksten in der Symbolik der beiden letzten Sefiroth zum Ausdruck. Die neunte Sefira, *Jessod,* ist die in oft unverstellt phallischer Symbolik beschriebene Potenz der Zeugung, des «Fundamentes» alles Lebendigen, durch das der *hieros gamos,* die heilige Verbindung der männlichen und weiblichen Gewalten, garantiert und vollzogen wird.

Diese Rede von weiblichen Gewalten in Gott, die vornehmlich in der zehnten und letzten Sefira ihren vollendeten Ausdruck haben, enthält natürlich die für das jüdische Bewußtsein erstaunlichste Repristination des Mythos, und es scheint mir nötig, über diese Konzeption, die kabbalistische Idee der Schechina, die weit über die altrabbinische hinausgeht, einige Bemerkungen zu machen. Ich will hierbei nur einige zentrale Motive, die für das Verständnis dieser fundamentalen Vorstellung wesentlich sind, hervorheben, wobei aber nicht übersehen werden darf, daß sich auch noch ganz andere Motivreihen, von denen hier nicht die Rede sein kann, in der kabbalistischen Literatur mit ihr verbinden.

In der talmudischen Literatur und dem nichtkabbalistischen rabbinischen Judentum wird unter Schechina – wörtlich Einwohnung, nämlich Gottes in der Welt – nichts anderes verstanden als Gott selbst in seiner Allgegenwart und Aktivität in der Welt und insbesondere in Israel. Gottes Präsenz, das, was in der Bibel sein «Antlitz» heißt, ist im rabbinischen Sprachgebrauch seine Schechina. Nirgends in der älteren Literatur ist eine Scheidung zwischen

Gott selber und seiner Schechina im Sinne einer besonderen Hypostase, die von Gott selbst unterscheidbar wäre, anzutreffen. Ganz anders im Sprachgebrauch der Kabbala, vom Buch Bahir an, das schon die meisten wesentlichen Aufstellungen über die Schechina enthält. Hier wird sie als ein Aspekt Gottes gesehen, der als ein weibliches Element in ihm aufgefaßt und quasi verselbständigt wird. Eine solche Verselbständigung findet in gewisser Weise schon, wie oben angedeutet, bei der dritten Sefira statt, die als die obere Mutter oder auch obere Schechina bemerkenswerterweise zugleich die demiurgische Potenz darstellt. Von den sieben aus ihr emanierten Potenzen sind die ersten sechs als Hauptglieder des Urmenschen symbolisiert und im phallischen «Fundament» zusammengefaßt, welches bemerkenswerterweise die symbolische Repräsentanz des Gerechten (Zaddik) als des die Kräfte der Zeugung in ihren legitimen Grenzen wahrenden und bewährenden Gottes ist. Gott ist der Gerechte, insofern er allem Lebendigen jene Lebenskraft zuführt, die es in seinem eigenen Gesetz erhält. Und so auch ist der Mensch, der die Mächte der Zeugung in sich in ihren rechtmäßigen Grenzen und Maßen hält, und von da aus dann derjenige, der jedem Ding das Seine zukommen läßt, der alles an seinen Ort zu stellen weiß, der Gerechte, worauf die Kabbalisten den Vers der Proverbien bezogen (10:25): Der Gerechte ist das Fundament der Welt.

Die zehnte Sefira aber repräsentiert nicht mehr ein einzelnes Glied des Menschen, sondern als die Ergänzung des Menschlich-Männlichen das Weibliche überhaupt, als Mutter, Gattin, Tochter zugleich gesehen, wenn auch in diesen verschiedenen Aspekten in verschiedener Weise sich manifestierend. Die Statuierung eines weiblichen Elements in Gott ist natürlich einer der folgenreichsten Schritte, den die Kabbala gemacht und in gnostischer Exegese zu begründen versucht hat. Vom streng rabbinischen, nicht-kabbalistischen Judentum oft mit größten Bedenken angesehen, von der kabbalistischen Apologetik oft verlegen

ins Harmlose umgebogen – das Weibliche der Schechina
gleich providentieller Lenkung der Schöpfung –, beweist
doch die ungeheure Popularität, die die mythischen Aspekte
dieser Konzeption in den weitesten Kreisen des jüdischen
Volkes erlangt haben, daß die Kabbalisten hier auf einen
der Grundimpulse urtümlicher und im Judentum fort-
wirkender religiöser Vorstellungen rekurriert haben.
Zwei andere Symbole unter vielen sind für das Verständnis der kabbalistischen Schechina entscheidend wichtig:
ihre Identifikation mit der mystischen Ekklesia Israels
einerseits und mit der Seele *(Neschama)* andererseits, beide
aus dem Buch Bahir stammend. Im Talmud und Midrasch
finden wir den Begriff der «Gemeinde Israels» (von dem
der christliche Begriff der Ekklesia abstammt) nur erst im
Sinne einer Personifikation des historischen, realen Israels
und als solche durchaus Gott gegenüberstehend. Die allegorische Deutung des Hohen Liedes auf die Beziehung
Gottes zur jüdischen Ekklesia, wie sie allgemein von jeher
im Judentum rezipiert war, weiß noch nichts von einer
mystischen Überhöhung des Standes der Ekklesia zu dem
einer göttlichen Potenz oder Hypostase selbst. Nie auch
identifiziert die talmudische Literatur die Schechina mit
der Ekklesia. Ganz anders in der Kabbala, wo eben diese
Identifikation den vollen Einbruch der Symbolik des Weiblichen in die Sphäre des Göttlichen nach sich zieht. Alles,
was in den talmudischen Deutungen des Hohen Liedes von
der Gemeinde Israel als Tochter und Braut gesagt wurde,
wurde im Zuge dieser Identifikation nun auf die Schechina
übertragen. Ich bezweifle, ob wir sinnvolle Aussagen darüber machen können, wo die Priorität bei diesem Vorgang
liegt: bei der Wiederaufnahme der Idee eines weiblichen
Elements in Gott durch die ältesten Kabbalisten oder bei
der exegetischen Identifikation der früher getrennten beiden Begriffe der Ekklesia Israels und der Schechina, durch
die so viel von der Erbschaft der gnostischen Sprache
in rein jüdischer Metamorphose weitergegeben werden
konnte. Ich kann zwischen dem psychologischen und dem

historischen Vorgang hier nicht trennen, der in seiner besonderen Einheit den entscheidenden Schritt der kabbalistischen Theosophie darstellt. Dazu tritt nun, wie gesagt, als drittes Element die Symbolik der Schechina als Seele, im Bahir und im Sohar. Daß die Sphäre der Schechina den Ort der Psyche darstellt, ist durchaus neu. War doch selbst der höchste Ort der Seele, den ältere jüdische Vorstellungen kennen, nur im oder unter dem Throne Gottes. Der Ursprung der Seele in der Sphäre des Weiblichen in Gott selbst ist für die Psychologie der Kabbala von weitreichender Bedeutung geworden. Die in ihren elementarsten Grundzügen soeben gekennzeichnete Vorstellung von der Schechina erhält ihren vollen mythischen Charakter aber erst durch zwei von ihr durchaus unablösliche weitere Vorstellungsreihen, nämlich die von der Ambivalenz der Schechina und die von ihrem Exil.

Als Weibliches, aber auch als Psyche, zeigt die Schechina zum Teil auch grauenhafte Züge. Insofern in ihr alle früheren Sefiroth zusammengefaßt sind und erst durch ihr Medium nach unten wirksam werden, wirken in der Schechina, die an sich rein empfangend ist und «nichts aus sich selber hat», in wechselnder Präponderanz auch die Gewalten der Gnade und des Gerichtes. Die richtende Gewalt in Gott ist aber der eigentliche Ursprung des Bösen als einer metaphysischen Realität, die aus der Hypertrophie dieser Gewalt sich herschreibt. Es gibt aber einen Stand der Welt, in dem die Schechina an die Gewalten des Gerichts verhaftet ist, die teilweise als aus der Sefira des Gerichtes kommend verselbständigt und als von außen in sie einbrechend gedacht sind. Wie der Sohar es ausdrückt: «Zu Zeiten kostet die Schechina von der anderen, bitteren Seite, und ihr Antlitz ist dann dunkel.» Nicht zufällig tritt in diesem Zusammenhang uralte Mondsymbolik wieder hervor. Unter diesem Aspekt gesehen, erscheint dann die Schechina als der «Baum des Todes», vom Baum des Lebens dämonisch abgetrennt. Während sie sonst im großen und ganzen als barmherzige Mutter Israels erscheint, wird sie in solchem Stand selbst zum Vehikel der richtenden und strafenden Gewalt. Es sei aber hier betont, daß diese quasi dämonischen Aspekte der Schechina, der «unteren Mutter», bei der «oberen Mutter», der dritten Sefira, noch nicht auftreten. Diese ist zwar Demiurg *(Jozer bereschith)*, wohlverstanden aber in positiver Wertung und ohne die Nuance des Herabsetzenden, die in den alten gnostischen Systemen diesem Terminus innewohnt. Freilich ist die Verflechtung höchst merkwürdiger und widerspruchsvoller Motive zu einem eigenartigen Ganzen in der Symbolik der dritten Sefira, die als Urmutter allen Seins mythisch besonders «geladen» ist, recht kompliziert, und ich möchte auf das hier vorliegende Problem nur gerade hingewiesen haben.

Diese Idee der Ambivalenz der Schechina, ihrer wechselnden «Phasen», hängt aber schon mit der anderen von ihrem Exil *(Galuth)* zusammen. Die Vorstellung eines Exils der Schechina ist talmudisch: «In jedem Exil, in das Israel zog, war die Schechina mit ihnen[8].» Dies hieß aber nicht mehr, als daß Gottes Gegenwart überall auch mit Israel in seinen Exilen war. In der Kabbala aber besagt diese Idee: <u>Etwas von Gott selber ist von Gott selber exiliert</u>. Die beiden Motivreihen, des Exils der Ekklesia Israels im Midrasch und des in so vielen, nicht nur gnostischen, Vorstellungskreisen auftretenden Exils der Seele aus ihrem Ursprung, verbinden sich nun in dem neuen kabbalistischen Mythos vom Exil der Schechina. Dies Exil wird manchmal als die Vertreibung der Königin oder Königstochter durch ihren Gatten oder Vater dargestellt, manchmal auch als Überwältigung durch die Mächte des Dämonischen, der «anderen Seite», die zerstörerisch in ihren Bezirk einbrechen, sie unterjochen und sie ihrem richtenden Wirken dienstbar machen.

Dies Exil nun ist in der früheren Kabbala meistens noch nicht eines, das sich vom Uranfang der Schöpfung herschreibt. Dazu wird es erst in der Safeder Kabbala des 16. Jahrhunderts. <u>Das Exil der Schechina, oder mit anderen Worten die Trennung des männlichen und weiblichen</u>

Prinzips in Gott, wird großenteils als die zerstörende Aktion der menschlichen Sünde und deren magischer Sinn verstanden. Die Sünde Adams wiederholt sich unablässig in jeder andern Sünde. Anstatt in seiner Kontemplation die Gesamtheit der Sefiroth in ihrer ungeheuren Einheit zu durchdringen, verfiel Adam, als ihm die Wahl gestellt wurde, auf den leichteren Weg, die letzte Sefira allein, in der sich doch alles andere darzustellen schien, als die Gottheit zu kontemplieren, von den anderen Sefiroth losgelöst. Anstatt die Einheit des göttlichen Vollzugs in allen Welten, die vom geheimen Leben der Gottheit noch durchwaltet waren, zu bewähren und in seinem eigenen Vollzug zu bekräftigen, riß er sie auseinander. Seitdem ist das Obere vom Unteren, das Männliche vom Weiblichen, irgendwo tief innen getrennt. Unter vielen Symbolen wird diese Trennung beschrieben. Es ist die Trennung des Baums des Lebens von dem der Erkenntnis, aber auch die des Lebens vom Tod, es ist das Losreißen der Frucht vom Baume, an dem sie haften sollte, es ist auch das Auspressen der Säfte und Gewalten des Gerichtes aus der heiligen Frucht der Schechina, die in diesem Zusammenhang tiefsinnig ausgedeutet werden. Es ist aber auch die Verkleinerung des Mondes und seine Konstitution zum lichtlosen Empfänger des Lichtes, die hier in andern kosmischen Symbolen wieder auftaucht. Und so wie für das religiöse Gefühl der alten Kabbalisten das Exil der Schechina ein Symbol unserer eigenen Verschuldung ist, muß es der Sinn der religiösen Handlung sein, solches Exil wieder aufzuheben oder doch auf seine Aufhebung vorbereitend hinzuarbeiten. Die Wiedervereinigung Gottes und seiner Schechina ist der Sinn der Erlösung. In ihr werden, wieder ganz mythisch gesehen, das Männliche und Weibliche zu ihrer ursprünglichen Einheit zurückgeführt, und in der ununterbrochenen Vereinigung beider strömen die zeugenden Gewalten wieder ungehemmt durch alle Welten. Unter der Herrschaft der Kabbala sollte jede religiöse Tat von der Formel begleitet werden, dies geschehe ausdrücklich «um der Einigung Gottes und seiner Schechina willen», eine Formel, die in allen liturgischen Texten und Büchern des späteren Judentums wiederkehrte, bevor sie von dem aufgeklärten Judentums des 19. Jahrhunderts, das mit solchen Vorstellungen nichts anzufangen wußte, entsetzt aus den Gebetbüchern für westliche Andachten entfernt wurde. Abschließend möchte ich zu diesem Punkt nur darauf hinweisen, daß symbolische Repräsentationen dieses großen und für die Geschichte der Kabbala so folgenreichen Mythos von der Schechina und ihrem Exil in unendlich vielen alten, besonders aber auch neu aufgekommenen Riten gefunden wurden. Das Ritual der Kabbalisten ist von Anfang bis zu Ende von dieser tiefmythischen Idee bestimmt.

5

Im Vorhergehenden ist beispielhaft von einigen Symbolen der Kabbalisten die Rede gewesen, die die Natur des Problems von Kabbala und Mythos, wie mir scheint, ausgezeichnet zu illustrieren geeignet sind. In den Systemen der alten Kabbalisten, und vor allem des Sohar, haben wir es aber nicht nur mit einer Wiederbelebung einzelner Motive des Mythischen zu tun, sondern finden uns durchaus vor eine dichte Textur mythischer Ideenbildung und oft vor vollständig ausgebildete Mythen gestellt. So interessant, unter ideologischem Gesichtspunkt, die spekulativen und theologischen Re-Interpretationen solch mythischen Denkens sind, die wir (wie schon oben bemerkt wurde) dann bei so vielen Kabbalisten finden, so können sie über die seelische Substanz nicht hinwegtäuschen, die ihm zugrunde liegt. In manchen Fällen, möchte es mich bedünken, ist die spekulative Neuformulierung der Mythen in theoretischer Form auch im Bewußtsein ihrer Schöpfer selbst durchaus sekundär und als exoterische Verdeckung des von ihnen als heiliges Mysterium empfundenen mythischen Gehalts entworfen.

Am großartigsten und entschiedensten tritt, vom Sohar abgesehen, der Mythos in dem wichtigsten System der späteren Kabbala, bei Isaak Luria (1534-1572) in Safed, sowie dann, in Verfolg der von ihm angeregten Bewegung eines kabbalistischen Messianismus, in den häretischen Theologoumena der Sabbatianer hervor. Beide, die orthodoxe Kabbala Lurias und die häretische Nathan von Gazas (1644-1680), des Propheten und Theologen des kabbalistischen Messias Sabbatai Zwi, stellen geradezu erstaunlich vollkommene Beispiele gnostischer Mythenbildungen innerhalb oder an den Grenzen des rabbinischen Judentums dar, die eine eine strikt orthodoxe Form solcher Gnosis, die andere eine häretisch-antinomistisch tendierende. Beide Gestaltungen des kabbalistischen Mythos stehen in präzisem Zusammenhang mit der historischen Erfahrung des jüdischen Volkes, eine Tatsache, die zweifellos einen großen Teil der unleugbaren Faszination erklärt, die beide, vor allem aber natürlich die lurianische Kabbala, auf so weite und gerade religiös erregbare und entscheidende Schichten des jüdischen Volkes ausgeübt haben. Ich muß es mir hier versagen, von der häretischen Mythologie der Sabbatianer zu handeln; aber ich möchte mindestens in ihren breiten Grundzügen die Struktur des lurianischen Mythos als eines unübertreffbaren Exempels für die uns hier beschäftigenden Zusammenhänge darlegen. Es mag vermessen klingen, eine solche Verkürzung der Linienführung eines Denkens vorzunehmen, das in seiner kanonischen literarischen Form mehrere dicke Bände zu seiner vollständigen Darlegung beansprucht hat[9], von der ein Großteil, um auch das nicht unerwähnt zu lassen, nur in der Praxis mystischer Meditation zu durchdringen ist und sich, soweit ich sehe, theoretischer Formulierung durchaus verschließt. Und dennoch ist die hier zugrunde liegende Struktur, der Fundamentalmythos Lurias, wenn ich diesen Ausdruck gebrauchen darf, von so ungewöhnlicher und eindringlicher Klarheit, daß ihre Analyse selbst in aller Kürze hier verlohnt.

Lurias Mythos ist, historisch gesehen, die Antwort auf die Vertreibung der Juden aus Spanien, ein Ereignis, das wie kein anderes vor den letztvergangenen Katastrophenjahren jüdischer Geschichte die Frage nach dem Sinn des Exils und der Berufung des Juden in der Welt für das Bewußtsein der Zeitgenossen dringlich gemacht hat. Noch tiefer und grundsätzlicher als im Sohar ist diese Frage, die Frage nach dem Sinn der historischen Erfahrung des Juden im Exil, hier aufgenommen und ins Zentrum der neuen Konzeptionen gestellt, die Lurias System bestimmen.

In drei großen Symbolen ist dieser neue Mythos Lurias konzentriert, in der Rede von *Zimzum* oder der Selbstbeschränkung Gottes, von der *Schebira* oder dem Bruch der Gefäße, und vom *Tikkun*, der harmonischen Ausgestaltung, aber auch Ausbesserung und Restauration des Makels der Welt, der sich von jenem Bruch herleitet.

Die Idee des *Zimzum*, von der der Sohar nichts weiß und die, aus anderen alten Traktaten geflossen, erst bei Luria zu ihrer eigentlichen Bedeutung kommt, ist höchst erstaunlich. Sie stellt an den Anfang des Weltendramas, das aber ein Drama Gottes ist, nicht wie ältere Systeme einen Akt der Emanation oder dergleichen, in dem Gott aus sich heraustritt, sich mitteilt oder offenbart, sondern vielmehr einen Akt, in dem er sich in sich selbst verschränkt, sich auf sich selbst zurückzieht und anstatt nach außen sein Wesen in eine tiefere Verborgenheit seines eigenen Selbst kontrahiert. Der Akt des *Zimzum* ist für Luria die einzige Garantie dafür, daß überhaupt ein Weltprozeß existiert, indem ja erst das Zurückziehen Gottes auf sich selbst, das irgendwo einen pneumatischen Urraum schafft – bei den Kabbalisten *Tehiru* genannt –, es ermöglicht, daß irgend etwas da ist, das nicht ganz und durchaus Gott in seiner reinen Wesenheit selber ist. Die Kabbalisten sagen es nicht direkt; aber es ist implizite in ihrer Symbolik gelegen, daß dieses Zurücktreten des göttlichen Wesens in sich selbst eine tiefste Form des Exils, der Selbstverbannung ist. Im Akt des *Zimzum* werden die richtenden Gewalten, die in

Gottes Wesen in unendlicher Harmonie mit den «Wurzeln» aller andern Potenzen vereinigt waren, gesammelt und an einen Punkt, eben in jenem Urraum, konzentriert, aus dem sich Gott zurückzieht. Die Idee der immer weiter fortschreitenden Ausscheidung und Ausschmelzung dieser richtenden Gewalten, in denen das Böse letzten Endes schon in Gott mitgesetzt ist, bestimmt bei Luria selbst den esoterischen Charakter des gesamten folgenden Prozesses als einer Reinigung des göttlichen Organismus von den Elementen des Bösen. Diese mit anderen Motiven von Lurias Denken zweifellos in Widerspruch liegende, zugleich auch theologisch besonders anstößige oder doch problematische Rede von einem fortschreitenden Selektionsprozeß des Bösen aus Gott wird in den meisten Darstellungen des Systems, vor allem auch bei seinem Schüler Chajim Vital, in dessen großem Werk *Ez Chajim*, dem «Baum des Lebens», geflissentlich abgeschwächt oder übergangen, so daß der *Zimzum* nicht als eine notwendige Urkrise in Gott selbst, sondern als freie Liebestat erscheint, die aber, freilich paradox genug, die Gewalten des Gerichts zuerst entfesselt.

In jenem Urraum oder Pleroma sind die im *Zimzum* ausgeschiedenen «Wurzeln des Gerichts» mit dem Residuum des unendlichen Lichts der Gottheit, das sich aus ihm zurückgezogen hat, vermischt. Und das Ineinander- und Gegeneinanderarbeiten dieser beiden Elemente, zu denen nun noch in weiterem Akt ein Strahl aus Gottes Wesen tritt, der in den Urraum zurückfällt, bestimmt die Natur der hier sich bildenden Gestaltungen. Die Vorgänge in diesem Pleroma werden von Luria durchaus als innergöttliche empfunden. Es handelt sich für ihn um die Entstehung derjenigen Manifestationen des Unendlichen im Pleroma, die für sein Bewußtsein den lebendigen Gott in der Einheit dieser Urgestaltungen ausmachen. Denn das an Gott, was in den Prozeß des *Zimzum* und die darauffolgenden Stufen nicht eingegangen ist, jene unendliche Wesenheit Gottes, die sich verborgen hat, spielt für den Menschen hier oft kaum noch eine Rolle. Der Widerstreit zwischen dem persönlichen Charakter Gottes auch noch vor dem *Zimzum* und seinem eigentlich unpersönlichen Wesen, das erst in dem mit dem *Zimzum* einsetzenden Prozeß Persönlichkeit gewinnt, bleibt in den klassischen Formen des lurianischen Mythos unausgetragen.

Im Urraum bilden sich die Urbilder allen Seins, jene von der Struktur der Sefiroth bestimmten Formen des *Adam Kadmon,* des Gottes, der in die Schöpfung als Schöpfer eintritt. Das prekäre Beieinander der verschiedenen Arten göttlichen Lichtes, die hier zusammenwirken, bringt aber weitere Krisen hervor. Alles, aber auch alles, was sich nach der Entsendung des Strahls aus dem Licht des *En-Sof,* des unendlichen Wesens, in das Pleroma bildet, trägt die Spuren der doppelten Bewegung des sich immer erneuernden *Zimzum* und der nach außen drängenden flutenden Emanation. Jede Stufe des Seins gründet in dieser Spannung. Aus den Ohren, dem Munde und der Nase des Urmenschen brechen Lichter, die tief verborgene Konfigurationen, Welten innerlichsten Standes hervorbringen. Aber der Hauptentwurf der Schöpfung schreibt sich von den Lichtern her, die aus den Augen des *Adam Kadmon* in eigentümlicher Brechung hervorkommen. Denn jene Gefäße, die, selbst aus niederen Arten von Lichtmischungen bestehend, bestimmt waren, diese Lichtfluten der Sefiroth aus seinen Augen aufzunehmen und so als Gefäße und Instrumente der Schöpfung zu dienen, zerbrachen unter ihrem Anprall. Dies ist die entscheidende Krise allen göttlichen und kreatürlichen Seins, der «Bruch der Gefäße», von Luria auch mit einem soharistischen Bild das «Sterben der Urkönige» genannt. Deutet doch der Sohar die Liste der Könige Edoms in Gen. 36, die regierten und starben, «bevor noch Könige über Israel regierten», auf die Präexistenz von Welten der richtenden Gewalt, die an der Hypertrophie dieses Elements in ihnen zugrunde gingen. Das Sterben der Urkönige am Mangel der Harmonie zwischen Männlichem und Weiblichem, wie es der Sohar kennt, verwandelt sich für Luria in den «Bruch der Gefäße», ebenfalls eine Krise jener Gewalten des Gerichts, die in diesem Vorgang in ihren unassimilierbarsten Teilen nach unten ausgeschieden werden und als dämonische Mächte ein eigenes Dasein entfalten. Zweihundertachtundachtzig Funken aus dem Feuer des «Gerichts», die härtesten und schwersten, stürzen, mit den Schalen der zerbrochenen Gefäße sich vermischend, nach unten. Denn nichts bleibt nach dieser Krise, wie es war. Alle Lichter aus den Augen des *Adam Kadmon* fluten entweder nach oben zurück, vom Anprall an die Gefäße reflektiert, oder aber brechen nach unten durch, und die Gesetzmäßigkeiten dieses Vorgangs werden von Luria ausführlich entwickelt. Nichts aber ist mehr dort, wo es eigentlich sein sollte. Alles steht irgendwo anders. Ein Sein aber, das nicht an seinem Orte ist, ist im Exil. Und so ist denn alles Sein von jenem Urakt an ein Sein im Exil und bedarf der Rückführung und Erlösung. Der Bruch der Gefäße setzt sich in alle weiteren Stufen der Emanation und Schöpfung fort; alles ist irgendwie gebrochen, alles hat einen Makel, alles ist unvollendet. Die Frage nach dem Grunde dieses Bruchs in Gott ist natürlich für die lurianische Kabbala ebenso unabweisbar wie letztlich unlöslich. Die esoterische Antwort, daß es sich um einen Reinigungsakt Gottes selber handelt, also um eine notwendige Krise, die die Ausscheidung des Bösen aus Gott selbst zum Ziele hatte, wird, so sicher sie Lurias wahre Meinung wiedergibt, wie ich schon sagte, nur selten offen dargelegt, wie etwa bei Josef ibn T'bul, dem zweiten bedeutenden Schüler Lurias. Andere begnügen sich mit dem uralten Hinweis auf das Gesetz des Organismus, auf das Samenkorn, das platzt und stirbt, um Weizen zu werden. Die Gewalten des Gerichts sind hiernach wie Samenkörner, die auf das Feld des *Tehiru* ausgesät sind und in der Schöpfung aufgehen, aber eben nur in der Metamorphose des Bruchs und des Sterbens der Urkönige.

Solcherart ist also die ursprüngliche Krise, die im gnostischen Denken den entscheidenden Punkt für das Verständnis des Weltendramas und Weltengeheimnisses bildet, hier in die Erfahrung des Exils einbezogen worden, das als tiefste kosmische Tatsache, ja als ein Gott selbst mindestens in der Manifestation seines Wesens mitbetreffender Vorgang nun jene ungeheuren Dimensionen erhält, die offenbar dem Gefühl des Juden jener Generationen entsprachen. Dies Hineinnehmen des Exils in Gott ist ebenso vermessen und kühn in seiner gnostischen Paradoxie wie zugleich für die gewaltige Wirkung dieser Ideen im Judentum mitentscheidend. Vor dem Forum einer rationalen Theologie mochten solche Ideen verlegen genug dastehen. In der Welt der menschlichen Erfahrung des Juden stellten sie ein ungeheures und verführerisch lebendiges Symbol dar.

Die Gefäße der Sefiroth, die die Welt der vom *Adam Kadmon* ausstrahlenden Emanation aufnehmen sollten, sind also zerbrochen. Um diesen Bruch zu heilen oder um das Gebäude wieder herzustellen, das nach dem Ausscheiden der nun dämonisierten Gewalten des reinen Gerichts zu endgültiger harmonischer Ausgestaltung eher fähig ist, brachen aus der Stirn des *Adam Kadmon* Lichter aufbauender und heilender Natur. Von ihrer Wirkung her schreibt sich das dritte Stadium des symbolischen Prozesses, von den Kabbalisten *Tikkun*, Restitution, genannt. Dieser Prozeß verläuft für das Bewußtsein Lurias teils in Gott, teils aber im Menschen als der Krone aller Kreatur. Freilich ist auch dies keineswegs ein simpler, eindeutiger Prozeß, sondern vielfältigsten Verschränkungen ausgesetzt. Denn wenn auch beim Bruch der Gefäße die sich nunmehr verselbständigenden Gewalten des Bösen ausgeschieden wurden, so doch nicht ganz vollständig. Immer noch muß dieser Ausschaltungsprozeß sich fortsetzen, da Reste der reinen richtenden Gewalt noch immer in den nun sich bildenden Konfigurationen der Sefirothwelten verbleiben, die entweder solcher Ausscheidung oder aber ihrer Verwandlung in aufbauende Kräfte der Liebe und Gnade bedürftig sind. In fünf Gestalten oder Konfigurationen, von Luria

Parzufim, Gesichter Gottes oder des *Adam Kadmon,* genannt, bildet sich in der Welt des *Tikkun* die Gestalt des Urmenschen neu. Es sind die Erscheinungsformen des «Langmütigen», *'Arich,* des Vaters und der Mutter, des «Kurzmütigen», *Seʿir ʾAnpin,* und des ihn ergänzenden Weiblichen, der Schechina, die ihrerseits in zwei Konfigurationen, Rahel und Lea genannt, sich manifestiert. Alles, was die alte Kabbala und besonders der Sohar über die Coniunctio des Männlichen und Weiblichen in Gott zu sagen hatten, wird nun in unendlich präziser und detaillierter Ausführung auf den Prozeß der Bildung jener beiden letzten *Parzufim* und die zwischen ihnen verlaufenden Vorgänge übertragen. Im großen und ganzen deckt sich die Gestalt des *Seʿir* weitgehend mit dem, was dem traditionellen Judentum der Gott der Offenbarung war. Er ist das männliche Prinzip, das freilich im Bruch der Gefäße aus seiner Ur-Einheit mit dem Weiblichen herausgetreten ist und nun auf einer neuen Ebene und unter neuen Aspekten sie wiederherstellen muß. Die Beziehungen all dieser Gestalten zueinander, ihre Auswirkung und Spiegelung in allem Unteren, in den unter der Sphäre der Schechina, die die «Welt der Emanation» abschließt, sich bildenden Welten der Schöpfung, Formung und Ausgestaltung, bilden das Hauptinteresse der lurianischen Gnosis. Alles, was in der Welt der *Parzufim* vorgeht, wiederholt sich, in stets ausgeprägterer Art, in allen unteren Welten. Diese Welten bilden sich in ununterbrochenem Strom aus den sich immer mehr trübenden Lichtern, wobei Lurias Meinung offenbar die war, daß die zehnte Sefira jeder Welt, das heißt also die Schechina, in ihr zugleich als Spiegel und Filter funktioniert, der die eigentliche Substanz der in sie einströmenden Lichter zurückwirft und nur ihr Residuum und ihre Reflexion nach unten durchläßt oder weiterstrahlt. Die Welt der Ausgestaltung aber ist im jetzigen Stand der Dinge mit der der dämonischen Gewalten, der *Klippoth,* vermischt, was ihren materiellen, grobstofflichen Charakter in der physischen Erscheinung ausmacht. In ihrem Wesen ist auch die Welt der

Natur, ganz neuplatonisch gesehen, ein geistiger Bereich. Nur der Bruch der Gefäße mit seinem Absinken aller Dinge von ihrer Stufe hat diese Welt mit der des Dämonischen vermischt, und ihre Trennung ist daher eines der zentralsten Anliegen jeder auf den *Tikkun* gerichteten Bemühung.

Diese Funktion, den Prozeß des *Tikkun* in seinen entscheidenden Stadien durchzuführen, ist aber dem Menschen übergeben. Denn so viel auch von jenem Restitutionsprozeß schon bei der Bildung der Welt der *Parzufim* sich vollzogen hat, also in Gott selbst verlaufen ist, blieb doch im Plan der Schöpfung die endgültige Vollendung des Prozesses der letzten Abspiegelung des *Adam Kadmon* vorbehalten, die in der untersten Welt der «Ausgestaltung» (*'Assijah*) als Adam, der erste Mensch im Sinn des Genesisberichts, erscheint. Denn Adam freilich war, seiner Natur nach, eine rein geistige Gestalt, eine «große Seele», deren Körper sogar aus einer geistigen Materie, einem Astral- oder Lichtleib, bestand. Ungehindert fluteten in ihn, wenn auch im Absinken gebrochen und getrübt, noch die oberen Potenzen ein, dergestalt in ihm das Leben aller Welten mikrokosmisch spiegelnd. Und an ihm war es, durch die gesammelte Kraft seiner Meditation und geistigen Aktion alle «gefallenen Funken», soweit sie noch in ihrem Exil verblieben waren, aus ihm herauszuheben und alles an seinen rechten Ort zu stellen. Hätte Adam diese seine Mission selber erfüllt, so wäre am ersten Sabbath der Weltprozeß seiner Vollendung zugeführt worden, und die Erlösung auch der Schechina aus ihrem Exil, der Ablösung vom Männlichen, von *Se'ir,* hätte sich vollzogen. Adam aber versagte; ein Versagen, das hier wiederum unter mancherlei Symbolen dargestellt wird, wie dem des vorzeitigen Vollzugs der männliche-weiblichen Verbindung, oder unter den schon von den alten Kabbalisten benutzten Symbolen des Zertretens der paradiesischen Pflanzungen und der Losreißung der Frucht vom Baum.

Adams Fall wiederholt auf der anthropologischen Ebene jenen Vorgang, den der Bruch der Gefäße auf der theosophischen darstellt. Alles stürzt in die Verwirrung zurück, ja verwickelt sich noch tiefer in sie, und jene Vermischung der paradiesischen Welt der Natur mit der materiellen des Bösen, von der ich soeben sprach, tritt eigentlich in ihrer vollen Kraft erst jetzt als Folge des Falles auf. Je größer die Chance der schon fast vollendeten Erlösung war, desto entschiedener nun das Abstürzen in die Tiefen der materiellen, dämonisierten Natur. So steht am Anfang der Menschheitsgeschichte im Symbol der Vertreibung aus dem Paradies wieder das Exil. Die Funken der Schechina sind wieder überall, in jede Sphäre des metaphysischen und physischen Seins hinein, verstreut. Und nicht nur dies. Auch die «große Seele» Adams, in der die gesamte seelische Substanz des Menschen überhaupt, das heißt der Menschheit, konzentriert war, zerbrach. Die ungeheure kosmische Struktur des ersten Menschen schrumpft auf ihre jetzigen Dimensionen ein. Die Seelenfunken Adams wie die Funken der Schechina selber sprühen auseinander, sinken ab und wandern ins Exil, unter die Macht der *Klippoth,* der «Schalen». Die Welt der Natur und der menschlichen Erfahrung ist der Schauplatz des Exils der Seele. Jede Sünde wiederholt an ihrem Teil jenen Urvorgang aufs neue, so wie jede gute Tat ein Beitrag zur Heimführung der Verbannten ist. Die biblische Geschichte dient Luria als Illustration dieses fundamentalen Sachverhaltes. Alles, was geschieht, geschieht nach dem geheimen Gesetz des *Tikkun* und seiner Verfehlung. Die Etappen der biblischen Geschichte werden als erneute und immer wieder im Entscheidenden verpaßte Chancen der Erlösung angesehen. Ihr Höhepunkt, der als ein kosmisches Symbol gesehene Auszug Israels aus Ägypten und die Offenbarung am Sinai, wird durch das Absinken in den Götzendienst des goldenen Kalbes in seiner Wirkung annulliert. Das Gesetz aber, sei es das noachidische, die ganze Menschheit verpflichtende Gesetz, sei es das Israel auferlegte Gesetz der Tora, hat diese entscheidende Bedeutung, als Instrument des *Tikkun* zu dienen. Der Mensch, der im Sinne des Gesetzes handelt, holt die gefallenen Funken der Schechina, aber auch seiner eigenen Seelensphäre, heim. Er restituiert seine eigene spirituelle Gestalt in ihrer ursprünglichen Vollendung. So ist denn Israels Existenz und Schicksal, von hier gesehen, bei aller grauenhaften Realität, bei aller Verstrickung der immer erneuerten Berufung und immer erneuerten Verschuldung, doch zugleich und eben im tiefsten Grunde ein Symbol des wahren Standes allen Seins, ja sogar, mit wie großen Reservationen immer das gesagt wurde, des göttlichen Seins. Gerade weil die reale Existenz Israels so ganz und gar die Erfahrung des Exils realisiert, ist sie zugleich ganz und gar symbolisch, transparent. Das Exil Israels ist also, in seinem mythischen Aspekt gesehen, nicht mehr nur Strafe für Verfehlung und Prüfstein der Bewährung, sondern, darüber hinaus und tiefer erfaßt, zugleich eine tief symbolische Sendung. Überall, in alle Ecken und Enden der Welt, muß Israel in seinem Exil hindringen, denn überall wartet ein Funke der Schechina darauf, durch einen Akt religiösen Vollzugs angesprochen, herausgeholt und restituiert zu werden. Überraschend genug taucht also hier, noch sinnvoll im Zentrum tiefjüdischer Gnosis verankert, die Idee des Exils als einer Mission auf, eine Idee, die die Kabbala noch in ihrem Verfall dem aufgeklärten Judentum des 19. und 20. Jahrhunderts als eine hohl gewordene, aber noch von gewaltiger Resonanz erfüllte Phrase hinterlassen hat.

Dem Exil der Körper in der äußeren Geschichte entspricht aber das Exil der Seele in ihren Wanderungen von Wiederverkörperung zu Wiederverkörperung, von Seinsform zu Seinsform. Die Lehre von der Seelenwanderung als des Exils der Seele erhält eine vorher ungeahnte Intensität gerade auch für das volkstümliche Bewußtsein in weiten Schichten.

Indem Israel sich der Leitung des Gesetzes unterstellt, arbeitet es an der Restitution aller Dinge. Die Herbeiführung des *Tikkun* und des ihm entsprechenden Weltenstandes ist aber nichts anderes als der Sinn der Erlösung. In ihr wird, von der geheimen Magie der menschlichen Tat bewirkt, alles an seinen Ort gebracht, die Dinge aus ihrer Vermischung erlöst und dadurch in den Sphären des Menschen und der Natur aus ihrem Verfallensein an die dämonischen Gewalten befreit, die nach der Heimführung des Lichtes aus ihnen in todesgleicher Passivität, zum zerstörerischen Einbruch nicht mehr fähig, verharren. In gewissem Sinn stellt der *Tikkun* eine zwar ursprünglich gemeinte, aber nie realisierte Schöpfungsidee nicht eigentlich wieder her, sondern bringt sie erst überhaupt zum Ausdruck.

Alles Tun des Menschen und speziell des jüdischen Menschen also ist im Grunde Arbeit am Prozeß des *Tikkun*. In diesem Zusammenhang wird dann begreiflich, daß der Messias für diesen kabbalistischen Mythos nurmehr die Rolle eines Symbols, eines Garanten der vollzogenen messianischen Restitution aller Dinge aus ihrem Exile hat. Denn es ist ja nicht die Tat des Messias als einer mit der besonderen Funktion der Erlösung beauftragten Person, der der Träger des *Tikkun* wäre, sondern meine und deine Tat, die die Erlösung bringt. Die Geschichte der Menschheit in ihrem Exil ist also als ein in allen Rückschlägen doch stetiger Fortschritt gegen das messianische Ende verstanden. Die Erlösung tritt hier nun nicht mehr als eine Katastrophe ein, in der die Geschichte selbst verschwindet und ihr Ende hat, sondern als die logische Konsequenz eines Prozesses, bei dem wir alle Partner sind. Das Kommen des Messias bedeutet für Luria nicht mehr als die Unterschrift unter ein Dokument, das wir selber schreiben. Er bestätigt nur den Eintritt eines Standes, den nicht er selber herbeigeführt hat.

So stellt sich denn die Welt der lurianischen Kabbala als ein großer «Mythos des Exils und der Erlösung» dar. Und gerade diese seine Bezogenheit auf die Erfahrung des jüdischen Volkes ist es, die ihm die ungeheure Wucht und seine Bedeutung für die jüdische Geschichte der nachlurianischen Generationen verliehen hat.

Wir sind am Ende dieser kurzen Darlegungen. So also ward die Welt des jüdischen Menschen in seine Vorwelt eingebaut. Der kabbalistische Mythos hatte «Sinn», weil er aus einer voll realisierten Beziehung zu einer Wirklichkeit entsprang, die, gerade in ihrem Grauen noch, weil selbst als symbolisch erfahren, gewaltige Symbole des jüdischen Lebens als eines extremen Falls des Menschlichen überhaupt zu projizieren vermochte. Die Symbole der Kabbalisten sind nicht mehr ohne beträchtliche Anstrengung, wenn überhaupt, für uns realisierbar. Ihre Stunde war und ging dahin. Auf neue Weise stehen wir vor den alten Fragen. Wenn aber Symbole aus einer Wirklichkeit entspringen, die vom Gefühl erfüllt und vom farblosen Licht der Intuition durchleuchtet ist, und wenn, wie man gesagt hat, alle *erfüllte* Zeit mythisch ist – dann freilich dürfen wir sagen: welch größere Chancen hat das jüdische Volk je gehabt als in dem Grauen und der Niederlage, dem Kampf und dem Sieg dieser letzten Jahre, im utopischen Rückzug in seine eigene Historie, die Begegnung mit seinem eigenen Genius, seiner wahren und «vollkommenen Natur» zu vollziehen?

Viertes Kapitel

Tradition und Neuschöpfung im Ritus der Kabbalisten

I

Es liegt in der Natur der Mystik als einer spezifischen Erscheinung innerhalb historischer Religionssysteme, daß sich zwei widersprechende Tendenzen in ihr kreuzen und in Spannung halten. Da die Mystik in der Geschichte nicht im reinen Raume schwebt, sondern Mystik von etwas Bestimmtem ist, das heißt die positiven Gehalte eines konkreten Phänomens wie Judentum, Christentum oder Islam einer mystischen Neuinterpretation unterzieht, ohne doch dabei mit der konkreten Realität und Tradition dieser Religionen in Konflikt geraten zu wollen, so findet sie sich in diesem charakteristischen Zwiespalt: ihr neues Gottesbewußtsein, ja oft genug ihr neues Weltgefühl, tritt im Gewand bewußt konservativer Haltung auf, der nichts ferner liegt, als die Tradition anzutasten oder sie gar umzustürzen, die sie vielmehr aus ihrer neuen Sicht heraus zu bestätigen sich bestrebt. Zugleich aber läßt sich eben das Neue an den hier Ausdruck findenden Impulsen nicht gut verleugnen, das in einer trotz aller pietätvollen Reverenzen doch oft genug kühnen, ja verwegenen Transformation der religiösen Gehalte der Tradition sich dem Betrachter darstellt. Diese Spannung zwischen konservativer und erneuender, ja geradezu revolutionärer Haltung findet sich immer wieder in der Geschichte der Mystik. Wo sie ins Bewußtsein tritt, färbt sie die persönliche Haltung der großen Mystiker, die dennoch, sogar wo sie in voller Klarheit für eine konservative Haltung ihrer eigenen Tradition gegenüber optieren, immer auf dem steilen und schmalen Pfad gehen, der gegen die Häresie hin abfällt.

Diese allgemeine Bemerkung gilt uneingeschränkt auch für die kabbalistische Bewegung im Judentum. Ihre Gestaltungen sind, mit Ausnahme der messianisch-häretischen Formen des Sabbatianismus im 17. und 18. Jahrhundert, als konservative Ideologien des rabbinischen Judentums konzipiert, sind aber fast durchwegs mit so starken revolutionären Indizes versehen, daß ihr konservativer Charakter immer wieder in Frage gestellt wird. Hierbei freilich taucht gewiß in der Kabbala, vielleicht auch in vielen anderen entsprechenden Bewegungen der Religionsgeschichte, eine weitere Spannung gerade innerhalb der neuen und vorwärtstreibenden Momente auf. Die Transformation der historischen Überlieferung, die ihr Gesicht verändert, indem sie es zu bewahren strebt, die die Grenzen der religiösen Erfahrung erweitert, während sie sie zu bestätigen sucht, hat einen zwiefachen Charakter, indem sie ebensosehr vorantreibt, als auch bei dem Graben nach neuen Schichten der Erfahrung des Göttlichen in Wirklichkeit Uraltes, Archaisches wieder heraufbringt. Die Verjüngung des religiösen Bereiches findet ihren Ausdruck immer wieder gerade im Rückgriff auf ältestes Gut an Bildern und Symbolen, wie sehr diese auch vergeistigt und ins Spekulative transformiert erscheinen mögen. Und dabei läßt sich durchaus nicht sagen, daß gerade die spekulative Vergeistigung den nachhaltigsten Einfluß hätte. Wenn mir der kühne Ausdruck erlaubt sei: der alte Gott, den die kabbalistische Gnosis dem der Philosophen entgegensetzte, stellt sich, wo er als lebendig erfahren wird, als ein noch viel älterer heraus.

Es ist dies Problem des Wiederaufbruchs des Mythischen innerhalb der monotheistischen Religion, mit dem ich mich schon an dieser Stelle befaßt habe. So sind die gegenwärtigen Ausführungen dazu bestimmt, gleichsam die praktischen Konsequenzen aus jenem Zentralproblem zu ziehen. «Der Mensch und der Ritus» ist nur ein anderer, pragmatischer Aspekt jenes anderen Problems «Der Mensch und der Mythos», und ich darf daher wohl auf

jene Gedankengänge zurückgreifen und versuchen, die Folgerungen zu ziehen, die sich aus ihnen für das Problem des Ritus in der Kabbala ergeben. Denn in der Tat: für den Ritus fruchtbar geworden sind die Vorstellungen der Kabbalisten nur dort, wo sie eben in einem Wiederanschluß an eine unmittelbar im Symbol greifbare oder allegorisch verkleidete, mythische Schicht stehen. Spekulative, noch so sublime Umdeutungen, wie sie sich hier mit den mythischen Bildern oft genug verschränken, gebären keine neuen Riten, und es ist interessant, daß gerade Kabbalisten, die sich der mythischen Bilderwelt in ihrem bewußten Denken weitgehend zu entziehen gesucht haben, sich zu den neuen Riten, wie sie zum Beispiel die Kabbala in Safed in verschwenderischer Fülle hervorbrachte, teilweise sehr zurückhaltend, ja geradezu kritisch verhalten haben. Der Prozeß, in dem die Kabbala ihre Popularität in weitesten Kreisen des jüdischen Volkes gerade durch die Beistellung neuer Riten errang und befestigte, ist aber über solche Bedenken hinweggegangen, und die Verbindung des Ritus der Kabbalisten mit ihrem Mythos wird sich im folgenden an mehreren Exempeln aufs sinnfälligste darlegen lassen.
Aber ich eile meinem Gedankengang voraus. Bevor wir auf jenes spezifische Problem des Ritus bei den Kabbalisten eingehen können, wird es gut sein, daß wir uns das Problem des Rituals im Judentum, und insbesondere in seiner klassischen rabbinischen Gestalt, vergegenwärtigen. War es denn überhaupt möglich, in einer Religionsform, die allgemein als klassische und radikale Form des Ritualismus bekannt ist, noch neue Bezirke in der Durchdringung des Rituals oder seiner Erweiterung zu eröffnen? Diese Fragestellung führt uns auf das besondere Problem des Rituals im rabbinischen Judentum. Es läßt sich dieses Problem vielleicht so formulieren: wir haben es hier einerseits mit einer ganz und gar auf ritualen Vollzug gestellten Lebensordnung zu tun, mit einer Tendenz, das Leben selbst in einem kontinuierlichen Ritual aufzufangen und zu durchdringen, nicht nur etwa an einzelnen Wendepunkten

und Höhepunkten rituelle Akte aus seinem Strom auf auszeichnende Weise herauszuheben. Andrerseits aber ist in diesem Judentum der Vollzug der heiligen Handlung, des Rituals, weitgehend von jenem Untergrund abgelöst, der die Mutter des Rituals von jeher ist: der Verbindung mit dem Mythischen, das im Ritus sich in Gesten oder dramatisch kompliziert zur Darstellung bringt.

Zwar haben die jüdischen Riten, wie sie im Talmud entwickelt werden, noch immer einen oft sehr nahen Zusammenhang mit dem Leben des Menschen in der Natur. Der erste von den sechs Teilen der Mischna, der ersten Kodifizierung des jüdischen Religionsgesetzes und Rituals, ist fast ganz auf das Leben einer wesentlich agrarisch produzierenden Gesellschaft bezogen und sucht die Bestimmungen der Tora in Verbindung mit dem agrarischen Leben zu entwickeln und zu ordnen (Bestimmungen über Aberntung und Nachlese, über die Erstlinge und das Sabbathjahr, über die Aussaat von Gewächsen einer Gattung, aber verschiedener Art, die als unerlaubte Vermischung der Dinge betrachtet wird, usw.). Dieser Zusammenhang aber reißt mit der frühmittelalterlichen Geschichte der Juden in der Diaspora immer mehr ab. Gerade die Riten, die auf ihn begründet sind, werden obsolet, weil die betreffenden Vorschriften der Tora als solche betrachtet werden, die «am Lande hängen», das heißt, deren Vollzug vom Aufenthalt in Palästina abhängt und außerhalb keine Gültigkeit besitzt. So nimmt der Ritus des Judentums in der Diaspora seine eigentümliche, paradoxe Gestalt an, die auf der Ersetzung des Jahres der Natur durch das der Geschichte beruht. Einerseits haben wir hier jene Tendenz zur Hypertrophie des Rituals, die alles durchwächst, eine Lust am Ritus, die ihren klarsten Ausdruck an einer Stelle des Talmud[1] gefunden hat, die die Ekklesia Israels zu Gott sagen läßt: «Herr der Welt, viel mehr Vorschriften als Du mir auferlegt hast, habe ich mir selber auferlegt, und habe sie gehalten.» Andrerseits haben wir es hier eben mit der Ablösung dieses selben Ritus von seinen Wurzeln und Zusammenhängen in und mit der natürlichen Welt in wesentlichen ihrer Aspekte zu tun. Der Naturritus wandelt sich zum Geschichtsritus, der nicht mehr den Kreislauf des natürlichen Jahres widerspiegelt, sondern an dessen Stelle die historische Erinnerung setzt, die das liturgische Jahr weitgehend bestimmt. Die Erinnerung an die Urgeschichte Israels ist es, die sich im Festritual wiederholt, und in ihr, nicht im Leben und Sterben der Natur, gründen die emotionalen Wurzeln dieses Rituals.

Die Bibel stellt die Erntezeiten noch mit jenen historischen Erinnerungen zusammen, auf die sie die drei großen Wallfahrtsfeste gründet. Davon sind für das lebendige Bewußtsein des Juden im Exil nur noch die schwächsten Reste übriggeblieben, und mehr: die Urgeschichte, die hier erinnert wird, ist für das Bewußtsein der Feiernden nicht etwa mythische Urgeschichte, die in einer anderen Dimension der Zeit sich vollzieht, sondern es ist die wirkliche Historie des Volkes. Kein magischer Vollzug begleitet solcherart den geschichtsdurchtränkten Ritus. Die Riten der Erinnerung *wirken* nicht, sie schaffen keinen unmittelbaren Zusammenhang des Juden mit seiner ihn umgebenden Welt und Natur, und was sie so ganz ohne beschwörende Geste etwa «heraufbeschwören», ist nur das Eingedenken, die Gemeinschaft der Geschlechter und die Identifikation des Frommen mit der gründenden Erfahrung der Generation, die die Offenbarung empfing. Der Ritus des rabbinischen Judentums wirkt nichts und *verwandelt* nichts. Das Pathos der Erinnerung, wenn auch nicht ohne tiefere Gefühlserfüllung, ist doch nüchterner als das der Beschwörung, und es liegt in der Tat etwas seltsam Nüchternes und Herbes über den Riten des Eingedenkens, mit denen der Jude sich seine unverwechselbare, historische Identität ins Bewußtsein ruft. Es fehlt also gerade jenem Ritualismus *par excellence* des rabbinischen Judentums jenes ekstatische, ja orgiastische Element, das den mythischen Ritualen irgendwo immer innewohnt. Das Erstaunliche dabei ist, daß ein Ritual, das mit solchem

Nachdruck und Bewußtsein auf allen kosmischen Vollzug Verzicht geleistet hat, viele Generationen in ungebrochener Kraft sich behauptet, ja immer weiter sich entwickelt hat. Die Frage, welcher Art eigentlich jene Mächte des Eingedenkens sind, die diese Leistung zuwege brachten, sowie die weitere Frage, ob nicht trotz allem im geheimen doch noch andere Momente an dieser Kraft der Ausdauer teilgehabt haben, wäre von einer in die Tiefe dringenden, echten Phänomenologie des rabbinischen Judentums aufzuwerfen und zu beantworten. Für die Fragestellung, die uns hier beschäftigt, ist es genug, wenn wir uns eben diesen Tatbestand in seiner ganzen Fragwürdigkeit verdeutlicht haben. Dazu kommt weiter, daß all jene Riten, die nicht auf die Kategorie des *Eingedenkens,* der historischen Erinnerung, zurückgehen, sondern auf die der *Heiligung* des Menschen im Angesicht Gottes, in der jüdischen Tradition von dem Pathos des mythischen Vollzuges ebenfalls vollständig losgelöst erscheinen. Sie appellieren an etwas im Menschen und unternehmen etwas zu bändigen, was dem Betrachter unter historischen Maßstäben an die Welt des Mythischen nahe genug herangerückt erscheint. Aber nie reißt ihre Diskussion in der jüdischen Literatur des Mittelalters ihren mythischen Charakter auf – außer eben im Bezirk der Kabbala.

2

In all ihren verschiedenen systematischen Gestaltungen hat die Kabbala doch niemals versäumt, das Ineinanderverflochtensein aller Welten und Seinsstufen, von denen sie weiß, zu betonen. Alles ist miteinander verbunden und ineinander auf unfaßbare, aber doch präzise Weise enthalten. Nichts ist ohne unendliche Tiefe, und von jedem Punkt aus kann diese Tiefe des Unendlichen anvisiert werden. Die beiden Bilder, die die kabbalistischen Ontologien benutzen, widersprechen sich in ihrem Bildgehalt: das der unendlichen Kette und des Zusammenhangs ihrer Glieder und das der ineinander geschachtelten Schalen, für das besonders gern die Nuß als kosmisches Symbol benutzt wird. Aber die Wirklichkeit der geistigen Welt und ihr Zusammenhang mit der natürlichen, der von solchen Bildern umschrieben werden soll, enthält für den Kabbalisten keinen solchen Widerspruch – finden sich doch beide in den Schriften des Autors des Sohar nebeneinander[2]. Auch in der Kette des Seins ist alles auf magische Weise ineinander gerückt. In diesem Sinne ist es auch zu verstehen, wenn die späteren Kabbalisten (z. B. Cordovero) zu betonen lieben, daß der Aufstieg in die höheren Welten und bis an die Grenzen des Nichts nicht etwa eine Bewegung des Menschen von seinem Orte involviert, sondern «da, wo du stehst, sind selber alle Welten». Jene Welt der Gottheit, die die Kabbala als die dynamische Welt der Sefiroth zu erfassen sucht und in der sie die unendliche Einheit des göttlichen Seins nicht nur in seiner Verborgenheit, sondern eben in seiner schöpferischen Entfaltung zu haben meint, ist also nicht als eine Welt der reinen Transzendenz zu verstehen. Oft genug ist sie auch das, aber die vitalen und praktischen Interessen der Kabbalisten lassen sie gerade in ihrer Verflochtenheit und unmittelbaren Bezogenheit auf alles andere, quasi außergöttliche Sein sich darstellen. Alles Sein im unteren, natürlichen Bereich, aber auch in den oberen Welten der Engel und reinen Formen, des «Thrones» Gottes, hat einen, ich möchte sagen, sefirothischen Index. Es indiziert etwas in diesem Sein, durch das es mit einem der schöpferischen Aspekte des göttlichen Seins selber, das heißt also mit einer Sefira oder aber mit einer Konfiguration der Sefiroth, zusammenhängt. Das Hineinscheinen der Transzendenz ins Kreatürliche, ihre Bezogenheit aufeinander nach dem Gesetz des Symbolischen, gibt der Welt des Kabbalisten ihren Sinn. Wenn also von dieser Welt gilt: «was unten ist, ist oben, und was innen ist, ist außen», so ist damit doch nur eine, freilich wesentliche Seite des kabbalistischen Weltbildes bezeichnet. Denn zum symbolischen Aspekt muß hier der magische hinzutreten, der nicht nur alles in allem erscheinen, sondern auch alles auf alles wirken läßt. Diese beiden Seiten der Kabbala sind für ihre Haltung zum Ritual durchaus wesentlich. Denn es ist ja die Frage nach der Dimension der menschlichen Handlung, nach der Tiefe, in die sie dringt, und nach dem Bereich, den sie repräsentiert, welche den Ausführungen der Kabbalisten über den Sinn des Rituals ihre Bedeutung und ihre Wirkung in der jüdischen Religionsgeschichte verliehen hat. Die heilige Handlung, der Vollzug des Gesetzes, aber auch jedes frommen Brauches wird auf eine Welt bezogen und wirkt in einer Welt, die wir als eine mythische erkannt haben.

Ich möchte in diesem Zusammenhang einige Stellen der alten Kabbalisten zitieren, die, um was es hier geht, mit großer Klarheit formuliert haben. Diese Stellen sprechen im allgemeinen über den Sinn des Vollzugs der Vorschriften *(Mizwoth)* der Tora, worunter ja das in diesen Vorschriften enthaltene oder aus ihnen entwickelte Ritual zu subsumieren ist. Isaak der Blinde, einer der frühesten provenzalischen Kabbalisten (um 1200), schreibt[3]: «Dein Gebot, obwohl es am Anfang endlich scheint, erweitert sich immer mehr bis ins Unendliche, und wenn alles Vergängliche endlich ist, so kann doch der Mensch den Sinn Deines Gebotes niemals als endlich erfassen.» Der Vollzug einer konkreten, abgeschlossenen Handlung eröffnet also, obwohl er endlich scheint, einen Ausblick aufs Unendliche, und der Schüler dieses Kabbalisten, Asriel aus Gerona, hat aus dieser Haltung denn auch schon die weitere Konsequenz gezogen, den Geboten Gottes selber etwas von der Natur des göttlichen Seins zuzuschreiben[4], und diese Haltung ist dann, besonders durch den Sohar, Allgemeingut der Kabbalisten geworden. Die Handlung des Menschen, der einen Ritus ausübt, ist die leiblich-endliche Gestalt von etwas, was im Pleroma der Sefiroth selber in mystischer Substanzialität da ist. Menachem Recanati, der um 1300 ein weitverbreitetes Werk über den kabbalistischen Sinn der Gebote geschrieben hat, sagt in seiner Einleitung:

«Aus der unteren Welt heraus verstehen wir das Geheimnis des Gesetzes, nach dem die obere Welt geleitet wird, sowie auch die Dinge, die man die zehn Sefiroth genannt hat, deren ‚Ende in ihrem Anfang steckt, wie die Flamme an die Kohle gebunden ist'⁵‘... und als diese zehn Sefiroth manifest wurden, wurde auch an aller übrigen Kreatur etwas sichtbar, was jener höchsten Form entspricht, wie es heißt (Hiob 8:9): ‚Ein Schatten sind unsere Tage auf der Erde' – im Sinn von: unsere Tage sind nur ein Schatten der Transzendenz der ‚Urtage' – und alles, was kreatürliches Sein hat, wie der irdische Mensch und alle anderen Kreaturen in der Welt, existiert nach dem Urbild *(dugma)* der zehn Sefiroth.» Diese Welt der Urbilder heißt in der Sprache der Kabbalisten oft die Merkaba, der Thronwagen Gottes, und in diesem Sinn sagt Recanati dann weiter von dem Ritual der Tora, daß jedes Detail in ihr mit einem bestimmten Teil der oberen Merkaba zusammenhängt. Freilich bilden diese «Teile» einen geheimnisvollen Organismus. «Jedes Gebot hat ein hohes Prinzip und einen geheimen Grund, der aus keinem anderen Gebot außer aus eben ihm erschlossen werden kann, das allein jene Mysterien enthält; aber so wie Gott einer ist, bilden auch sie alle zusammen *eine* Dynamis» – offenbar eben die des unendlichen göttlichen Lebens.

Die Tora als die Gesamtheit dieser Gebote wurzelt in dieser Welt Gottes, dem Pleroma der Sefiroth. «Gott», sagt Recanati, «ist also nicht irgend etwas jenseits der Tora, die Tora ist nicht außerhalb von ihm und er nicht außerhalb von ihr, und daher durften die Weisen der Kabbala sagen, daß der Heilige, gelobt sei Er, selber die Tora ist.» Diese Ausführungen Recanatis besagen also, daß das Ritual ein Hineinnehmen Gottes in die menschliche Handlung darstellt, die in solchem Bezug auf die dynamische Welt der Sefiroth ihre mystische Würde erhält. Wir werden aber nicht fehlgehen, wenn wir sagen, daß diese mystische Würde, die ihr Recanati erteilt, zugleich eine mythische ist. Wird doch hier die heilige Handlung auf einen Schauplatz bezogen, wo es sich um göttliches Geschehen selber handelt und wo solches innergöttliche Geschehen, das vielfältige Leben seiner Einheit, nun zur symbolischen Darstellung im Ritual gelangt. Hier aber treffen wir eben auf jene zweite Seite der kabbalistischen Welt, von der ich oben als einer magischen sprach. Denn der rituale Vollzug *repräsentiert* nicht nur jenes in sinnlichen Symbolen erscheinende Leben, sondern zugleich *exzitiert* er es. Diese fundamentale Zweiheit ist für die Haltung der Kabbalisten zum Ritus zu allen Zeiten charakteristisch geblieben. Wer die *Mizwa* vollzieht, tut immer etwas Doppeltes. Er stellt ihr transzendentes Wesen, das, worin sie im Ausdruckslosen wurzelt und an ihm teilhat, in einem sinnlichen Symbole vor. Zugleich aber leitet er jenem transzendenten Wesen (dem, was die späteren Kabbalisten die «obere Wurzel» der Handlung nennen) einen Influxus von Kraft zu, von dem sich Recanati nicht scheut zu sagen, daß er, obwohl von der menschlichen Handlung angeregt, doch aus dem «Nichts des göttlichen Gedankens» (das heißt dem Ursprung sogar der oberen Sefiroth im göttlichen «Nichts») entspringt. Und kaum etwas dürfte die Intimität, in der Mystik und Mythos hier beieinander wohnen, besser illustrieren als die abschließende Bemerkung Recanatis zu diesen Ausführungen, wonach der solcherart Handelnde «gleichsam einem Teil von Gott selber Bestand verleihe, wenn man das sagen dürfte». Die Häufungen der Verklausulierungen, dies «gleichsam» und «wenn man so sagen dürfte» in dem einen Satz, der aber eben doch schließlich in seiner mythischen Vermessenheit hingeschrieben worden ist, zeigt die ganze Problematik auf, in die die Kabbalisten als Verwandler des Judentums in eine Mysterienreligion sich hier versetzt sahen. Entsprechende Äußerungen bei demselben Autor[7], vor allem aber bei vielen anderen Kabbalisten, ließen sich *ad libitum* vermehren.

So konnte also die Kabbala, wenn wir sie *sub specie* ihrer konservativen Funktion betrachten, die bestehende Welt des Ritus, wie er im mittelalterlichen Judentum, sei es im

Prinzip anerkannt, sei es realiter geübt wurde, gleichsam bruchlos übernehmen. Der Anschluß an eine unendlich fruchtbare Schicht, aus der das Gefühl sich nährt, ist, wenn auch um den Preis eines theologischen Paradoxes, wieder hergestellt. Der vom Sohar immer wieder betonte Grundsatz, daß alles «obere Geschehen» – worunter, wie wir sahen, sehr Weitgehendes verstanden werden konnte – der «Anregung» durch das «untere Geschehen», des Impulses von unten her, bedarf, zeigt deutlich, wie sehr hier das Ritual wieder als kosmischer Vollzug begriffen wird.

Hier freilich zeichnen sich nun zwei verschiedene Entwicklungslinien ab. Die eine betrifft die Deutung der alten, von der Tradition geheiligten und geforderten Riten im Sinne der neuen (und wenn man will, uralten) Vorstellungen, die andere führt zur Aufstellung und Schaffung neuer Riten, die gerade solchen Vorstellungen, die am engsten mit den mythischen Gehalten des kabbalistischen Denkens zusammenhängen, einen neuen, ihrem Gefühl ganz unmittelbar entsprechenden und nicht erst auf Umdeutungen und Exegesen beruhenden Ausdruck verleihen.

Das bestehende Ritual wird nicht verändert. Es wird mehr oder weniger, so wie es ist, übernommen und gerade in seinem So-Sein gerechtfertigt, indem es in allen seinen Teilen als ein Band aufgefaßt wird, das den Menschen mit seinen metaphysischen Ursprüngen verbindet. Das Mittel dieser Verwandlung des traditionellen Rituals in ein mystisches, das auf einem kosmischen Schauplatz sich vollzieht und durch alle Welten bis in die Tiefen der Gottheit zurückgreift – dies Mittel haben die Kabbalisten in dem, was sie *Kawwana* nennen, das heißt die mystische «Intention» und Meditation, die den Akt des Vollzuges selbst begleitet. Das eigentliche Tun, sagt eine lurianische Quelle, ist der Leib, die mystische *Kawwana* bei dem Vollzug aber die Seele der Handlung, «und wenn jemand die heilige Handlung ohne die rechte Intention vollzieht, so ist das wie ein Leib ohne Seele[8]». Die *Kawwana* bezeichnet genau den Aspekt der Gottheit, der bei jedem konkreten Schritt, den das Ritual vorschreibt, anvisiert wird. In der Gesamtheit solcher Schritte, die einen bestimmten Ritus bilden, wird also die Bewegung umschrieben, die jener Ritus symbolisch zum Ausdruck zu bringen bestimmt ist. Im Medium der Meditation wird daher die äußere Handlung in eine mystische Bewegung des menschlichen Willens, welcher sich derjenigen des göttlichen Willens konform zu machen bestrebt ist, verwandelt. Die Lehre von der *Kawwana* und die Technik ihrer Übung war also ein im präzisen Sinne mystisches Instrument, durch das jede kultische Handlung in ein Mysterium, das der Eingeweihte vollzieht, transformiert wurde. Solche Riten, bei denen eine große Detaillierung erfolgt ist, wie zum Beispiel alles, was mit der Liturgie zusammenhängt, stellen in diesem Sinne oft vollständige Anweisungen zum Aufstieg der *Kawwana* von den untersten Bereichen bis zu den höchsten Höhen dar. Nicht immer handelt es sich bei solchen elaboraten Ritualen nur um Konzentration auf die verschiedenen Sefiroth in ihrer Wirkung, sondern der Aufstieg der *Kawwana,* der etwas von einer Himmelsreise der Seele an sich hat, durchmißt hierbei auch jene Welten der kabbalistischen Kosmologie, die zwischen der sinnlich wahrnehmbaren und der der Sefiroth, in verschiedenen Systemen verschieden, sich erstrecken. Diese «oberen» Welten sind immer noch Schauplatz der menschlichen Aktion in ihren mythischen Dimensionen. Nicht immer haben die Kabbalisten mit genügender Präzision zwischen ihnen und jenem anderen «oberen» Bereich der Gottheit selber in ihrer Rede unterschieden, obwohl gerade in solchen Schriften, die der Darlegung der Lehre von der *Kawwana* in ihren Details gewidmet sind, das Bewußtsein von der sehr verschiedenen Seinsweise aller jener Welten und Stufen, die die *Kawwana* durchläuft, durchaus vorhanden ist.

Sehr charakteristisch in dieser Beziehung ist etwa eine wichtige Stelle des Sohar[9], in der die vier Stadien, die das Gemeindegebet durchläuft – es handelt sich dort um die Einleitung zu einer detaillierten Deutung des Morgengebetes –, als vier verschiedene aufeinanderfolgende Funktionen beschrieben werden. Jede dieser Funktionen wird als ein *Tikkun* bezeichnet, das heißt im Hebräischen zugleich als eine Vervollkommnung, Verbesserung, Zurechtrückung, wobei freilich nicht aus dem Auge gelassen werden darf, daß *Tikkun* ebenfalls auch einfach Einrichtung, Veranstaltung und Anordnung bedeutet. Was also wird in diesen vier Stadien des Gebets nach der Meinung des Sohar vervollkommnet oder zurechtgerückt? Erstens der Mensch selber, der sich in der heiligen Handlung reinigt und vervollkommnet; zweitens die natürliche Welt der Schöpfung, die, wenn Sprache ihr verliehen wäre, mit dem Menschen in Hymnen ausbräche; drittens jene «obere» Welt der Ordnungen der Engel; viertens aber ist der *Tikkun* des Gebetes nichts anderes als der des «heiligen Namens» selber, des Namens Gottes, in dem die sefirothische Welt beschlossen ist. So steigt also der Betende von unten bis in die Welt der Gottheit selber auf, und in jeder Welt bringt er mit den Worten der Preisung und Verehrung etwas zustande. Er anerkennt nicht nur die Größe der Schöpfung und des Schöpfers; er ordnet etwas in ihr und vollzieht etwas, was zu ihrer vollständigen Einheit gehört und ohne diesen seinen Vollzug latent bliebe.

Die Einheit des Unteren und Oberen, deren Herstellung der Sohar zum Beispiel unermüdlich als Sinn des Rituals bezeichnet, ist demnach unter mehreren Aspekten zu begreifen. Sie ist eine mystische Aktion in den Tiefen der Gottheit selber, indem sie, wie oben dargelegt war, die schöpferische Gewalt exzitiert; sie ist aber zugleich auch eine im präziseren Sinne mythische Aktion, indem sie Himmel und Erde, Oben und Unten im kosmischen Sinne, miteinander vereinigt. Sie ist aber auch schließlich nicht nur Herstellung, sondern, und zwar im Lauf der Geschichte der Kabbala in immer stärkerem Maße, zugleich Wiederherstellung, insofern jene Einheit, wie es besonders im Sohar und der alten Kabbala deutlich wird, ja eben erst vom Menschen gestört und geradezu vernichtet wurde. Es macht für diesen Aspekt der kultischen Handlung freilich nichts Wesentliches aus, ob diese Störung vom Menschen ausging oder aber, wie die lurianische Kabbala lehrte, in der Struktur des göttlichen Seins selber (und um wieviel mehr noch in der von ihm hervorgerufenen Kreatur überhaupt) angelegt ist. Das Wesentliche ist doch, daß unter dieser Perspektive das Ritual stets auch eine eschatologische Note trägt. Denn ein *Tikkun,* der in diesem Sinn als Wiederherstellung der Einheit aus der Vielfältigkeit auftritt, hat immer irgend etwas mit dem Bereich der Erlösung zu tun. Und es ist ja schließlich diese eschatologische Spannung im Leben des Juden, die die Kabbala in Safed mit solch unvergleichlicher Wucht zum Ausdruck gebracht hat.

Auch ohne die Eschatologie zu bemühen, werden wir freilich sagen dürfen, daß dem Ritual, wie es im Sinne der alten Kabbalisten erschien, vor allem die Funktion zufiel, den Menschen als Mikrokosmos mit der großen Welt und dem «großen Menschen», dem *Adam Kadmon,* zu verbinden. Es kann kein Zweifel sein, daß die Idee des Mikrokosmos in den Vorstellungen der Kabbalisten, gerade auch was die praktischen Folgerungen für menschliches Verhalten angeht, eine große Rolle gespielt hat. Lange vor der Kabbala noch spielten die Talmudisten mit der Idee einer Entsprechung zwischen den Geboten der Tora und dem Bau des Menschen. Den 248 positiven Geboten sollten danach die 248 Glieder des Menschen entsprechen, und den 365 Verboten die 365 Tage des Jahres (oder auch die 365 Adern im Körper). So schien also jedes Glied des Menschen bestimmt, eines der Gebote zu vollziehen, und jeder Tag des Jahres, um ihn durch Selbstbescheidung in den Kreis des Erlaubten zu heiligen. Die Kabbalisten haben diese Vorstellung nachdrücklich aufgegriffen. Die zehn Gebote erscheinen ihnen als die Wurzeln einer mystischen Struktur, die sich in den 613 Geboten der Tora ausdrückt; diese Struktur ist aber keine andere als jene, in der die zehn Sefiroth sich in den Gliedern des *Adam Kadmon* zu einer mystischen Gestalt konfigurieren. So stellt also die Handlung des Menschen die Struktur des *Adam Kadmon,* das heißt aber die mystische Struktur der sich offenbarenden Gottheit, wieder her. So wie die Idee des Mikrokosmos besagte, daß der Mensch, weil die Welt ganz in ihm enthalten ist und sich in ihm spiegelt, auch auf die Welt mit unmittelbarer Magie zurückwirkt, ebenso enthält die kabbalistische Vorstellung *implicite* die Idee eines magischen Zusammenhangs, der, wie immer sublimiert und verinnerlicht, in den heiligen Handlungen realisiert wird. Die alten jüdischen Gnostiker des 2. oder 3. Jahrhunderts wußten, zum Entsetzen der Philosophen im Mittelalter, von einem «Körper der Gottheit» *(Schiur Koma),* dessen Glieder zu messen sie sich unterfingen[10]. Die Kabbalisten haben diese Vorstellung aufgegriffen und sie mit der des *Adam Kadmon* identifiziert. Die Ritualbücher der Kabbalisten werden nicht müde, den Zusammenhang der Gebote mit jenem Körper der Gottheit zu betonen[11].

Hierzu kommt noch ein letzter Gesichtspunkt, der für die Haltung der Kabbala zum Ritus ungemein bedeutsam ist. Dem positiven Aspekt des *Tikkun,* der Herstellung des rechten Zusammenhangs der Dinge zu ihrer wahren Einheit, entspricht der negative, für den die lurianische Kabbala den Terminus *Berur* benutzt. *Berur* (wörtlich: Selektion) ist die Ausscheidung der negativen Momente, die diesen Zusammenhang stören, das heißt die Ausscheidung der Gewalten des Dämonischen und Satanischen, der «anderen Seite» *(sitra achra)* im Sprachgebrauch der Kabbalisten. Besonders die lurianische Theorie des Rituals läuft darauf hinaus, daß die Tora eine immer fortschreitende Zurückdrängung und Ausscheidung der «anderen Seite» herbeizuführen beabsichtigt, die jetzt in alles hinein gemischt ist und alles von innen her zu zerstören droht. Diese Ausscheidung sei der Zweck vieler Riten, ja es verlohnt, darauf hinzuweisen, daß wir von der größten rabbinischen Autorität des 16. Jahrhunderts in Safed, von Joseph Caro, nicht nur die für lange Zeit maßgebendste Kodifikation des jüdischen Religionsgesetzes besitzen, sondern auch ein visionäres kabbalistisches Tagebuch, in welchem ihm der personifizierte Geist der Mischna, aus ihm selber sprechend, Offenbarungen über die Geheimnisse der Tora gemacht hat[12]. Und hier wird diese Ausscheidung der «Schalen» aus dem Heiligen geradezu als der Sinn sämtlicher Vorschriften und Riten der Tora erklärt[13]. Und dies im Munde des Autors des *Schulchan 'Aruch!*

Freilich kann die «andere Seite» außerhalb der eschatologischen Perspektive nie ganz bewältigt werden, ja in der Verfassung der Welt, wie sie ist, soll sie es nicht einmal. Daher erklärt sich, daß schon im Sohar gerade einige der obskursten Riten der Tora dahin interpretiert werden, daß in ihnen der «anderen Seite» ein legitimer Platz angewiesen wird, sie in ihre Grenzen zwar eingebannt, nicht aber in ihnen vernichtet wird, was eben nur in der messianischen Welt möglich ist. In diesem Sinne deutet der Sohar das Ritual des Sühnebockes, der am Versöhnungstag in die Wüste geschickt wird (Leviticus 16), das Sühnopfer eines Ziegenbocks am Neumond (Numeri 28:15), das Vogelopfer des Aussätzigen und die Riten über die rote Kuh (Numeri 19), wie auch gewisse erst im späteren rabbinischen Judentum eingeführte Riten. Die Auseinandersetzung Gottes mit dem Dämonischen, das er doch selbst hervorgerufen hat, eröffnet natürlich streng mythische Aspekte in der Auffassung des Rituals. Wie sehr übrigens noch in unserer Zeit (oder wieder in ihr?) Deutungen des Rituals Attraktion üben können, die in einem weitgehend von kabbalistischen Erwägungen beeinflußten Sinn gehalten sind und gerade in deren dämonischen Perspektiven schwelgen, das läßt sich dem offensichtlichen Einfluß entnehmen, den Oskar Goldbergs Buch *Die Wirklichkeit der Hebräer, Einleitung in das System des Pentateuch*[14] besonders in den dreißiger Jahren ausgeübt hat. Wenn auch Goldberg über die Kabbala, von der er seine eigene Auffassung der Tora abzugrenzen sucht, überaus groteske und naive Ideen vorträgt und er der Kabbala polemisch seine eigenen Deutungen der Tora und speziell ihres Rituals gegenüberstellt, so verhält es sich doch so, daß es ihrem Charakter nach wesentlich kabbalistische Ritualdeutungen sind, die hier als der präzise Wortsinn der betreffenden Kapitel der Tora vorgetragen werden – freilich Deutungen, bei denen die kabbalistisch-gnostische Terminologie durch eine moderne biologisch-politische ersetzt ist.

3

Konkret wirkt sich diese prinzipielle Haltung der Kabbala zum Ritual dahin aus, daß gewisse Grundauffassungen in allen möglichen Abwandlungen immer wiederkehren. Folgende sind etwa die Hauptfunktionen, die der Ritus als Repräsentation und Exzitation zugleich erfüllen soll:

1. Die Harmonie der richtenden (beschränkenden) und der gnadenvollen, strömenden Gewalten.
2. Die heilige Hochzeit, die Coniunctio des Männlichen und Weiblichen.
3. Das Herausholen der Schechina aus ihrer Verstrickung in die «andere Seite».
4. Die Abwehr oder Bewältigung der Kräfte der «andern Seite».

Diese Gedankengänge, die also bestimmte Momente der Lehre von den Sefiroth in den Mittelpunkt stellen, treffen wir immer wieder an, sei es isoliert, sei es in Verbindung miteinander. Das Schofarblasen am Neujahrstage wird zum Beispiel ausführlich als eine Verbindung des ersten und vierten Momentes dargestellt. Die Rituale der großen Feste und vor allem des Sabbath werden auf den Gesichtspunkt der heiligen Hochzeit abgestimmt. Oft genug stellt ein bestimmtes Ritual auch den ganzen Umkreis der sefirothischen Welt in all ihren Aspekten dar. Wenn die Riten also Symbole der Geheimnisse, aber auch Vehikel der Wirkung göttlicher Potenzen sind, so ist natürlich die Gefahr nicht zu verkennen, denen dabei in der Kabbala wie in jeder Mystik, die traditionelle Formen benutzt, das Ritual ausgesetzt ist. Der Reichtum der ritualen Formen droht den Geist zu ersticken, und dennoch sucht der Geist sich ihrer immer wieder als Ausdrucksmittel zu bedienen und sie kontemplativ zu durchdringen. Die Dialektik dieses Verhältnisses ist von der Entwicklung aller solcher mystischen Rituale unablöslich, und die Gegner der Mystik haben selten versäumt, auf sie hinzuweisen.

Wie weit die Verwandlung der menschlichen Handlung oder Äußerung in ein sakrales Ritual schon bei den Kabbalisten des 13. Jahrhunderts gehen konnte, dafür seien in diesem Zusammenhang nur zwei Beispiele angeführt, die extreme Pole bezeichnen. Das «Höre Israel» *(Schema Israel)*, die im Mittelpunkt der meisten Liturgien stehende Bekenntnisformel aus Deuteronomium 6:4, die im rabbinischen Judentum stets als Ausdruck der Quintessenz der monotheistischen Erkenntnis über Gott dient, mußte natürlich eine besondere Faszination auf die Kabbalisten ausüben. «Höre Israel, der Herr, unser Gott, der Herr ist Eins» – gewiß, aber von welcher Art der Einheit spricht der Vers: von einer aller Erkenntnis entrückten, oder von einer in der lebendigen Bewegung der göttlichen Emanationen sich selber offenbarenden? Von jeher haben die Kabbalisten viele Anstrengungen darauf verwandt, um nachzuweisen, daß diese die Liturgie so beherrschende Formel eben von nichts anderem spricht als dem Prozeß der Erscheinung der zehn Sefiroth als der lebendigen Wirkungseinheit Gottes. Sie haben das sowohl aus Spekulationen über die drei Wörter «der Herr, unser Gott, der Herr», als auch aus Spekulationen über die Buchstaben des hebräischen Wortes «eins», *echad,* zu begründen gesucht. Die mystische Meditation, die den Vers in seinem kabbalistischen Sinn zu durchdringen sucht, durchmißt nach der Anweisung schon der ältesten Schulen der Kabbala die gesamte Welt der Sefiroth «von unten nach oben und von oben nach unten[15]». Nicht ein einzelner, wie immer bedeutender Aspekt der Welt der Sefiroth, sondern ihre ganze Fülle soll in diesem Leitwort konzentriert sein. Von hier führt die Logik des im Fortschreiten sich komplizierenden gnostischen Denkens bis zu jenem Silberschmied in Wilna, dem sabbatianischen Propheten Heschel Zoref (1633 bis 1700), der der Darlegung der theosophischen und eschatologischen Mysterien dieses einen Verses mehr als 3000 Seiten gewidmet hat.

Im Kontrast zu dieser mystischen Auffassung einer heiligen Formel, von deren Würde ja das Judentum immer und überall bis heute ein lebendiges Bewußtsein bewahrt hat, stehen etwa solche Vorstellungen, welche die Verwandlung eigentlich profaner Akte in ein Ritual zum Inhalt haben. Das Essen und der Sexualverkehr stehen hier vielleicht nur an den Grenzen dieses Bereiches, denn man wird ja wohl sagen dürfen, daß, wenn auch nicht im rabbinischen Judentum, so doch im mythischen Denken diese Akte die engste Verbindung mit dem sakralen Bereiche eingehen. Es wird daher der große Nachdruck kaum überraschen, den gerade die lurianische Kabbala und in ihrem Gefolge der spätere Chassidismus (der hierin keineswegs so originell war, wie heute zuweilen behauptet wird) gerade auf diese Beispiele (besonders auf den sakralen Charakter des Essens) gelegt haben. Charakteristischer erscheint mir das auch von Buber zitierte[16] Beispiel über den Urvater Henoch, das freilich nicht aus der polnisch-chassidischen Literatur des 18. Jahrhunderts stammt, sondern aus dem Kreise der deutschen Chassidim des 13. Jahrhunderts[17]. Hiernach wäre der Patriarch Henoch, der nach der alten Überlieferung von Gott hinweggenommen und in den Engel Metatron verwandelt wurde, ein Schuster gewesen, der bei jedem Stich der Ahle nicht nur das Oberleder mit dem Unterleder, sondern alles Obere mit allem Unteren verband und so sein Handwerk ständig in jedem einzelnen Schritt mit Meditationen begleitete, durch die er den Strom der Emanation vom Oberen aufs Untere herabzog (so daß also die profane Handlung in eine rituale verwandelt wurde), bis er selbst vom irdischen Henoch in jenen überirdischen Metatron transfiguriert wurde, dem seine Meditationen galten. Diese Tendenz zur sakralen Verwandlung des schlechthin Profanen steht also am anderen Pol in der

Beziehung der Kabbalisten zum menschlichen Vollzug als einem kosmischen. Übrigens ist es sehr bemerkenswert, daß eine genau entsprechende Legende in einem indischtibetanischen Tantra-Text steht, den «Geschichten der 84 Zauberer[18]», wo ebenfalls ein solcher mythischer Jacob Böhme, der Guru Camara (das heißt Schuster), von einem Yogi Anweisungen über das Leder, die Ahle, die Fäden und den Schuh als die «selbstgeschaffene Frucht» erhält, worauf er dann 12 Jahre lang Tag und Nacht nur über sein Schuhmachergewerbe Meditationen anstellt, bis er die vollkommene Erleuchtung erlangt und nach oben entrückt wird.

Im Sinne der hier dargelegten allgemeinen Prinzipien haben die Kabbalisten vom Moment ihres ersten Erscheinens an den Ritus des rabbinischen Judentums, wenn ich so sagen darf, *durch eine mystische Praxis mythisch zu verankern* gesucht. Zuerst bezogen sich diese Versuche vor allem auf die Liturgie und alles, was mit ihr zusammenhängt. An die Stelle der ekstatischen Riten, durch die die alten jüdischen Merkaba-Mystiker der talmudischen Zeit den Aufstieg der Seele zu Gott vollzogen, trat hier im Medium der Lehre von der *Kawwana* das Ritual des Gebetes selbst, das nun freilich auch Gefahren und Abgründe offenbart, von der der naiv Betende nichts ahnte. Bildet doch der Abschluß des Morgengebets, bei dem ursprünglich der Betende sich auf die Erde niederwarf, im lurianischen Vollzug der *Kawwana*-Praxis ein geradezu lebensgefährliches Unternehmen. Nachdem der Betende die höchste Höhe erreicht hat und sich im göttlichen Namen, den er «geeint» hat, einbeschlossen weiß, soll er sich sprungartig in die Abgründe der «andern Seite» werfen, um, wie ein Taucher, «Funken der Heiligkeit», die dort gefangen oder exiliert sind, herauszuholen. «Nur der vollkommene Zaddik vermag aber diese Meditation zu vollziehen, da er seinem Verdienst nach würdig ist, hinabzusteigen und jene Selektionen aus den *Kelippoth,* den Bereichen der ‚anderen Seite', auch gegen deren Willen vorzunehmen. Anderenfalls könnte es vorkommen, daß er, wenn er seine Seele aufs Spiel setzt und sie in die *Kelippoth* herunterschickt, nicht nur die Seelen, die dort hingefallen sind, gar nicht herausholen kann, sondern vielmehr seine eigene Seele dort in jenen Bereichen bleibt[19].»

Des weiteren wurden auch die Fest-Riten und der Sabbath solcher Verwandlung unterworfen. Mit besonderer Vorliebe spekulierten die frühen Kabbalisten auch über jene dunklen Riten der Tora, die sogenannten *Chukkim,* deren rationale Gründe unerfindlich sind und die hier wieder in jene unmittelbare Nähe zu mythischen Ideen gerückt werden, in der sie offenbar in der Tat ursprünglich standen. Nicht weniger zog sie auch der Bereich der Vorschriften an, die an Palästina selbst gebunden sind, deren *Kawwana* also konkret gar nicht mehr vollziehbar war (wie zum Beispiel die über die Hebe oder das Jobeljahr), wobei freilich der Opferkultus nachdrücklich als ein sinnlich-leiblicher Ritus aufgefaßt wird, der, ins Äußere projiziert, genau das darstellt, was das Gebet im Medium des reinen Wortes vollzieht. Daher denn das Gebet nach dieser Lehre nichts anderes darstellt als ein Opfer, in dem der Mensch sich selber darbringt[20].

Die umfassenden Versuche, das gesamte Ritual des Judentums als ein kabbalistisches zu erweisen, wie sie im Sohar und anderen Werken aus dem 14. Jahrhundert vorliegen, blieben aber in ihrer Wirkung noch lange auf enge Kreise beschränkt. Anders stellt sich die Lage mit der Wendung dar, mit der die Kabbala von Safed aus im 16. Jahrhundert ihren Siegeslauf als eine das Judentum beherrschende Macht antrat. Ich habe über die Vorstellungen, die hier in den Vordergrund traten, oben in «Kabbala und Mythos» gesprochen. Ihre Konsequenzen waren eminent praktischer Natur. Diese neue Kabbala, der es um Messianismus ging, suchte weiteste Kreise zu erreichen. Sie konnte das aber viel weniger durch die immer schwerverständlich bleibende gnostische Begründung der alten Riten erreichen, die sowieso geübt wurden, als vielmehr durch die Propagierung unmittelbar einleuchtender neuer Riten, die grade solche mythischen Aspekte der Kabbala, die an das volkstümliche Bewußtsein am stärksten appellierten, zu ritualem Ausdruck brachten. Zum Teil griffen die Safeder Kabbalisten hierbei auf den Sohar zurück, und Dinge, die dessen Autor nur erträumte und, tief in seine archaische Welt versponnen, in die ferne Vergangenheit zurückprojizierte, wurden nun wirklich von Tausenden geübt. Als Gebräuche des Kreises um Simon ben Jochai treten die vom Sohar empfohlenen neuen Riten auf, die dann oft erst in Safed ins wirkliche Leben einer Gemeinde übergegangen sind. Zum Teil wurden zur Propagierung solcher Riten fromme Vereine gegründet, zuerst in Palästina, dann in Italien und Polen, deren Mitglieder es sich oft zur Aufgabe machten, nur einen bestimmten Ritus, diesen aber mit großer Akribie und Beharrlichkeit, zu vollziehen.

Besonders im Gefolge der lurianischen Kabbala traten Werke ans Licht, in denen sich das alte und das neue Ideal zu einer Einheit verbinden. Neben den *Schulchan ʿAruch* des Joseph Caro, die von allem Kabbalistischen ziemlich absehende Kodifikation des rabbinischen Rituals, traten im 17. Jahrhundert der «Schulchan ʿAruch des Isaak Luria[21]» und viele ähnliche, für den Erforscher des Rituals höchst aufschlußreiche Werke. Nicht ohne Logik trat neben den «Baum des Lebens», das Werk, in dem Chajim Vital den lurianischen Mythos darstellte, die «Frucht vom Baum des Lebens» als das weitere Werk, in dem die Anwendung auf den kabbalistischen Ritus gemacht wurde. Die bedeutendste Schilderung des Lebens des frommen Juden im Sinne des kabbalistischen Rituals findet sich aber in dem umfangreichen Werke *Chemdath Jamin,* «Der Schmuck der Tage», einem der merkwürdigsten und umstrittensten Bücher der kabbalistischen Literatur[22]. Hier sind das Neue und Alte die innigste Vereinigung eingegangen, und die unbestreitbare Hinneigung des anonymen Autors zu den messianischen Aspirationen Sabbatai Zwis hat sich hier organisch mit der mystischen Askese der lurianischen Schule verbunden. Es ist nicht verwunderlich, daß diese großartige, zum Teil hinreißend geschriebene Darstellung des kabbalistischen Rituals im orientalischen Judentum, in dessen Mitte sie entstanden ist, einen tiefen Eindruck gemacht hat und seine Wirkung bis an den Anfang unseres Jahrhunderts fortdauerte. Was das Buch *Chemdat Jamim* für das *Leben* des Juden nach der Kabbala bedeutet hat, das hat für sein *Sterben* ein anderes Werk der lurianischen Schule darzustellen unternommen, der *Ma'abar Jabbok,* «Der Übergang über den Jabbokfluß» (das heißt der Übergang vom Leben zum Tode), den der italienische Kabbalist Aaron Berachjah Modena (um 1620) verfaßt hat. Wenn man Werke wie diese beiden mit Darstellungen über das Leben und Sterben des Juden vergleicht, die vor dem Aufkommen der Kabbala verfaßt sind, so zeigt sich, wie nachhaltig die neue Bewegung das Gesicht des Judentums in allen seinen Aspekten, theoretisch und praktisch, verwandelt hat.

An einigen hervorragenden Beispielen möchte ich nun diese Entwicklung eigentlich kabbalistischer Riten genauer darlegen.

4

Natürlich gibt es eine Anzahl von Riten, die einen strikt esoterischen Charakter tragen und überhaupt nur im Kreise der Adepten selber praktiziert werden konnten. Solche Riten sind zum Teil sehr alt und gehen noch auf die Kreise der Mystiker zurück, die den Kabbalisten des 13. Jahrhunderts vorangingen. Gerade in der ältesten Literatur finden sich einig solcher Riten beschrieben, die den Charakter besonderer Initiationen tragen. Sie sind in hervorragendem Maße theurgischen Charakters und wurden nicht etwa, wie die weiterhin zu besprechenden kabbalistischen Riten, mit einem auch an den Ungelehrten appellierenden, allgemein faßbaren Pomp umgeben.

Ein Initiationsritus im präzisen Sinn ist der, der die Übergabe des Gottesnamens vom Meister zum Schüler zum

Gegenstand hat. Offenbar war noch im 12. Jahrhundert in Deutschland und Frankreich eine, vielleicht viel ältere, Tradition über die Aussprache solcher Namen, die nur mündlich tradiert wurde, vorhanden. Eleasar von Worms (um 1200) beschreibt diese Initiation folgendermaßen[23]: «Man überliefert den Namen nur den Zurückhaltenden – man kann das betreffende Wort auch mit ‚den Eingeweihten' übersetzen –, die nicht leicht in Zorn geraten, demütig und gottesfürchtig sind und die Gebote ihres Schöpfers vollziehen. Und man überliefert ihn nicht außer über dem Wasser. Bevor nun der Meister ihn seinem Schüler lehrt, sollen beide sich in 40 Maß fließenden Wassers untertauchen und baden, sodann weiße Gewänder anziehen und an dem Tage der Belehrung fasten. Dann sollen beide bis zu den Knöcheln im Wasser stehen, worauf der Meister ein Gebet spricht, das mit den Worten schließt: ‚Die Stimme Gottes ist über den Wassern! gelobt seist Du, Herr, der sein Geheimnis denen, die ihn fürchten, offenbart, Er, der Mysterienkundige.' Dann sollen beide ihre Augen auf das Wasser richten und Psalmenverse sprechen, die Gott über den Wassern preisen.» Hierbei überliefert offenbar der Meister denjenigen Geheimnamen Gottes, den der Adept besitzen durfte, worauf beide wieder in die Synagoge oder das Lehrhaus gingen und noch einmal über einem Gefäß mit Wasser ein Dankgebet sprachen.

Aus demselben Kreis ist ein theurgischer Ritus überliefert, der das «Anziehen des Namens» im Zusammenhang mit einem strikt magischen Ritual lehrt. In einem «Buch vom Anziehen und der Herstellung des Mantels der Gerechtigkeit», das sich in vielen Handschriften erhalten hat[24], wird der alten jüdischen Vorstellung, daß der Mensch den Namen anziehen könne[25], eine ganz konkrete Form gegeben[26]. Die geheimen Namen Gottes sollen auf reines Hirschpergament geschrieben werden, aus dem ein ärmelloses Kleid geschnitten wird, das nach der Art des Brustschildes des Hohen Priesters die Schulter und Brust bis zum Nabel bedeckt und an der Seite bis zu den Lenden fällt. Ferner soll aus dem Pergament auch ein Hut verfertigt werden, der mit jenem Kleid verbunden ist. Wenn die Beschriftung des so verfertigten magischen Gewandes beendet ist, soll man sieben Tage fasten, nichts Unreines berühren und nichts vom Tiere Herkommendes genießen, auch keine Eier und Fische, sondern nur Hülsenfrüchte und dergleichen. Nach sieben Tagen soll man in der Nacht ans Wasser gehen und den Namen – offenbar den, der auf dem Kleid geschrieben ist – über dem Wasser anrufen. Wenn man dann in der Luft über dem Wasser eine grüne Gestalt wahrnimmt, so ist dies ein Zeichen, daß noch etwas Unreines am Adepten ist und dieselbe Vorbereitung noch weitere sieben Tage wiederholt werden muß, von Almosen und Wohltätigkeit begleitet. «Und bete zu deinem Schöpfer, daß du nicht noch einmal beschämt wirst. Wenn du aber die Gestalt über dem Wasser in hellem Rot wahrnimmst, so wisse, daß du von innen her rein bist, den Namen anzuziehen. Dann gehe bis an deine Lenden ins Wasser und ziehe den ehrwürdigen und furchtbaren Namen im Wasser an.» Dies Ritual soll dem Adepten unwiderstehliche Kraft verleihen, wobei es freilich als ratsam erklärt wird, zugleich mit dem Anziehen des Namens auch die zu ihm gehörigen Engel anzurufen, die dann zwar vor ihm erscheinen, ohne daß er jedoch anderes sieht als einen Rauchschwaden, der vor ihm hinzieht. Die magische Bedeutung des Wassers als des allein angemessenen Mediums für solche Initiation, die weitverbreiteten Vorstellungen zum Beispiel auch über die Taufe entspricht, ist sonst gerade im Judentum und speziell in der talmudischen Literatur nicht anzutreffen[27]. Ob noch nach dem 14. Jahrhundert diese Initation im Wasser geübt wurde, ist mir übrigens zweifelhaft.

Den Charakter eines theurgischen Ritus, in dem der Adept sich seiner schöpferischen Macht innerhalb bestimmter Grenzen bewußt wird, scheinen mir auch die ältesten Vorschriften über die Schöpfung des Golem zu haben, die in den Schriften desselben Kabbalisten überliefert sind, der uns jene vorerwähnten Riten erhalten hat. Das Problem des Golem ist freilich sehr vertrackt, und ich habe es im 5. Kapitel gesondert behandelt. Ich möchte aber gerade in unserem Zusammenhang betonen, daß es sich bei den genauen Angaben, die wir über die Golemherstellung besitzen, nicht so sehr um ein Legendenmotiv handelt, sondern um den Vollzug eines exakten Rituals, das eine ganz bestimmte *Vision,* nämlich die der schöpferischen Belebung der Golemfigur, zu erzielen sucht. Aus dem Ritus der Adepten, wie ihn die authentischen Quellen schildern, wurde im Volksbewußtsein eine Legende.

Wenden wir uns nun zu solchen Riten, die nicht nur von den Kabbalisten unter Zuhilfenahme älterer Vorstellungen neu entwickelt worden sind, sondern auch lange Zeit hindurch, ja oft noch bis heute, in weitesten Kreisen geübt wurden, so wird es vielleicht am besten sein, zuerst einige Riten zu besprechen, die auf die Vorstellung von der heiligen Hochzeit zurückgehen. Diese Idee spielt im Sohar und bei allen späteren Kabbalisten eine zentrale Rolle. Was sich in jenem *hieros gamos (Siwwuga Kadischa,* wie der Sohar ihn nennt) vollzog, ist vor allem die Verbindung der beiden Sefiroth *Tifʿereth* und *Malchuth,* des männlichen und weiblichen Aspekts in Gott, des Königs und seiner Matrone, die nichts anderes ist als die Schechina und die mystische Ekklesia Israels. In einem volkstümlicheren Verständnis konnte daher, wenn man die Bedeutungsfülle des Symbols der Schechina berücksichtigt, jene heilige Hochzeit auch auf die zwischen Gott überhaupt und Israel gedeutet werden, die für den Kabbalisten nichts anderes ist als der äußere Aspekt eines Vorgangs, der sich im Geheimnis der Gottheit selber vollzieht.

In diesem Sinne war kein Fest geeigneter, als eines der heiligen Hochzeit interpretiert zu werden, als das Wochenfest, am 50. Tag nach dem Pessachfeste. Dies Fest ist als das der Offenbarung am Sinai, die nach der Tora fünfzig Tage nach dem Auszug aus Ägypten erfolgte, das Fest des Bundes zwischen Gott und Israel, und von hier war zu seiner Auffassung als einer Hochzeit für die Kabbalisten nur ein Schritt. Der Sohar erzählt[28], daß Simon ben Jochai und seine Gefährten der Nacht vor diesem Fest eine besondere mystische Bedeutung beimaßen. Denn da dies die Nacht ist, in der die Braut sich zur Hochzeit mit ihrem Gatten rüstet, so galt es als angemessen, daß alle, die zum Palast der Braut gehören, das heißt aber die Mystiker und Torabeflissenen, ihr Gesellschaft leisten und in einem festlichen Ritual die Vorbereitungen zur Hochzeit mit ihr teilen. Es sind die Mystiker, die die Schechina mit dem richtigen Schmuck bekleiden, mit dem sie am nächsten Morgen unter den Traubaldachin gehen wird. Der vollständige Schmuck einer Braut besteht aber, wie schon die Talmudisten aus Jesaia 3 herauslasen, aus 24 Stücken. Diese vierundzwanzig sind aber nach dem Sohar nichts anderes als die 24 Bücher der Bibel. Wer daher aus allen Büchern in dieser Nacht Teile rezitiert und ihnen mystische Deutungen ihrer Geheimnisse hinzufügt, der schmückt die Braut auf die rechte Weise und freut sich mit ihr die ganze Nacht. Der Adept wird also in dieser Nacht zum «Brautführer der Schechina», und wenn der Bräutigam am nächsten Morgen nach denen fragt, die die Braut so herrlich ausgeschmückt haben, so weist sie auf ihn und ruft ihn heran.

Seit dem Anfang des 16. Jahrhunderts wurde diese Erzählung des Sohar zur Grundlage eines festen Rituals. Die Nacht vor der mystischen Hochzeit wurde bis zum Morgen wachend zugebracht, und eine bestimmte Auswahl aus allen Büchern der Bibel, aber auch aus allen Traktaten der Mischna und den über das Fest handelnden Stücken des Sohar selbst wurde, von Liedern begleitet, vorgetragen. Dieser Ritus wurde ungemein populär und wird weitgehend noch heute geübt. Ja die Vorstellung von der Hochzeit wurde auch bis dahin verfolgt, daß am nächsten Morgen, beim Ausheben der Tora in der Synagoge, und vor der Verlesung der zehn Gebote, an manchen Orten von den Kabbalisten geradezu ein formeller Heiratskontrakt zwischen dem «Bräutigam Gott» und der «Jungfrau

Israel» verlesen wurde[29]. Israel Nagara, der religiöse Lyriker des Kreises von Safed, hat wohl zuerst in dichterischer Form eine solche Heiratsverschreibung verfaßt, die den Stil des legalen, vom jüdischen Gesetz bei der Heirat vorgeschriebenen Dokuments in mystischen Lyrismen nachahmt[30]. Dieses und ähnliche «Dokumente», die den Vollzug der heiligen Hochzeit ankündigen, fanden vielfach Eingang und Verbreitung. In ihnen mischen sich das allegorische und das strikt symbolische Moment; denn während die Rede von der Hochzeit Israels mit Gott am Tag der Offenbarung schließlich nur eine, wenn auch tiefsinnige, Allegorie ist, stellt die von der Hochzeit der Schechina mit ihrem Herrn ein mystisches Symbol vor, das etwas ausdrückt, was über allen Bildern steht.

Die bemerkenswerteste Veränderung und Ausgestaltung hat aber im Zusammenhang mit dieser Idee der heiligen Hochzeit das Ritual des Sabbath, und besonders des Sabbath-Eingangs und der Nacht am Freitagabend erfahren. Überhaupt läßt sich sagen, daß der Sabbath geradezu der Tag der Kabbala ist. In ihm bricht das Licht der oberen Welt in die profane Welt ein, in der der Mensch die sechs Wochentage lebt. Es ist das Licht des Sabbath, das sich noch bis in die nächste Woche verdämmernd hält und in der Mitte der nächsten Woche vom heraufkommenden Licht des nächsten Sabbath abgelöst wird. Es ist der Tag, an dem ein besonderes Pneuma, die «Sabbath-Seele», in den Gläubigen eintritt, deren Besitz ihn befähigt, an diesem mehr als an jedem anderen Tage die Geheimnisse der pneumatischen Welt in rechter Weise aufzunehmen. Daher galt der Tag auch als dem Studium der Kabbala ganz besonders geweiht.

Was nun die Feier des Sabbath als einer heiligen Hochzeit anbelangt, so waren es besonders drei Berichte, die im Talmud voneinander ganz getrennt referiert werden, die von dieser Idee her inneren Zusammenhang und ein eigenes Licht erhielten. Erstens pflegten einzelne Talmudlehrer sich am Rüsttag des Sabbath zur Vesperzeit in einen Mantel zu hüllen und zu rufen: kommt, laßt uns der Königin Sabbath entgegengehen. Andere pflegten zu rufen: komm o Braut, komm o Braut. Zweitens berichtet eine andere Stelle, daß Simon ben Jochai und sein Sohn um die Vesperzeit am Freitag einen Greis mit zwei Bündeln Myrten in der Dämmerung dahineilen sahen. Sie fragten ihn: was sollen dir diese Bündel? Er antwortete: durch sie will ich den Sabbath ehren[31]. Eine dritte Stelle aber berichtet, daß Tora-Gelehrte die eheliche Verbindung gerade in der Freitagnacht zu vollziehen pflegten[32]. Diese disparaten Berichte werden im Ritual der Kabbalisten als Hinweise darauf verstanden, daß der Sabbath eben eine solche Brautfeier sei und die irdische Verbindung von Mann und Weib hier nur eine symbolische Repräsentation der himmlischen Hochzeit darstelle[33]. Hierzu trat die mystische Symbolik, welche die Braut, den Sabbath und die Schechina identifiziert. Noch ein weiteres mystisches Symbol, das wiederum aus einem ganz anderen Zusammenhang entwickelt worden ist, hat für das Sabbath-Ritual der Kabbalisten Bedeutung gewonnen. Die Schechina wird im Sohar oft als das «Feld der heiligen Apfelbäume» angesprochen[34], wobei sie als Feld eben das kosmische Prinzip des Weiblichen darstellt, durch die Apfelbäume aber, die in ihm blühen, sich als das Medium aller übrigen Sefiroth oder heiligen Pflanzungen erweist, die in sie einströmen und in ihr wirksam werden. In der Sabbath-Nacht vereinigt sich der König mit der Sabbath-Braut und, indem jenes heilige Feld befruchtet wird, gehen aus ihrer mystischen Vereinigung die Seelen der Gerechten hervor.

Auf Grund dieser hier skizzierten Vorstellungen, die schon im Sohar eine breite Darlegung erfahren, haben die Kabbalisten in Safed seit der Mitte des sechzehnten Jahrhunderts ein besonders eindrucksvolles und feierliches Ritual entwickelt, von dem in den früheren Quellen nichts zu finden ist. Alles wurde unter die beherrschende Perspektive der Feier der mystischen Hochzeit gestellt, und das eigenartige Zwielicht, in dem die Schechina selbst mit der Königin

Sabbath, aber auch mit jeder einzelnen jüdischen Hausfrau, die den Sabbath begeht, fast ununterscheidbar vermischt erscheint, hat diesem Ritual eine ungeheure Wirkung und Popularität verliehen, so daß es in seinen wesentlichen Zügen, oder in Erinnerungen an sie, noch bis heute das Sabbath-Ritual konkret beherrscht.

Wie nun sieht dies kabbalistische Ritual der Mystiker aus?[235] Lange vor Sabbath, in der Vesperstunde, pflegten die Kabbalisten in Safed und in Jerusalem in weißen Kleidern – jedenfalls nicht in schwarzen oder roten, die auf die richtenden und beschränkenden Gewalten weisen würden – aus der Stadt hinaus aufs freie Feld zu gehen, das durch die Ankunft der Schechina in jenes «heilige Apfelfeld» verwandelt wird. Dies Hinausziehen stellt eine Prozession der Einholung der Braut dar, der man entgegenzieht. Hierbei wurden besondere Hymnen an die Braut und Psalmen freudiger Erregung (wie Psalm 29, von anderen 95–99) gesungen. Die berühmteste dieser Hymnen, das im Kreise Moses Cordoveros von Salomo Alkabez in Safed verfaßte Lied:

«Geh, mein Geliebter, der Braut entgegen,
das Antlitz des Sabbath laßt uns empfangen»,

verbindet mit der mystischen Symbolik sehr nachdrücklich messianische Hoffnungen für die Heimholung der Schechina aus dem Exil und wird noch heute in jeder Synagoge gesungen. Als der Auszug aufs Feld nicht mehr realiter ausgeführt wurde, blieb die Sitte, diese Einholung der Braut im Vorhof der Synagoge vorzunehmen, und wo auch das nicht mehr geübt wurde, erhielt sich bis heute der Brauch, sich bei dem letzten Vers der großen Hymne nach Westen umzudrehen und sich vor der ankommenden Braut zu verneigen. Von Luria wird berichtet, daß er, auf den Hügeln bei Safed stehend, die mit der Sabbath-Braut heraufkommenden Scharen der Sabbath-Seelen visionär erblickte. Merkwürdig ist der mehrfach bezeugte Brauch, die Sabbath-Psalmen mit geschlossenen Augen zu sagen, was von den Kabbalisten damit begründet wurde, daß die Schechina im Sohar als «die schöne Jungfrau, die keine Augen hat», bezeichnet wird, welche sie sich nämlich im Exil ausgeweint hat[36]. Am Freitagnachmittag wurde als Hochzeitslied der Schechina nun auch das Hohe Lied rezitiert, das ja nach der überlieferten Deutung auf die innige Verbindung «des Heiligen, gelobt sei Er, mit der Ekklesia Israels» sich bezieht. Erst mit Beendigung des Einholungsritus der Braut wurden die traditionellen Sabbath-Gebete gesprochen.

Nach dem Gebet wird im Haus das mystische Ritual neu aufgenommen. Isaak Luria erklärte es als besonders empfehlenswert und «reich an mystischer Bedeutung», beim Nachhausekommen die Hände seiner Mutter zu küssen. Dann umging man im feierlichen Umkreis den Tisch, indem man schweigend die zwei Myrtenbüschel für die Braut und den Bräutigam vom Tische nahm, und sang einen Gruß an die Engel des Sabbath, das heißt jene zwei Engel, die nach dem Talmud[37] den Menschen am Sabbath-Eingang nach Hause geleiten. Der vierstrophigen Hymne an die Engel «Friede sei mit euch, ihr Engel des Friedens» folgt die Rezitation des 31. Kapitels der Sprüche Salomos, worin zwar anscheinend das Lob der edlen Hausfrau und ihres Wirkens verkündet wird, das aber von den Kabbalisten in allen Details als ein Hymnus auf die Schechina interpretiert wurde. Es ist in der Tat merkwürdig, daß dies Lob der jüdischen Hausfrau erst auf dem Umwege über diese mystische Umdeutung Eingang in das Sabbath-Ritual gefunden hat. Dieser «Hymnus an die Matrona» soll sitzend mit melodischer Stimme vorgetragen werden. Dann spricht der Feiernde, nach der Anweisung des Sohar, noch «vor der Mahlzeit das Mysterium des Mahls mit ausdrücklichen Worten aus», das heißt, er leitet die heilige Handlung mit Worten ein, die, indem sie ihren geheimen Sinn symbolisch beschreiben, zugleich die beschwörende Geste haben, durch die die Schechina aufgerufen wird, mit ihrem Gatten (dem «Kleingesichtigen» oder besser «Kurzmütigen») und dem «heiligen Alten» am Mahle teilzunehmen. In feierlichem aramäischen Anruf sagt man:

> Bereitet das Mahl des vollkommenen Glaubens
> Zur Erfreuung des heiligen Königs,
> Bereitet das Mahl des Königs.
> Dies hier ist das Mahl des Feldes der heiligen Äpfel,
> Und der «Kurzmütige» und der «heilige Alte» –
> Siehe, sie kommen, mit ihr das Mahl zu feiern.

Was aber in dieser heiligen Handlung vor sich geht, das beschreibt die große Hymne Isaak Lurias, eine der ganz wenigen authentischen Produktionen dieses größten Repräsentanten der Kabbala in Safed. Luria hat zu allen drei Sabbath-Mahlzeiten solche Hymnen gedichtet, die in ihrem feierlichen Faltenwurf des soharitischen Aramäisch in der Tat etwas von der großen Geste haben, mit denen der Magier einen ungeheuren Vorgang begleitet, mit dem er ihn als räumlichste Gegenwart heraufbeschwört. Nicht umsonst lesen sie sich wie die kultischen Hymnen einer Mysterienreligion. Ich möchte hier wenigstens die Hymne zum Freitagabend-Mahl in deutscher Übertragung wiedergeben[38].

> Ich singe in Hymnen
> vom Gang zu den Toren
> des Feldes der Äpfel,
> die heilig sind.
>
> Wir rüsten ihr jetzt
> einen neuen Tisch,
> einen schönen Leuchter,
> der zu Häupten uns strahle.
>
> Zwischen rechts und links
> kommt die Braut daher
> im heiligen Schmucke
> und Festgewändern.

Ihr Gatte umarmt sie
in ihrem Grunde[39],
schenkt ihr Erfüllung,
preßt aus alle Kräfte.

Qualen und Schreie
sind aufgehoben.
Nun neue Gesichter
und Seelen und Geister.

Er bringt ihr Freude
in zwiefachem Maß,
Lichter erstrahlen
und Segensströme.

Brautführer, tretet hin
und rüstet die Braut,
vielartige Speisen
und allerlei Fische[40].

Seelen zu zeugen
und neue Geister
auf den zweiunddreißig Pfaden
und drei Zweigen[41].

Sie hat siebzig Kronen,
aber über ihr der König,
daß alles gekrönt sei
im Heiligen der Heiligen.

In ihr sind alle Welten
geformt und verschlossen,
doch vom «Alten der Tage»
her strahlen sie alle.

Ich ordne nach Süden
den mystischen Leuchter,
dem Tisch mit den Broten
geb' im Norden ich Raum.

Mit dem Weine im Becher
und Myrtenzweigen,
den bräutlich Verlobten,
den Schwachen zur Stärkung.

Wir flechten ihnen Kronen
aus kostbaren Worten,
zur Krönung der siebzig
auf fünfzig Toren.

Die Schechina sei umringt
von sechs Sabbath-Broten
nach jeder Seite
dem Oberen verbunden.

Geschwächt und verworfen
die unreinen Kräfte,
die Dämonen, die dräuen,
sind nun gefesselt.

Diese Hymne bildet einen durchaus festen Bestand des kabbalistischen Sabbath-Rituals und ist im Sinne der Kabbalisten nicht etwa einem der anderen Tischlieder für den Sabbath-Abend, die man singen oder auch nicht singen mag, zu vergleichen. Hier wird nicht in ein altes Gebet, auf dem Wege der mystischen Exegese oder der *Kawwana,* der neue Sinn hineingetragen, sondern der esoterische Vorgang schafft sich selbst seine liturgische Sprache und Form. Die Schlußpointe der Hymne, die Fesselung der Dämonen am Sabbath, wo sie sich in den «Schlund des großen Abgrunds» flüchten müssen, wird auch in den anderen Liedern Lurias zu den übrigen Mahlzeiten immer wieder betont. Gerade das letzte Lied zur Dämmerung am Sabbath-Ausgang kommt noch einmal mit größtem Nachdruck auf diese Bannung der Mächte der anderen Seite, der «frechen Hunde», zurück, eine Bannung, die es, indem es sie beschreibt, zugleich auch vollzieht.

«Draußen müssen bleiben und können nicht herein die frechen Hunde.
Ich aber lade den ‚Alten der Tage' zur Vesperzeit, bis sie zerstoben sind, bis sein Wille die ‚Schalen' zunichte macht.
Er wirft sie in ihre Abgründe zurück, tief in ihren Felsen müssen sie sich verstecken.
Und all dies jetzt, zu Vesperzeit, zur Feier des *Seʿir Anpin*[42].»

Ohne hier nun auf die weiteren kabbalistischen Sabbath-Riten einzugehen, sei nur noch eins hinzugefügt. Genau so wie der Ritus des «Empfangs der Braut» noch vor Einbruch des eigentlichen Sabbath einen früheren Beginn des heiligen Tages involviert, eine «Hinzunahme des Profanen zum heiligen Bereich», so wurde von manchen Kabbalisten entsprechend großer Wert auf ein viertes Sabbath-Mahl gelegt, das (im Talmud ganz flüchtig als Sitte eines Einzelnen erwähnt) sich nach der *Habdala,* dem Unterscheidungssegen zwischen Sabbath und Werktag, noch spät in die Nacht hinein erstreckt. Dies Mahl (bei dem es zum Teil übrigens aufs Essen gar nicht mehr ankam) geleitet die Braut ebenso aus unserem Bereiche hinaus, wie jenes andere Ritual sie eingeführt hat. Es gab Kabbalisten, die auf den Vollzug dieses mystischen Mahls der «Begleitung der Königin» den höchsten Wert legten. Waren die offiziellen drei Sabbath-Mahlzeiten den Vätern Abraham, Isaak und Jakob zugeordnet, so diese David, dem Gesalbten Gottes, und damit auch dem Messias. Diese vier Väter stellen aber nach dem Sohar die «Füße des göttlichen Thrones» oder der Merkaba dar. Kein Wunder, daß Nathan von Gaza, der Johannes und Paulus des kabbalistischen Messias Sabbatai Zwi, diese vierte Mahlzeit am Sabbath-Ausgang bis gegen Mitternacht verlängerte. «Er pflegte zu sagen: Dies ist das Mahl des Königs Messias, und machte ein großes Prinzip aus ihr[43].»

5

Am anderen Pol der kabbalistischen Riten stehen die, die mit dem Exil der Schechina zusammenhängen, es dramatisch vergegenwärtigen und beklagen. Der stark asketische Zug, der besonders nach der Vertreibung aus Spanien in die Kabbala kam und durch das Hineinwandern der Apokalyptik in ihre Welt noch verschärft wurde, machte sich hier ganz besonders geltend. Die historische Erfahrung des jüdischen Volkes und das mystische Erlebnis einer Welt, in der das Heilige in einem auch die letzten Kräfte anspannenden Kampf gegen das Satanische sich befand, flossen hier ununterscheidbar zusammen. Eigentlich war überall und zu jeder Stunde hinreichender Grund zur Klage, Buße und Askese durch die einfache und doch so unendlich tiefe Tatsache des Exils gegeben. Die Fülle der Riten, die auf diesem lebendigen Untergrund erwachsen sind, kann uns daher keineswegs überraschen. Ich möchte im folgenden wiederum an zwei ausgezeichneten Beispielen das Heraufkommen solcher neuen Riten, die dem Mythos vom Exil sinnfälligen Ausdruck geben, darlegen. Beide sind in weiten Kreisen jahrhundertelang geübt worden, und manche gelehrte Talmudisten beschwerten sich darüber, daß die rabbinisch unwissenden, einfachen Frommen auf den Vollzug solcher das Gefühl unmittelbar ansprechenden Riten mehr Inbrunst und Sorgfalt verwandten als auf die Erfüllung der Gebote der Tora selber.

Der eine dieser Riten ist die Mitternachtsklage, *Tikkun Chazoth*. Ein Talmudlehrer des dritten Jahrhunderts sagte: «Die Nacht ist in drei Nachtwachen geteilt, und an jeder Nachtwache sitzt der Heilige, gelobt sei Er, und brüllt wie ein Löwe: Wehe, daß ich mein Haus zerstörte, meinen Tempel verbrannte und meine Kinder unter die Völker ins Exil geschickt habe[44].» Merkwürdigerweise sind aber fast tausend Jahre vergangen, ehe aus dieser Talmudstelle rituale Konsequenzen gezogen worden sind. Erst im 11. Jahrhundert erzählt ein babylonisches Schulhaupt, Hai Gaon, daß die Frommen Gott in dieser Sache nacheifern und an allen drei Nachtwachen über die Zerstörung des Tempels klagen[45]. Sein Vater, Scherira Gaon, bezeichnet es als frommen Brauch, um Mitternacht aufzustehen und

Hymnen und Gesänge zu sagen[46]. Von Klagen ist bei ihm merkwürdigerweise nicht die Rede. Erst im Kreis der Kabbalisten in Gerona scheint um 1260 – wenn der entsprechende Text[47] in der Tat, wie ich vermute, in Spanien um diese Zeit entstanden ist – eine Sitte aufgekommen zu sein, die diese beiden Motive verbindet. «Die Chassidim des höchsten Ranges stehen in den Nächten auf, um zu jeder Vigilie Hymnen zu singen, unter Flehen und Beten werfen sie sich zur Erde, liegen schluchzend im Staub und vergießen Tränen in Strömen, anerkennen ihren Fehl und bekennen ihre Sünde.»

Mit ganz anderen Mythologemen verbunden erscheint die Mitternachts-Vigilie dann als Übung des Kabbalistenkreises im Sohar, wo sie an vielen Stellen erwähnt ist. Um Mitternacht tritt Gott ins Paradies ein, um mit den Gerechten zu lustwandeln. Hierbei brechen alle Bäume des Paradieses in Hymnen aus. Von der Nordseite erhebt sich dann ein Wind, und ein Funke aus der Kraft des Nordens, dem Feuer in Gott, das nichts anderes ist als das der richtenden Gewalt, sprüht heraus und schlägt unter die Flügel des Erzengels Gabriel (der selber dieser Kraft in Gott entstammt[48]). Sein Ruf weckt dann alle Hähne um Mitternacht. Nach anderen Darstellungen trägt ein Nordwind vom Paradiese her jenen Funken direkt unter die Flügel des Hahns hier unten auf Erden und bewirkt so den Hahnenschrei um Mitternacht[49]. Dann ist es Zeit für die Frommen, aufzustehen, wie weiland der König David, und bis zum Morgengrauen dem Studium der Tora obzuliegen oder, nach anderen[50], Lieder an die Schechina zu rezitieren. Denn von Mitternacht an ist die Macht des strengen Gerichts, die am Abend die Welt beherrscht, gebrochen, woraus sich denn auch nach der Meinung der Kabbalisten erklärt, daß nach dem ersten Hahnenschrei die Geister und Dämonen keine Gewalt mehr haben[51].

Diese Motive verbinden sich nun schon im Sohar mit dem vom Exil der Schechina[52]. Um Mitternacht erinnert sich Gott an «die Hinde, die im Staube liegt[53]», und vergießt zwei Tränen, «die mehr brennen als alles Feuer der Welt», ins große Meer[54]. Er bricht in Klage aus und erschüttert zu dieser Stunde alle 390 Welten. Daher sagen in der mittleren Nachtwache die Engel nur zwei Stunden lang Hymnen der Preisung und verstummen dann. Denn diese Engel heißen *Abelé Zion,* die um Zion Trauernden[55] – eine höchst merkwürdige Übertragung des Namens einer frühmittelalterlichen jüdischen Asketenrichtung auf eine Engelklasse. Es scheint, daß nach einigen Stellen dies alles sich ereignet, bevor sich noch der Nordwind vom Paradies erhebt. Die Schechina, die im Exil ist, singt nun um Mitternacht Lieder und Gesänge an ihren Gatten[56], ja nach anderen findet zu dieser Stunde ein Dialog zwischen Gott und der Schechina oder geradezu ein *hieros gamos* zwischen ihnen statt[57].

Der Sohar entwickelt aber aus all diesen reichen Vorstellungen über das geheime Leben der Mitternacht keinen eigentlichen Klageritus. Er verlangt von den Mystikern nur, zu dieser Zeit wach zu sein, um durch Studium und Meditation über die Mysterien der Tora sich der Schar der «Gefährten der Schechina» zuzugesellen. Von einem bestimmten Ritual der Klage ums Exil weiß er noch nichts. Wenn auch mehrfach in den auf das Erscheinen des Sohar (1285–1290) folgenden Generationen von frommen Übungen zu den Vigilien als Erinnerung an die Zerstörung des Tempels die Rede ist[58], erfahren wie doch nichts über ein festes Ritual gerade der Mitternachtsstunde.

Dies wird nun in Safed wieder anders. Die Erinnerung an einen halb vergessenen Brauch verband sich mit den Vorstellungen des Sohar über die Mitternacht einerseits und über das Exil der Schechina andrerseits und rief so, als symbolische Gestaltung der Erfahrung des Juden jener Generation, den neuen Ritus hervor. Merkwürdig hierbei ist, daß diese «Riten des Exils» gerade in Palästina, und nicht in den Ländern der Diaspora, entstanden sind. Die Kabbalisten, die sich damals, um 1550, aus allen Ländern in Safed zusammenfanden, um den Versuch der Aufrichtung einer «Gemeinde der Heiligen» zu machen, brachten aber eben dieses akute Bewußtsein vom Exil mit sich und gaben ihm gerade an der Stelle, von der nach ihrer Vorstellung her die messianische Erlösung anfangen würde, den im Ritus durchgeformten Ausdruck.

Von Abraham Halevi Beruchim, einem der aktivsten Mitglieder dieses Kreises, hören wir, «daß er stets zur Mitternachtsstunde durch die Straßen Safeds lief und unter Weinen schrie: Steht auf um Gottes Willen, denn die Schechina ist im Exil, und das Haus unseres Heiligtums ist verbrannt und Israel in großen Nöten. Vor den Fenstern der Wohnung der Gelehrten ruhte er nicht, bis er sah, daß sie sich vom Schlaf erhoben[59].» Freilich galt dieser Mystiker, der die Schechina an der Klagemauer in Jerusalem in einer Vision erblickte, wie sie in schwarzen Gewändern weinte und klagte, bei den Mystikern in Safed als eine Inkarnation, zum mindesten als ein Funke von der Seele des Propheten Jeremia. Im Kreise Isaak Lurias wurde dann jene Sitte in ganz feste Formen gebracht[60]. Nach ihm besteht der Mitternachtsritus aus zwei Teilen, der «Anordnung für Rachel» und der «Anordnung für Lea». Sind doch Rachel und Lea nach dieser Kabbala zwei Aspekte der Schechina, die eine in ihrem von Gott entfernten und trauernden Stand, die andere in ihrer auch jetzt noch immer wieder erfolgenden Vereinigung mit ihrem Herrn. Daher stellt die «Anordnung für Rachel», *Tikkun Rachel,* den eigentlichen Klageritus dar, bei dem es darauf ankommt, daß der Mensch «sich selber am Leid der Schechina beteilige» und nicht etwa über seine eigenen Nöte, sondern über die eine entscheidende Not, auf die es in der Welt ankommt, jenes Exil der Schechina, klagt.

Man soll sich also um Mitternacht erheben und ankleiden, dann zur Türe gehen und nahe am Türpfosten sitzen, dann die Schuhe ausziehen und das Haupt verhüllen. Dann soll man unter Weinen Asche vom Herd nehmen und sie auf die Stirn an die Stelle tun, wo am Morgen die *Tefillin,* die Gebetsphylakterien, angelegt werden. Dann soll man den Kopf niederbeugen und die Augen am Boden selber im

Staube abreiben, wie ja die Schechina selber, die «Schöne ohne Augen», so im Staube liegt. Dann trägt man eine bestimmte Liturgie vor, Psalm 137 («An den Wassern Babylons sitzen wir und weinen»), Psalm 79 («Gott, Völker sind in Dein Erbe eingebrochen, haben Deinen Tempel entweiht») und das letzte Kapitel der Klagelieder sowie besondere Klagegesänge, die in Safed und Jerusalem verfaßt worden sind. Fünf von diesen Gesängen sind fast zum festen Bestandteil dieses Rituals geworden.

Danach vollzieht man die «Anordnung für Lea», in der aber nicht mehr der Hauptnachdruck auf dem Exil, sondern auf der Verheißung der Erlösung beruht, die in der hier vorgeschriebenen Liturgie den Mittelpunkt bildet. Messianische Psalmen, vor allem auch ein großes hymnisches Zwiegespräch zwischen Gott und der mystischen Gemeinde Israel, die die Schechina ist, werden vorgetragen. In dieser Hymne von Chajim Kohen aus Aleppo, einem Schüler Vitals, beklagt sich die Schechina über ihr Exil, und Gott stellt ihr die Erlösung in hellen Farben in Aussicht. Auf jede neue Verheißungsstrophe antwortet aber die Schechina mit einer neuen Klagestrophe. Auch die Ungelehrten sollen, nach der Meinung der Kabbalisten, diesen Ritus vollziehen, denn «die Zeit von Mitternacht bis zum Morgen ist eine Gnadenzeit, und ein Strahl dieser Gnade fällt auf ihn auch am Tage». Hinter diesen zwei Teilen des Rituals wurde ein dritter empfohlen, die «Anordnung für die Seele», *Tikkun ha-Nefesch,* die darin besteht, daß man sich darauf konzentrieren soll, Gott und die Schechina mit jedem einzelnen Gliede seines Leibes zu vereinigen, «so daß dein Körper ein Thronwagen für die Schechina wird».

Im Verfolg des großen messianischen Ausbruchs von 1665–1666, der sabbatianischen Bewegung, bildete der Vollzug dieses Ritus lange Zeit ein Streitobjekt zwischen den Anhängern dieser messianischen Bewegung und ihren Gegnern. Die Sabbatianer erklärten, übrigens in verschiedenen Graden des Radikalismus, den auf Rachel bezüglichen Teil des Rituals als hinfällig geworden, da ja nun die Schechina schon auf dem Heimweg aus ihrem Exile sei. Wer jetzt darüber weine, sei wie einer, der am Sabbath trauere[61]. Sie vollzogen daher nur den zweiten Teil des Rituals, der sowieso messianische Hoffnungen zum Ausdruck bringt. Sogar Fromme, die der Bewegung mit viel Reserve gegenüberstanden und sich mit der Abschaffung der Klage nicht befreunden konnten, vollzogen den Ritus, jedoch im Stehen, oder blieben an ihrem Platz im Zimmer sitzen, ohne sich an der Tür niederzusetzen. Die orthodoxe Kabbala aber bestand auf der weiteren, sorgfältigen Erfüllung auch des Klagerituals.

Das zweite Beispiel für diese Gattung von Riten betrifft die Verwandlung des Tages vor dem Neumondstag in einen Tag des Fastens und der Buße, der unter dem zuerst in Safed aufgekommenen Namen des «kleinen Versöhnungstages», *Jom Kippur Katan,* die weiteste Verbreitung fand[62]. Hätte nicht eine alte und tiefgewurzelte Tradition dem Neumondstag selber, an dem der Mond sich regeneriert, eine festliche Bedeutung gegeben, ja das Fasten an diesem Tage ausdrücklich verboten, so würde zweifellos dieser Tag selber von den Kabbalisten als ein Tag der Erinnerung an das kosmische Ereignis des Exils und als Buß- und Fasttag eingeführt worden sein. Denn die Motive, die hierbei besonders wirksam waren, bezogen sich ja auf den Neumondstag selber. Wie aber wurde die ursprüngliche Freude am Wiedersichtbarwerden des Mondes in eine Trauer wegen seiner allmählichen Abnahme verwandelt? Noch im Talmud (*Sanhedrin* 42a) findet sich ja, in der Formel, die für den Neumondssegen vorgeschrieben ist, eine ausdrückliche Parallele gerade zwischen der Erneuerung des Mondes und der messianischen Erlösung: «Zum Monde spricht Er, daß er sich erneue, eine herrliche Krone für die, die vom Mutterleibe an getragen, *die gleich ihm sich dereinst verjüngen* und ihren Schöpfer verherrlichen werden.» Die Verlegung des Nachdrucks auf die Mangelhaftigkeit des Mondes im Wechsel seiner Phasen geht aber auf andere

Vorstellungen zurück. Die Tora schreibt am Neumondstag ein besonderes Sühnopfer eines Ziegenbockes vor, wobei nicht klar ist, wofür dies Sühnopfer eigentlich dargebracht wird. In einer Erklärung des Talmud[63] dazu heißt es, daß Gott den Mond, der ursprünglich die gleiche Leuchtkraft wie die Sonne hatte, verkleinert habe. Als der Mond sich hierüber immer weiter beschwerte, habe Gott gesprochen: Bringet für mich ein Sühnopfer dar, weil ich den Mond verkleinert habe.

Diese «Verkleinerung des Mondes» wird nun von den Kabbalisten als ein Symbol des Exils der Schechina interpretiert. Die Schechina selber ist der «Heilige Mond», der von seinem Rang gesunken, seines Lichts beraubt und ins kosmische Exil geschickt worden ist. Seitdem strahlt sie nur noch, ganz wie der Mond, in reflektiertem Licht. Zur talmudischen Erklärung, die sich nur auf die Bezeichnung des Mondes als der «kleinen Leuchte» im Schöpfungsbericht der Genesis bezieht, trat bei den Kabbalisten auch die Beziehung auf die wechselnden Phasen des Mondes, die darauf hinzuweisen schienen, daß vor der messianischen Erlösung der Mond (das heißt aber eben auch die Schechina), selbst wenn er seine Leuchtkraft wiedergewonnen hat, immer wieder zu völliger Lichtleere und Bedürftigkeit herabsinkt. Erst in der Erlösung wird der Mond wieder in seinen ursprünglichen Stand restituiert, wofür man sich auf einen Vers Jesajas (30:26) berufen konnte. Inzwischen aber schien den Kabbalisten kein kosmisches Ereignis deutlicher mit dem Exil aller Dinge, der Unvollkommenheit und dem Makel, der allem Sein innewohnt, in Verbindung zu stehen als eben diese periodische Verkleinerung des Mondes.

So trafen denn hier in besonders sinnfälliger Weise die zwei Momente zusammen, die die Welt der späteren Kabbala so entschieden beherrschten: der Verfall, der das Exil ist, und die Regeneration des Lichtes nach seinem völligen Entschwinden, die eine Garantie der künftigen Wiederherstellung aller Dinge in der Erlösung bildet. Da nun, wie

gesagt, der Neumondstag selber nicht leicht seines festlichen Charakters entkleidet werden konnte, so wurde, nach älterer frommer Sitte, im Kreise des Salomo Alkabez und Moses Cordovero in Safed der Vortag des Neumonds als Fasttag eingeführt, der der Meditation über die zwei großen Themata, Exil und Erlösung, vornehmlich gewidmet war. Auffällig ist übrigens, daß in den ältesten authentischen Texten der lurianischen Kabbala von diesem Tag und dem Fasten an ihm, im Gegenteile zu vielen darüber geäußerten Vermutungen, überhaupt keine Notiz genommen wird[64]. Dagegen berichtet schon Abraham Galante, der Schüler Cordoveros, es sei (um 1570) in Safed allgemeine Sitte, daß an diesem Tage Männer, Frauen und Schulkinder fasten und den ganzen Tag unter Bußgebeten, Sündenbekenntnissen und Geißelungen verbringen[65]. Auch der Name «kleiner Versöhnungstag» ist in diesem Kreise zum erstenmal belegt[66]. Unklar ist, ob dieser Name daher kommt, daß hier jeden Monat für die Sünden Buße getan wird, oder davon, daß eine Parallele gezogen wurde zwischen dem Sündenbock des Versöhnungstags, der als Sühnopfer in die Wüste geschickt wurde, und dem oben erwähnten speziellen Sühnopfer des Neumondstages, das ebenfalls aus einem Ziegenbock bestand. Die erste Erklärung scheint aber die historisch ursprüngliche zu sein[67].
Die sehr mannigfaltigen Liturgien, die für diesen Tag verfaßt worden sind, spiegeln alle die Vereinigung der hier dargelegten beiden Momente, die der Tag zum Ausdruck bringen soll, wider. «Ich bin der Mond, und du bist meine Sonne» – diese Worte aus einem der Gebete[68] stellen das Motiv dar, das hier immer wieder abgewandelt wird. Und da das vollkommene Hinschwinden des Mondes den Hinabstieg in die letzten Finsternisse des Exils, das Auskosten all seiner Schrecken, darstellt, ist gerade in diesem Tiefpunkt nach der Meinung mancher Kabbalisten die rechte Stunde für die Adepten gekommen «über das Geheimnis des Messianischen zu meditieren[69]». Das außerordentlich detaillierte Ritual für den Tag, das in dem Werke *Chemdat*

Jamim entwickelt wird, ist eines der charakteristischsten Dokumente der sabbatianischen Kabbala, die strikt asketische Haltung aus dem Bewußtsein schöpfte, daß der Messias zwar schon angetreten, aber selber noch in einer tragischen Sendung in die unreinsten Tiefen des Exils verstrickt ist, so daß die Hoffnung auf Erlösung sich hier gerade an ihrem paradoxesten Punkt, nämlich dem Exil des Messias selber, zu bewähren hatte[70].

6

Die zwei Kategorien von Riten, die ich soeben besprochen habe, hängen in sich sachlich zusammen. Denn die «heilige Hochzeit» ist ja immer auch eine Zeremonie, in der die Erlösung vorweggenommen wird, in der die Trennung und das Exil der Schechina mindestens momentan aufgehoben oder doch gemildert werden. Ganz anders verhält es sich aber mit den Riten, die eine Abwehr der Mächte der «anderen Seite», eine Bannung der Dämonen und zerstörenden Kräfte, bezwecken. Unendlich reich ist dieses Gebiet entwickelt, in dem die Kabbala einfach in neuen Formen (und oft genug nicht einmal in solchen) auf alte und lange vor ihr existierende magische Vorstellungen und Riten zurückgriff.
Ich möchte hier nur an einem, freilich besonders drastischen, Beispiel die Zusammenhänge entwickeln, aus denen ein solches Abwehrritual in kabbalistischen Kreisen, und später fast allgemein, üblich wurde. Wer bis in die letzten Jahre etwa, ja zum Teil noch heute, an einer Beerdigung in Jerusalem teilgenommen hat, ist über ein höchst seltsames Schauspiel verwundert, das sich manchmal am offenen Grabe vor der Einsenkung der Leiche abspielt. Zehn Juden umtanzen im Rundgang den Toten und sprechen einen Psalm, der allgemein in der jüdischen Überlieferung als ein Abwehrpsalm gegen Dämonen aufgefaßt wird (Psalm 91), oder ein anderes Gebet. Nach dem Rundgang wird ein

Stein auf die Bahre gelegt und der Vers gesprochen (Genesis 24:6): «Den Söhnen der Konkubinen, die Abraham hatte, gab Abraham Geschenke und schickte sie fort.» Dieser merkwürdige Totentanz wird siebenmal wiederholt. Der Sinn dieses Ritus, der fast allen, die ihm beiwohnen, heute unverständlich ist, hängt mit den Vorstellungen der Kabbala über das sexuelle Leben und die Heiligkeit des menschlichen Samens zusammen. Hier liegt ein ganzer Mythos vor, der die Abgrenzung des Zeugungsaktes gegen andere sexuelle Praktiken, die dämonisiert wurden, vor allem die Onanie, zum Gegenstand hat.

Die Dämonen sind nach der talmudischen Tradition am Freitagabend in der Dämmerung als Geister geschaffen, die, da der Sabbath inzwischen hereinbrach, keine Körper mehr erhalten haben. Daraus zogen die Späteren die Folgerung (die vielleicht auch den talmudischen Quellen selber nicht fernlag), daß also seitdem die Dämonen einen Körper suchen und deswegen sich an den Menschen heften. Eine andere Vorstellung trat hinzu. Als Adam nach der Ermordung Abels durch seinen Bruder nichts mehr mit seinem Weibe zu schaffen haben wollte, kamen weibliche Dämonen, Succubi, zu ihm und empfingen von ihm; aus dieser Verbindung, in der das Zeugungsvermögen Adams also mißbraucht und mißleitet wurde, stammt eine Art von Dämonen, welche *Nig'e Bne Adam*, «Schadensgeister, die vom Menschen kommen», genannt werden[71]. Von den Kabbalisten wurden diese alten Vorstellungen über die dämonische Zeugung in der Pollution oder in anderen, besonders onanistischen Praktiken aufgegriffen und im Sohar dahin systematisiert, daß Lilith, die Königin der Dämonen, oder die zu ihrem Hofstaat gehörenden Dämonen den Menschen zu sexuellem Vollzug zu reizen suchen, dem der weibliche Partner fehlt, um auf diese Weise aus dem so ins Leere fallenden Samen einen Körper für sich zu schaffen. Übrigens ist, soweit ich sehe, die Frage ungeklärt, wer eigentlich zuerst diese Folgerungen und detaillierten Formulierungen über Succubi und Incubi entwickelt hat, jüdische oder christliche Kreise. In aramäischen Beschwörungstexten des 6. Jahrhunderts in jüdischen Kreisen schon belegt, sind sie jedenfalls am Ende des 13. Jahrhunderts im Sohar ziemlich voll entwickelt und spielen in dessen Vorstellungen über die Verbindung der «anderen Seite» mit dem menschlichen Leben eine sehr beträchtliche Rolle. Während der Vollzug der Verbindung zwischen Mann und Weib in seinen heiligen Grenzen für die Kabbalisten ein mit größter Ehrfurcht betrachtetes Mysterium bildet – steht doch die klassischste und verbreitetste Formulierung des Wesens der mystischen Meditation im Sinne der Kabbalisten gerade in einer Schrift über das Wesen und den Vollzug der ehelichen Vereinigung[72] –, so ist der Mißbrauch der Zeugungskraft umgekehrt ein zerstörerischer Akt, von dem nicht das Heilige, sondern die «andere Seite» Zuwachs erhält. Eine extreme Idee von Reinheit hat hier zur Konsequenz geführt, jede bewußt oder unbewußt erfolgende Verletzung ihrer Gesetze als einen Akt der Zeugung von Dämonen anzusehen.

Im 16. Jahrhundert, zuerst bei dem noch aus Spanien stammenden Kabbalisten Abraham Sabba[73], ist dann diese Vorstellung mit dem Tod des Menschen in eine sonderbare Verbindung gebracht worden. All jene illegitimen Kinder, die der Mensch im Laufe seines Lebens mit den Dämonen gezeugt hat, erscheinen nach seinem Tode, sich an der Klage und der Beerdigung zu beteiligen.

«Denn all jene Geister, die aus seinem Samentropfen ihren Körper gebaut haben, erachten ihn für ihren Vater. So muß er denn dafür vor allem am Tage der Beerdigung Strafe erleiden; denn wenn man ihn zu Grabe trägt, umschwärmen sie ihn wie die Bienen und rufen: ‚Unser Vater bist du' und jammern und klagen hinter seiner Bahre, weil sie nun ihren Heimatplatz verlieren und man sie mit den übrigen Dämonen, die [körperlos] in der Luft schweben, quält[74].» Nach anderen melden sie bei dieser Gelegenheit ihren Erbanspruch mit den übrigen Söhnen des Verstorbenen an und suchen die legitimen Kinder zu schädigen. Der

Ritus des siebenmaligen Umgehens des Toten, das einen heiligen Kreis herstellt, ist eine Abwehrzeremonie, durch die verhindert werden soll, daß jene falschen Kinder sich dem Toten nähern, die Leiche verunreinigen oder anderen Schaden anrichten. Daher denn jener Genesisvers über die «Söhne der [dämonischen] Konkubinen», die Abraham von sich fortschickte, damit sie Isaak, den legitimen Sohn, nicht stören sollten. Denselben Zweck verfolgt auch ein ähnlicher Ritus, nämlich das siebenmalige Niedersetzen der Bahre auf die Erde auf dem Wege zum Friedhof[75]. Vor allem aber wurde aus diesem Grunde von den Kabbalisten mit Nachdruck das Geleit des Toten durch seine Kinder und speziell durch die Söhne verboten. Der Fromme soll unter ausdrücklichem Bann «all seinen Kindern» noch zu Lebzeiten verbieten, ihm zum Grab zu folgen, wodurch er sowohl ja jene illegitimen dämonischen Nachkommen trifft als auch verhindert, daß, falls sie sich doch am Grabe einfinden, sie seine echten und in Reinheit erzeugten Kinder gefährden. Charakteristisch ist in diesem Zusammenhang der Bericht des Frankfurter Gymnasialrektors Johann Jakob Schudt, der im Jahre 1717 von den Frankfurter Juden erzählt[76]: «Sie glauben festiglich, wenn der Same einem Manne entgehet, daß durch die Hülfe der Machlath [einer Dämonin] und Lilith daraus böse Geister werden, die aber zu ihrer Zeit wieder sterben. Wenn nun ein Mann stirbt, und seine Kinder anfangen zu weinen und klagen, so kommen diese von seinem Samen hergekommenen Schedim oder bösen Geister auch herzu, und wollen am Todten, als an ihrem Vater, mit den andern Kindern auch Theil haben, zupfen und rupfen dann den Toten, so ihm schmerzlich ist, und Gott selbst, wenn er diese schönen Früchterger bei der Leiche siehet, erinnert sich der Sünde des Todten von Neuem. Mir ist bekandt, daß Juden ihren Kindern im Leben scharf anbefohlen, daß sie nicht die geringste Klage führen oder weinen sollen, solang bis der todte Cörper auf dem Kirchhoff durch Waschen, Säubern, auch Nägel and Händen und Füßen abschneiden, gereinigt ist, weil alsdenn diese unreine Geister an dem gereinigten Cörper kein Theil mehr haben sollen.»

Auch ein weiterer, merkwürdiger Ritus hängt mit dem gleichen Vorstellungskreis zusammen. Besonders im Schaltjahr nämlich wurde im Winter während bestimmter Wochen am Montag und Donnerstag gefastet, um den Makel, den der Mensch durch nächtliche Pollution und Onanie seiner wahren Gestalt zufügt, durch besondere Gebete und Bußübungen «auszubessern». Dieser Ritus heißt *Tikkun Schobabim*. Die Anfangsbuchstaben der Tora-Abschnitte, die an den betreffenden Sabbathen in der Synagoge verlesen werden, bilden nämlich das Wort *Schobabim*, «die Ungeratenen», was offensichtlich auf jene «ungeratenen Kinder» des Menschen sich bezieht[77], deren Rückführung und Rückkehr in den Bezirk des Heiligen durch diesen Ritus befördert werden sollte. Der Gebrauch ist in Österreich im 15. Jahrhundert belegt, ohne daß die sexuelle Note dabei explizite erwähnt wird[78]. Die Kabbalisten haben ihn dann übernommen und elaboriert[79].

Freilich ist Lilith nicht nur an den illegitimen sexuellen Praktiken beteiligt. Sogar die eheliche Verbindung des Mannes mit seinem Weibe wird von ihr gefährdet, weil sie auch hier in Evas Bereich sich einzudrängen sucht. Weithin wurde daher ein vom Sohar empfohlenes Ritual geübt, das die Fernhaltung der Lilith vom ehelichen Lager zum Ziel hat.

«Zur Stunde, da der Mann sich mit seinem Weibe vereinigt, soll er seinen Sinn auf die Heiligkeit seines Herrn richten und sprechen:

,In weichen Samt Gehüllte – bist du hier?
Aufgehoben, Aufgehoben!
Tritt nicht ein und geht nicht aus!
Nichts von dir und nichts in deinem Teil!
Kehre um, kehre um, das Meer stürmt,
Seine Wellen rufen dich[80].
Ich aber ergreife den heiligen Teil,
Mit der Heiligkeit des Königs bin ich umhüllt.'

Dann soll er eine Weile lang sein Haupt und das seines Weibes mit den Tüchern umhüllen und später klares Wasser um sein Bett sprengen[81].»

In Riten dieser Art, wie sie begreiflicherweise gerade mit dem sexuellen Bereich verbunden auftreten, stellen sich die dunkleren Seiten des kabbalistischen Rituals dar, die die Lebensängste und Erregungen des Menschen widerspiegeln. Nicht mehr in mystisch sublimierten, sondern in unverstellt mythischen Bereichen wurzelnd, ist ihr Einfluß und ihre Wirkung nicht viel geringer zu veranschlagen als der jener anderen, in denen die Kabbalisten ihr Gesicht nicht der «anderen Seite», sondern dem Heiligen und seiner Realisierung auf Erden zugewandt haben.

Fünftes Kapitel

Die Vorstellung vom Golem
in ihren tellurischen
und magischen Beziehungen

1

Vor fast vierzig Jahren erschien der phantastische Roman Gustav Meyrinks «Der Golem». Meyrink unternahm es darin, indem er in eigenartiger Weise eine Gestalt jüdisch-kabbalistischer Volkssage aufgriff und verwandelte, etwas wie ein symbolisches Bild vom Weg zur Erlösung zu entwerfen. Solche literarischen und belletristischen Verarbeitungen und Metamorphosen des Golemstoffes sind vor allem in der jüdischen und deutschen Literatur des neunzehnten Jahrhunderts seit Jakob Grimm, Achim von Arnim und E. Th. Hoffmann sehr verbreitet und bezeugen eine besondere Faszination, die von dieser Figur ausging, in der so viele Autoren ein Symbol derjenigen Kämpfe und Konflikte zu sehen versuchten, die ihren Herzen am nächsten lagen[1]. Meyrink jedoch übertrumpft diese Versuche bei weitem: alles ist hier aufs phantastischste ausgestaltet und, mehr noch, verzerrt. Unter der ganz exotisch und futuristisch aufgefaßten Fassade des Prager Ghettos und der vermeintlichen Kabbalistik – die dem trüben Medium der Madame Blavatsky mehr verdankt, als ihr gut tut – werden eher indische als jüdische Erlösungsideen vorgetragen. Aber bei allem wirren und unreinen Durcheinander umgibt den Meyrinkschen «Golem» eine unnachahmliche Stimmung, in der Elemente von unkontrollierbarer Tiefe, ja Größe, mit einem seltenen Sinn für mystische Marktschreierei und für das *épater le bourgeois* sich verbinden. Nach Meyrinks Interpretation ist der Golem eine Ahasverische Erscheinung, die alle dreiunddreißig Jahre – die Zahl ist wohl nicht zufällig die der Lebensjahre Jesu – am Fenster eines Zimmers ohne Zugang im Prager Ghetto erscheint. Dieser Golem ist teils materialisierte Kollektivseele des Ghetto, mit allen trüben Rückständen des Gespenstischen, teils aber Doppelgänger des Helden, eines Künstlers, der um seine Selbsterlösung ringt und in ihr den Golem, sein eigenes unerlöstes Selbst, messianisch reinigt. Wenig freilich steckt von der jüdischen Tradition, selbst in ihren verfallenen und von der Sage verwandelten Formen, in dieser einigermaßen berühmt gewordenen Romangestalt. Wie wenig, wird eine eindringendere Analyse der genuinen jüdischen Traditionen über den Golem lehren, wie ich sie in ihren Hauptmomenten hier zu geben beabsichtige.

Dazu möchte ich, gleichsam zur Definition des Klimas dieser Untersuchung, die späte jüdische Gestalt der Sage voranstellen, wie sie in prägnanter Form Jakob Grimm in der romantischen «Zeitung für Einsiedler» im Jahre 1808 gegeben hat[2].

«Die polnischen Juden machen nach gewissen gesprochenen Gebeten und gehaltenen Fasttagen die Gestalt eines Menschen aus Ton oder Leimen, und wenn sie das wundertätige Schemhamphoras [den Gottesnamen] darüber sprechen, so muß er lebendig werden. Reden kann er zwar nicht, versteht aber ziemlich, was man spricht oder befiehlt. Sie heißen ihn Golem und brauchen ihn zu einem Aufwärter, allerlei Hausarbeit zu verrichten. Allein er darf nimmer aus dem Hause gehen. An seiner Stirn steht geschrieben *emeth* [Wahrheit], er nimmt aber täglich zu und wird leicht größer und stärker als alle Hausgenossen, so klein er anfangs gewesen ist. Daher sie aus Furcht vor ihm den ersten Buchstaben auslöschen, so daß nichts bleibt als *meth* [er ist tot], worauf er zusammenfällt und wieder in Ton aufgelöst wird. Einem ist sein Golem aber einmal so hoch geworden und hat ihn aus Sorglosigkeit immer wachsen lassen, daß er ihm nicht mehr an die Stirn hat reichen können. Da hat er aus der großen Angst den Knecht geheißen, ihm die Stiefel auszuziehen, in der Meinung, daß er ihm beim Bücken an die Stirn reichen könne. Dies ist auch geschehen und der erste Buchstabe glücklich ausgetan worden, allein die ganze Leimlast fiel auf den Juden und erdrückte ihn.»

2

Eine Untersuchung der Vorstellung vom Golem als einem durch magische Kunst geschaffenen Menschen muß auf einige der jüdischen Vorstellungen über Adam, den ersten Menschen, zurückgreifen. Ist es doch von vornherein evident, daß die Erschaffung des Golem irgendwo in Konkurrenz tritt zu der Erschaffung Adams und daß die schöpferische Gewalt des Menschen hier auf dem Hintergrund der schöpferischen Gewalt Gottes selber abgezeichnet wird, sei es in Nachahmung, sei es in Widerstreit zu ihr.

Die etymologische Verbindung des von Gott erschaffenen Adam mit der Erde, hebräisch *'adama,* wird zwar merkwürdigerweise im Schöpfungsbericht der Genesis nicht ausdrücklich benutzt und ist auch, soweit ich verstehe, bei den Orientalisten keineswegs in ihrem linguistischen Zusammenhang unumstritten; wohl aber trat sie später in der rabbinischen und talmudischen Bearbeitung des Schöpfungsberichts, die ja oft auf uralte Motive zurückgreift, mit großem Nachdruck hervor. Adam ist das von der Erde genommene und ihr wiederum verfallende Wesen, dem durch einen Anhauch von Gott das Leben und die Sprache verliehen wurden. Er ist der Mensch der Erde, der freilich – wie es späte Kabbalisten mit einem geistreichen Wortspiel aus Jesaja 14:14 in kühner Etymologie formuliert haben – auch zugleich «Gleichnis des Höchsten» ist, wenn er nämlich in freier Wahl des Guten seine Funktion erfüllt[3]. Dieser Adam war zwar aus der Materie der Erde geschaffen, ja geradezu aus Lehm, wie einer der Redner im Buche Hiob 33:6 ausdrücklich betont, aber aus den feinsten Teilen davon. Schon Philo sagt: «Es läßt sich denken, daß Gott dieses menschenähnliche Gebilde mit der höchsten

Sorgfalt schaffen wollte und daß er deshalb nicht von dem ersten besten Stück der Erde Staub nahm, sondern von der ganzen Erde das Beste, vom reinen Urstoff das Reinste und Allerfeinste absonderte, was sich am meisten zu seiner Bildung eignete[4].» Dies entspricht der Vorstellung der jüdischen Aggada, die dieses Motiv in allen möglichen Formen variiert. «Aus dem Klarsten der Erde schuf er ihn, aus dem Vorzüglichsten der Erde schuf er ihn, aus dem Feinsten der Erde schuf er ihn, aus dem [künftigen] Ort des Gottesdienstes [auf Zion] schuf er ihn, aus dem Ort seiner Versöhnung[5].» So wie nach der Vorschrift der Tora vom Teig eine Teighebe als das Vorzüglichste für heilige Verwendung abgesondert wurde, so auch ist Adam die Hebe, die vom Teig der Erde als ihr bestes Teil genommen wurde, das heißt aus dem Zentrum der Welt auf dem Berge Zion, vom Ort, wo der Altar stehen würde, von dem es heißt: «Einen Altar aus Erde sollst du mir machen» (Ex. 20:24)[6]. Dieser Adam freilich ist zwar aus dem Zentrum und dem Nabelpunkt der Erde genommen, aber in seiner Schöpfung verbanden sich alle Elemente. Von überall her trug Gott den Staub zusammen, aus dem Adam gebildet werden sollte, wie denn Etymologien des Wortes Adam, die es als Abbreviatur seiner Elemente oder auch der Namen der vier Himmelsrichtungen, aus denen er genommen wurde, auffassen, recht verbreitet sind[7].

Damit nun verbindet sich schon in der talmudischen Aggada ein weiteres Moment. Adam wird in einem gewissen Stadium seiner Entstehung als Golem bezeichnet. Golem ist ein hebräisches Wort, das in der Bibel nur an einer Stelle, in Psalm 139:16, vorkommt, welcher Psalm von der jüdischen Überlieferung immer dem Adam selber in den Mund gelegt wurde. *Golem* heißt hier wohl, und sicher in den späteren Quellen, das Ungestaltete, Formlose. Nichts spricht dafür, daß es, wie manchmal behauptet wird, Embryo hieße. Die mittelalterliche philosophische Literatur benutzt es als hebräischen Terminus für Materie, formlose Hyle, und diese prägnantere Bedeutung wird auch in den folgenden Überlegungen teilweise wiederkehren. Der von dem Anhauch Gottes noch nicht betroffene Adam wird in diesem Sinne als Golem bezeichnet.

Eine berühmte Stelle des Talmud[8] schildert die zwölf ersten Stunden von Adams erstem Tag: «Acha bar Chanina hat gesagt: zwölf Stunden hatte der Tag. In der ersten Stunde wurde die Erde zusammengehäuft; *in der zweiten wurde er ein Golem,* eine noch ungeformte Masse; in der dritten wurden seine Glieder ausgestreckt; *in der vierten wurde die Seele in ihn geworfen;* in der fünften stand er auf seinen Füßen; in der sechsten gab er [allem Lebendigen] Namen; in der siebenten wurde ihm Eva zugesellt; in der achten legten sie sich zu Bett zu zweien und verließen es zu vieren; in der neunten wurde ihm das Verbot erteilt; in der zehnten übertrat er es; in der elften wurde über ihn Gericht gehalten; in der zwölften wurde er ausgetrieben und ging aus dem Paradiese, wie es in Psalm 49:13 heißt: Und Adam, in Herrlichkeit bleibt er nicht eine Nacht.» Von dieser bemerkenswerten Stelle sind für uns die Behauptungen über die zweite und vierte Stunde wichtig. Bevor die Seele, *neschama,* in ihn geworfen wurde und bevor er sprach, indem er allen Dingen Namen gab, war er in einem Rohzustand. Nicht weniger merkwürdig ist die weitere Ausführung dieses Motivs in einem Midrasch aus dem zweiten und dritten Jahrhundert. Hier nämlich ist Adam nicht nur als Golem, sondern als Golem von kosmischer Größe und Stärke geschildert, dem noch in diesem seinem sprachlos-unbelebten Zustand Gott alle künftigen Geschlechter bis ans Ende der Zeiten gezeigt hat. Die Verbindung dieser beiden Motive, zwischen denen doch ein offenbares Verhältnis der Spannung, wenn nicht des Widerspruchs besteht, ist sehr eigenartig. Noch bevor Adam Einsicht und Vernunft hat, hat er hier eine Vision der Geschichte der Schöpfung, die an ihm bildhaft vorüberzieht. «Rabbi Tanchuma sagte im Namen des R. Elazar [gemeint ist Elazar ben Azaria]: In der Stunde, da Gott den ersten Adam schuf, schuf er ihn als Golem, und er war von einem Ende der

213

Welt bis zum anderen ausgestreckt, wie es im Psalm 139 heißt: ‚Meinen Golem sahen deine Augen.' Rabbi Juda bar Simon sagte: Während Adam noch als Golem vor dem, der da sprach und die Welt entstand, lag, da zeigte er ihm alle Geschlechter und ihre Weisen, alle Geschlechter und ihre Richter, alle Geschlechter und ihre Führer[9].» Man könnte also denken, daß noch in diesem Stande dem Adam irgendein tellurisches Vermögen aus der Erde, der er entnommen war, zugewachsen war, durch das er solche Vision in sich aufnehmen konnte. Die ungeheure Größe Adams, der das ganze Universum erfüllt, wurde nach der Aggada erst nach dem Sündenfall auf menschliches, wenn auch immer noch Riesenmaß, reduziert. Im Bild der ursprünglichen kosmischen Ausmaße dieses Erdwesens lassen sich zwei Vorstellungen erkennen. Der einen erscheint Adam hier wie ein ungeheueres Urwesen kosmogonischer Mythen; in der anderen erscheint dieses Maß eher als eine extensive Darstellung der in ihm zusammengefaßten Kraft des ganzen Universums.

In der Tat finden wir diese letztere Vorstellung in einem Fragment eines im ganzen verlorengegangenen Midraschwerkes, dem Midrasch *Abkir,* in dessen Fragmenten sich überhaupt viele sehr altertümliche und ins Mythische schlagende Vorstellungen erhalten haben. Dort lesen wir: «Rabbi Berachia sagte: Als Gott die Welt schaffen wollte, da begann er seine Schöpfung mit nichts anderem als dem Menschen und machte ihn zu einem Golem. Als er nun daranging, eine Seele in ihn zu werfen, sagte er: Wenn ich ihn jetzt hinstelle, wird man sagen, er war mein Genosse beim Schöpfungswerk, so will ich ihn als Golem [im unfertigen, rohen Zustande] lassen, bis ich alles geschaffen haben werde. Als er alles geschaffen hatte, sagten die Engel zu ihm: Machst du denn den Menschen nicht, von dem du gesprochen hast? Er antwortete: Ich habe ihn längst gemacht, und nur das Einwerfen der Seele fehlt noch. Da warf er die Seele in ihn und stellte ihn hin und faßte die ganze Welt in ihm zusammen. Mit ihm begann er, mit ihm beschloß er, wie es heißt (Psalm 139:5): vorn und hinten hast du mich gebildet[10].» Die Unbekümmertheit, mit der hier die aggadische Exegese den Boden des biblischen Berichtes verläßt, mit der sie die reale Schaffung des Menschen als Golem, in dem die Kraft des ganzen Universums enthalten ist, an den Anfang der ganzen Schöpfung stellt und erst seine Beseelung an das Ende, ist wahrhaft erstaunlich. Nicht die zweite und vierte Stunde in Adams Leben, wie in dem oben zitierten Bericht, trennt zwischen seinem ungeformten Zustand und seiner Beseelung, sondern das gesamte Schöpfungswerk liegt zwischen beiden. Und wie vorher Erde aus der ganzen Welt für ihn zusammengetragen wurde, so ist hier nun in ausdrücklicher Formulierung die ganze Welt in ihm zusammengefaßt.

Dieses mythisch-kühne Abweichen vom biblischen Bericht wiederholt sich bei einem weiteren Punkt, der für diese Betrachtung von Bedeutung ist. Während nämlich die Genesis nur die Verleihung des Lebensodems durch Gott kennt, wodurch Adam eine *nefesch chaja,* eine lebendige Seele, wird (Gen. 2:7), fehlen in der altjüdischen Tradition nicht Äußerungen über einen tellurischen Erdgeist, der dem Adam innewohnte, Äußerungen, die dem biblischen Bericht durchaus widersprechen.

Die Aggada greift hier, wie so oft, über den biblischen Text hinaus auf andere Vorstellungen zurück. Ähnliches haben wir ja auch in der Überlieferung über die Schöpfung eines Weibes noch vor Eva, die freilich auch aus dem Wunsch entstanden sein kann, den Widerspruch zwischen Gen. 1:27, wo der Mann und das Weib gleichzeitig erschaffen sind, und 2:21 auszugleichen, wo Eva aus Adams Seite gebildet wird. So ist nach einem in dieser Form freilich erst im neunten oder zehnten Jahrhunderte bezeugten Midrasch[11] dem Adam zuerst ein Weib aus der Erde (nicht aus der Rippe oder Seite) erschaffen worden. Dies war die Lilith, die aber eine Gleichberechtigung in Anspruch nahm, die dem Herrn der Schöpfung nicht behagte. Argumentierte sie doch: Wir sind beide gleichgestellt, da wir beide von der Erde stammen. Daraufhin stritten sich beide, und Lilith, der das zu bunt wurde, sprach den Gottesnamen aus und flog davon, womit sie eine dämonische Karriere begann. Früher, noch im dritten Jahrhundert, war diese Vorstellung offenbar in etwas anderer Form, ohne Verbindung mit dem dämonischen Motiv der Lilith, bekannt. Hier ist die Rede von der «ersten Eva», und um den Besitz dieser von Adam unabhängig geschaffenen und mit ihnen daher nicht verwandten Eva sollen sich Kain und Abel gestritten haben, worauf Gott sie wieder zum Staub zurückverwandelte[12].

Um aber auf die Seele zurückzukommen, so wird in Traditionen aus dem zweiten Jahrhundert überraschend genug behauptet, der Vers Gen. 1:24 «Die Erde bringe lebende Seele hervor» beziehe sich auf den Geist *ruach* des ersten Adam, der also nicht ein von oben eingeblasenes Pneuma, sondern ein Erdgeist, eine der Erde innewohnende vitale Potenz war. Daß diese Vorstellung mit gnostischen Ideen zusammenhängt, deren ursprünglich jüdischer, wenn auch von Häretikern übernommener Charakter sonderbarerweise oft verkannt worden ist, scheint mir klar. Wir kennen aus dem Bericht Hippolyts in den «Philosophoumena» (V, 26) ein jüdisch-christliches Mischsystem ophitischer Gnosis wohl aus der Mitte des zweiten Jahrhunderts, das dort nach dem Baruchbuch eines sonst unbekannten Justinus referiert wird. Nach ihm gab es drei Urprinzipien: den guten Gott, den Elohim als Vater alles Entstandenen (der der Gott der Genesis ist) und die halb als Jungfrau, halb als Schlange gebildete Edem, die auch Israel und Erde heißt. Im Namen dieser Edem liegt offenbar eine sonderbare, vielleicht schon von des Hebräischen nicht mehr mächtigen jüdischen Häretikern vorgenommene Konfusion der beiden Worte ’*adama*, Erde, und ‘*Eden* (in der Septuaginta Edem geschrieben) vor. Die justinische Edem zeigt Züge von beiden, wenn auch ihre Hauptcharaktere solche der ’*adama* sind. Sie ist, wie Lipsius sagt, die mythologische Personifikation der Erde[13]. Adam und Edem werden hier ebenso zusammen gebracht wie im Midrasch[14] Adam und *ʾAdama*. Das Paradies, der Garten, der hier gut jüdisch von Eden selber unterschieden wird, ist nach ihm die Gesamtheit der Engel, die allegorisch die «Bäume» im Paradiese sind. «Nachdem aber das Paradies aus der gemeinsamen Liebe des Elohim und der Edem entstanden war, nahmen die Engel des Elohim etwas von der besten Erde, das heißt nicht vom tierischen Teil der Edem, sondern von den menschlichen und edlen Teilen der Erde», und bildeten daraus den Menschen. Die Psyche des Adam stammt nun, genau wie in der gleichzeitigen Tradition des oben zitierten Midrasch, von der jungfräulichen Erde oder Edem[15] – auch hier wie im Midrasch wird Adam aus ihren besten Teilen hergestellt –, im Unterschied zum Pneuma, der *neschama* der Bibel, die Elohim beigesteuert hat.

Hier ist dann, immer weiter im Sinne der Grundbedeutung der Edem als Erde gedacht, fernerhin die Rede von einer mythischen Hochzeit *(gamos)* der Erde mit Elohim, als deren «ewiges Symbol» Adam erscheint, «das Siegel und Denkmal ihrer Liebe». Tellurisches und Pneumatisches wirkten also zusammen im Adam und seinen Nachkommen, denn, wie Justin sagt, hat die Edem-Erde «ihre ganze Kraft wie eine Mitgift bei der Hochzeit dem Elohim zugebracht». Ich halte für wahrscheinlich, daß diese tellurische Seele Adams aus älterer jüdischer Spekulation stammt, wo sie vielleicht von dem Midrasch über die Vision Adams von den künftigen Geschlechtern, die er noch als Golem hatte, sehr wohl vorausgesetzt sein kann und dann durch häretische jüdische Gnostiker zu den Naassenern und Ophiten kam, wo sie dann natürlich ausgezeichnet in deren Schema von Psyche und Pneuma paßte.

In den späteren Golemvorstellungen spielt das Wiederaufkommen solcher Ideen über die Hochzeit zwischen Gott und Erde, wie sie etwa in der spanischen Kabbala begegnen, keine Rolle. Aber in den Ländern, in denen der Golem seine Laufbahn im Mittelalter begann, wie vor allem in Deutschland, sind Schriften wie jene spätere Rezension des

«Alphabets des Ben Sira» entstanden, in der Gott und die Erde einen förmlichen Vertrag über die Schöpfung Adams schließen. Gott verlangt den Adam für tausend Jahre als Leihgabe von der Erde und stellt ihr einen hochförmlichen Schuldschein für «vier Ellen Erde» aus, der von den Erzengeln Michael und Gabriel als Zeugen unterzeichnet ist und bis jetzt im Archiv des himmlischen Schreibers Metatron sich befindet[16].

3

In ganz andere Richtung führt nun der Ausgangspunkt der Vorstellung von der Wiederholung solcher Schöpfung eines Menschen durch magische oder sonstwie künstliche, nicht näher definierte Mittel. Den Ausgangspunkt dieser späteren Golemvorstellung bilden legendäre Berichte des Talmud über einige berühmte Rabbinen des dritten und vierten Jahrhunderts.
«Rabha sagte: Wenn die Gerechten wollten, so könnten sie eine Welt schaffen, denn es heißt [Jes. 59:2]: Denn eure Sünden machen eine Scheidung zwischen euch und eurem Gott.» Wären also die Sünden nicht, wie etwa beim vollkommenen Gerechten, so würde zwischen dem schaffenden Vermögen Gottes und dem des sündlosen Frommen keine Scheidung bestehen. Und in der Tat fährt der Text, als ob er dies schöpferische Vermögen sogleich ausweisen wollte, fort: «Rabha nämlich schuf einen Menschen [wörtlich Mann] und schickte ihn zu Rabbi Zera. Der sprach mit ihm, und er gab keine Antwort. Da sagte er: Du stammst wohl von den Genossen [den Mitgliedern der talmudischen Hochschule]; kehre zu deinem Staub zurück.» Nach einigen Gelehrten wäre der Satz des Rabbi Zera infolge der Doppeldeutigkeit des betreffenden aramäischen Wortes anders aufzufassen und hieße vielmehr: Du stammst wohl von den Magiern. Gleich dahinter folgt im Talmud noch ein weiterer Bericht: «R. Chanina und R. Oschaja befaßten sich jeden Sabbath-Vorabend mit dem Buch der Schöp-

fung – nach einer anderen Lesart: mit den Vorschriften *(halachoth)* über die Schöpfung – und schufen sich ein Kalb im Drittel seiner natürlichen Größe und verzehrten es[17].»
Die schöpferische Gewalt der Frommen ist also eingeschränkt. Rabha vermag zwar einen Mann zu schaffen, der bis zu Rabbi Zera gehen kann, die Sprache aber kann er ihm nicht verleihen, und an dieser Sprachlosigkeit erkennt Rabbi Zera die Natur seines Gegenübers. Irgendeine Funktion praktischer Natur erfüllt dieser künstliche oder magische Mensch nicht. Welches die Mittel sind, durch die er erschaffen wurde, wird auch nicht gesagt, es sei denn, wir dürften aus der weiteren Legende über die Erschaffung des Kalbes als Sabbath-Mahl folgern, daß die gleichen Vorschriften über die Schöpfung, die Chanina und Oschaja anwandten, auch dem späteren Rabha bekannt waren. Die eine Legende spielt in Palästina, die andere in Babylonien.
Es liegt nun gewiß nahe und ist auch immer von der jüdischen Tradition angenommen worden, daß es bei dieser Schöpfung um Magie, wenn auch in einer durchaus erlaubten Form, ging. Die Buchstaben des Alphabets, um wieviel mehr noch die des Gottesnamens oder gar die der ganzen Tora, die ja das Instrument Gottes bei der Schöpfung war, haben geheime, magische Gewalt. Der Eingeweihte vermag sie anzuwenden. Bezalel, der Erbauer des Stiftszeltes, «kannte die Kombinationen der Buchstaben, mit denen Himmel und Erde geschaffen wurden» – so hören wir im Namen eines babylonischen Gelehrten aus dem frühen dritten Jahrhundert, der der hervorragendste Vertreter der esoterischen Tradition in seiner Generation war[18]. Diese Buchstaben sind zweifellos die des Namens Gottes[19]: so wie Himmel und Erde durch den großen Namen Gottes erschaffen sind – ein sicheres Lehrstück der jüdischen Esoterik jener Zeit –, so vermag Bezalel *en miniature* diese Schöpfung im wunderbaren Aufbau des Stiftszeltes zu wiederholen. Stellt doch das Stiftszelt einen völligen Mikrokosmos, eine wunderbare Abbildung von allem, was im Himmel und auf Erden ist, dar.

Eine ähnliche Tradition von der schaffenden Gewalt der Buchstaben liegt auch dem folgenden Midrasch über Hiob 28:13 zugrunde, welcher dort von der Sophia handelnde Vers hier von der Tora verstanden wird: «Niemand kennt ihre [richtige] Ordnung, denn die Abschnitte der Tora sind nicht in der richtigen Anordnung gegeben. Sonst könnte jeder, der darin liest, eine Welt schaffen, die Toten beleben und Wunder verrichten. Darum ist die Anordnung der Tora verborgen worden und Gott allein bekannt[20].»
Damit aber kommen wir auf den Text, der im Zusammenhang der Golemvorstellung dann eine so große Rolle gespielt hat: das Buch *Jezira,* das heißt das «Buch der Schöpfung». Es ist nicht ausgemacht, welches die korrekte Lesart in der oben berichteten Legende über die Erschaffung des Sabbath-Kalbes ist: ob sie sich wirklich auf das uns erhaltene kurze, wenn auch überaus rätselhafte Buch Jezira bezieht, dem diese Rabbinen thaumaturgische Anweisungen zu entnehmen imstande waren, oder auf sonst unbekannte andere «Vorschriften über die Schöpfung», das heißt über die magische Herstellung von Dingen oder Wesen. Ganz so unmöglich, wie öfters angenommen worden ist, scheint mir die Erwähnung des Buches Jezira an dieser Stelle nicht. Freilich wissen wir nicht genau, wann eigentlich dieser änigmatische Text entstanden ist, in dem die Bedeutung und Funktion der «zweiunddreißig Wege der Weisheit» dargelegt wird, das heißt der zehn Sefiroth oder Urzahlen und der zweiundzwanzig Konsonanten des hebräischen Alphabets. Es ist irgendwann zwischen dem dritten und sechsten Jahrhundert von einem jüdischen Neupythagoreer verfaßt worden[21].
Für unsere Überlegungen sind einige Stellen darin von entscheidender Bedeutung. Die Golem-Idee ist nämlich nicht mit der Vorstellung von den zehn Sefiroth des Buches verbunden, und auch die spätere kabbalistische Symbolik der Sefiroth spielt in diesem Bereich des Golem keine Rolle. Bei der Erschaffung des Golem sind vielmehr die Namen Gottes und die Buchstaben, die die Signaturen aller Schöp-

fung sind, von Bedeutung. Diese Buchstaben sind die eigentlichen Aufbauelemente, die Steine, aus denen der Bau der Schöpfung errichtet wurde. Der hebräische Terminus, in dem das Buch von den Konsonanten als «Elementarbuchstaben» spricht, spiegelt dabei zweifellos die Doppeldeutigkeit des griechischen Wortes *stoicheia* wider, das sowohl Buchstaben als Elemente bedeutet.

Über sie und ihre Funktion bei der Schöpfung sagt das zweite Kapitel unter anderem: «Zweiundzwanzig Buchstabenelemente: Er umriß sie, hieb sie aus, wog sie, kombinierte sie und wechselte sie aus [verwandelte sie nach bestimmten Gesetzen] und schuf durch sie die Seele alles Erschaffenen und alles, was irgend einst geschaffen werden würde.» Und weiterhin: «Wie kombinierte, wog und wechselte er sie aus? *A* mit allen [anderen Konsonanten] und alle mit *A*, *B* mit allen und alle mit *B*, *G* mit allen und alle mit *G*, und sie alle kehren kreisförmig zum Ausgang zurück durch zweihunderteinunddreißig Pforten – die Zahl der Kombinationen von zweiundzwanzig zu je zwei Elementen! –, und so ergibt sich denn, daß alles Erschaffene und alles Gesprochene *aus einem Namen hervorgeht.*» Daß mit diesem Namen, aus dem alles hervorgeht, der Name Gottes gemeint ist und nicht etwa eine «jeweilig zu einem Namen zusammentretende Konsonantengruppe[22]», ist klar. Die andere Deutung verstößt sowohl gegen den Zusammenhang wie gegen den Sprachgebrauch. An jeder «Pforte» im Kreise, in dem die Buchstaben des Alphabetes angeordnet sind, steht also eine Kombination von zwei Konsonanten, was im Sinne der grammatischen Ideen des Autors den zweibuchstabigen Wurzeln der hebräischen Sprache entspricht, und durch diese Pforten geht die Schöpferkraft in das Weltall aus. Dies Weltall ist als Ganzes nach allen sechs Richtungen mit den sechs Permutationen des Namens *JHW* versiegelt, aber alles Einzelne in ihm lebt und webt durch eine jener Kombinationen, die die wahren Signaturen alles Wirklichen sind, wie man in gut Jacob-Böhmescher Formulierung von ihnen gesagt hat[23].

Das Buch Jezira gibt in großen Zügen mit gewissen astronomisch-astrologischen und anatomisch-physiologischen Details an, wie dieser Aufbau des Kosmos vor allem aus den zweiundzwanzig Buchstaben – von den zehn Sefiroth ist nach dem ersten Kapitel nicht mehr die Rede – erfolgt, derart, daß der Mensch und die Welt mikrokosmisch aufeinander abgestimmt sind. Jeder Buchstabe «herrscht» über ein Glied des Menschen oder einen Bezirk der äußeren Welt. Die summarische, thesenhafte Art des Vortrags läßt die Frage offen, was es im einzelnen mit dem Prozeß, in dem die hier nicht erwähnten Dinge und Vorgänge zustande kommen, eigentlich auf sich habe. Wenn auch als theoretische Anleitung zum Verständnis des Aufbaus der Schöpfung vorgetragen, ist schon von vornherein nicht ausgeschlossen, daß das Buch zugleich einen Schlüssel für magische Praktiken bilden sollte, zumindest in einem allgemeinen Entwurf, den genauere Mitteilungen über die Anwendung dieser Prinzipien auf andere Dinge, etwa in mündlichen Unterweisungen, zu begleiten bestimmt waren. Die Affinität der Sprachtheorie des Buches zu der grundsätzlichen Auffassung der Magie von der Macht der Buchstaben und Worte liegt ja auf der Hand.

Daß das Buch in beiden Richtungen aufgefaßt und interpretiert worden ist, steht durch die uns erhaltenen teils philosophischen, teils magisch-mystischen Kommentare aus dem Mittelalter fest. Ob die Tradition der französischen und deutschen Juden, die das Jezira-Buch auch als magisches Handbuch lasen[24], dessen ursprünglicher Intention entsprach, kann natürlich zweifelhaft sein. Der Schluß des Buches scheint aber in der Tat stark in diese Richtung zu weisen, und gewiß spricht er nicht dagegen. Indem die vorgetragene Einsicht über den Zusammenhang der Schöpfung mit den Elementen der Sprache dem Abraham als dem Verkünder des Monotheismus zugeschrieben wird, heißt es dort: «Als unser Vater Abraham kam, da schaute, betrachtete und sah er[25], forschte und verstand und umriß und grub ein und kombinierte und bildete [das

heißt schuf][26], *und es gelang ihm*. Da offenbarte sich ihm der Herr der Welt und setzte ihn in seinen Schoß und küßte ihn aufs Haupt und nannte ihn seinen Freund [andere Lesart fügt noch hinzu: und machte ihn zu seinem Sohn] und schloß mit ihm und seinem Samen einen ewigen Bund.»
Dieser Schluß ist von mittelalterlichen und modernen Kommentatoren, die von den magischen Tendenzen des Buches keine Kenntnis nehmen wollten, immer gern erbaulich-harmlos erklärt oder wegerklärt worden. Das sonderbare «er schuf, und es gelang ihm» bezieht sich aber nicht nur auf Abrahams Bemühungen spekulativer Natur, die von Erfolg gekrönt waren, sondern ausdrücklich auf sein Verfahren mit den Buchstaben, bei dem alle von Gottes Tätigkeit bei der Schöpfung der Dinge gebrauchten Verben exakt wiederholt werden. Mir scheint, wer diesen Satz schrieb, hatte ein Verfahren Abrahams im Auge, nach welchem er imstande war, aus der Kraft seiner Einsicht in den Zusammenhang der Dinge und die Potenzen der Buchstaben den schöpferischen Prozeß in gewisser Weise nachzuahmen und zu wiederholen.
Dem entspricht es auch, daß das Buch Jezira in alten Handschriften nicht nur den Titel *Hilchoth Jezira* trug, der durch die oben erwähnte alte Lesart in dem talmudischen Bericht nahegelegt war, wenn nicht etwa das Abhängigkeitsverhältnis gerade umgekehrt ist und im Talmud auf diesen Titel rekurriert wird, sondern es war außerdem in diesen Handschriften auch als «Alphabet unseres Vaters Abraham», ʼ*Othioth de-ʼ Abrahamʼ Abinu,* in der Überschrift und am Ende des Textes bezeichnet. Juda ben Barsilai, der Anfang des 12. Jahrhunderts in Südfrankreich oder Katalonien seinen umfangreichen Kommentar verfaßt hat, in welchem er viele und oft sehr wichtige alte Varianten anführt, berichtet außerdem[27], daß der Titel den Zusatz trug: «Jeder, der in es schaut [d.h.: sich kontemplativ darin vertieft][28], dessen Weisheit ist ohne Maß» – also der schaffenden Weisheit Gottes parallel!
Ich kann daher nicht finden daß die Erklärer des Buches aus dem Kreise der deutschen Chassidim des zwölften und

dreizehnten Jahrhunderts sehr weit weg vom Wortsinn des Textes waren, als sie dem Abraham hier die Erschaffung von Wesen durch einen im Buch Jezira beschriebenen oder doch angedeuteten magischen Prozeß zuschrieben, worauf dann mindestens in diesem Kreis stets der Vers Gen. 12:5 bezogen wurde[29]. Freilich liegt hier ein Problem vor. Sei es schon so früh, wie hier als immerhin möglich unterstellt werden muß, sei es in der mittelalterlichen Ausbildung der Golemvorstellung, bedingt diese Exegese nämlich eine ausgesprochene Abweichung der Esoteriker von der rezipierten Exegese von Gen. 12:5, wo es heißt, daß Abraham und Sara «die Seelen, die sie in Haran gemacht hatten», mit auf ihre Wanderung gen Westen nahmen. Die exoterische Aggada bezog den Vers stets auf die «Seelenmacherei» Abrahams und Saras, welche unter den Männern und Frauen ihres Geschlechtes Proselyten für den Glauben an den einen Gott «machten». In diesem Zusammenhang sagt eine noch aus dem zweiten Jahrhundert stammende Erklärung: «Konnte denn Abraham Seelen schaffen? Würden doch alle Kreaturen der Welt, wenn sie sich versammelten, um eine Mücke zu schaffen und eine Seele in sie zu bringen, es nicht vermögen![30]» Die Erschaffung einer Mücke wäre hiernach also für den Menschen ebenso unmöglich, wie es nach einer anderen Tradition[31] den Dämonen unmöglich ist, Dinge zu schaffen, die kleiner sind als ein Gerstenkorn. Aber im Zusammenhang mit der thaumaturgischen Auffassung des Buches Jezira und der Vorstellung von der Schöpfung eines Menschen oder Golem mit seiner Hilfe verstand man nun den Vers der Genesis, in dem *nephaschoth,* «Seelen», ja auch Personen bedeuten kann, oder wie im Buch Jezira geradezu menschlichen Organismus, als Resultat von Abrahams Studium des Buches. Damit wurde nun die vorher in den alten Quellen polemisch abgelehnte Exegese mit Nachdruck aufgenommen.
Ist diese Exegese von Gen. 12:5 etwa alt, so ließe sich vermuten, daß die polemische Frage des Midrasch «konnte denn Abraham Seelen schaffen?» sich geradezu gegen diese

thaumaturgische Auffassung des Verses bei den Esoterikern gerichtet haben mag. Ist sie aber jung und gehört erst dem Mittelalter an, so ist sie jedenfalls älter als das Aufkommen des weiter unten zu behandelnden Rituals. Sie macht noch keine Voraussetzungen über die Art der so hergestellten Personen, die Abraham mit sich führt und die also, wie der von Rabha erschaffene Mensch, sich bewegen können. Sie sind nicht symbolische Verdichtungen des rituellen Abschlusses eines magischen Studiums, sondern wandern realiter mit Abraham zusammen aus! Diese Exegese würde dann eher als Nachahmung der talmudischen Erzählung über Rabha zu verstehen sein, welche durch die wirklich thaumaturgische Pointe des besprochenen Schlusses des Jezira-Buches hervorgerufen wurde. Ich halte die letztere Erklärung für plausibler. Juda ben Barsilai, der ausgezeichnete alte Quellen zur Verfügung hatte, kennt diese Erklärung noch nicht, obwohl er sie am Ende seines Kommentars im Zusammenhang mit den anderen dort zitierten Aggadas hätte erwähnen müssen. Die hier vorgeschlagene Interpretation des Schlusses des Jezira-Buchs scheint mir aber durch den Text selber erzwungen und ist jedenfalls von der weiteren Frage nach dem Alter oder der Jugend dieser Exegese über Gen. 12:5 unabhängig.

Hat aber die jüdische Esoterik vielleicht schon im dritten Jahrhundert – falls der Jezira-Text aus dieser Zeit stammen sollte – den Abraham solcher wunderbaren Schöpfung aus Kenntnis der *hilchoth jezira* für fähig gehalten, wie sie die Rabbinen der angeführten Legende dann wiederholt hätten, so erlaubt uns das, diese Vorstellung mit einer etwa derselben Zeit angehörigen Parallele zusammenzurücken und damit vielleicht neues Licht auf wichtige, aber bisher dunkle Zusammenhänge zu werfen. Graetz war der erste, der auf Grund mehrerer kosmogonischer Parallelen einen Zusammenhang zwischen der orthodox-jüdischen Gnosis oder Esoterik des Buches Jezira und einigen Vorstellungen des oft merkwürdiges jüdisches und halbjüdisches (ebionitisches) Material enthaltenden Schrifttums der sogenannten Pseudo-Klementinen vermutet hat[32]. Es ist bekannt, daß diese Schriften ein seltsames jüdisch-christlich-hellenistisches Gemisch aus dem vierten Jahrhundert – also der Zeit Rabhas und seiner Golemschöpfung – darstellen, in dem aber ältere Quellen verarbeitet sind.

In den halbgnostischen Kapiteln der «Homilien» über Simon Magus findet sich nun[33] eine Parallele zu diesen Vorstellungen der jüdischen Thaumaturgik und der ja ebenfalls halbgnostischen Welt des Buchs Jezira, die in der Tat sehr in die Augen springt. Simon Magus habe sich gerühmt, heißt es hier, nicht aus Erde, sondern aus Luft durch theurgische Verwandlungen (θεῖαι τροπαί) einen Menschen hervorbringen zu können, den er – ganz wie später in den Vorschriften über die Schaffung des Golem! – durch «Auflösung» jener Verwandlungen wieder in sein Element zurückgeführt habe. «Zuerst, sagt er, habe das menschliche Pneuma sich in warme Natur gewandelt und die umgebende Luft wie ein Schröpfkopf aufgesogen. Danach habe er sie, die innerhalb der Gestalt des Pneumas entstanden sei, in Wasser verwandelt, dann weiter in Blut..., und aus dem Blut habe er das Fleisch gemacht. Als das Fleisch dann fest geworden war, habe er einen Menschen nicht aus Erde, sondern aus Luft hervorgebracht und sich derart also überzeugt gehalten, daß er einen neuen Menschen machen könne. Auch habe er behauptet, ihn der Luft wiedergegeben zu haben, indem er die Verwandlungen wieder aufgelöst habe.»

Was hier durch Verwandlungen der Luft geschieht, vollbringt in der Golemvorstellung der jüdische Adept mit den magischen Verwandlungen der Erde durch den Influx der «Alphabete» des Buchs Jezira. In beiden Fällen dient solche Schöpfung nicht einem praktischen Zweck, sondern um die Rangstufe des Adepten als eines Schöpfers zu bezeichnen. Man hat angenommen, daß diese Stelle der Pseudo-Klementinen auf uns unbekannten Wegen zu den Alchemisten gedrungen ist und dort die Homunculus-Idee des Paracelsus befruchtet hätte[34]. Viel schlagender freilich ist die Parallele zum jüdischen Golem. Die «göttlichen Verwandlungen» im Verfahren des Simon Magus erinnern sehr an die «Verwandlungen» *(temuroth)* der Buchstaben in der Kosmogonie des Buchs Jezira, durch die die Dinge zustande kommen.

4

Aus den hier dargelegten Vorstellungen erklärt sich das Aufkommen der mittelalterlichen Vorstellung vom Golem im Kreis der deutschen und französischen Chassidim, die erst von dort aus zu den spanischen und späteren Kabbalisten übergegangen ist, ohne eigentlich von diesen wirklich produktiv aufgenommen und verwandelt zu werden. Hier berühren sich Legende und Ritual in eigenartiger Weise. Was dem Abraham und Rabha möglich war, was den alten Frommen in apokryphen, offenbar teilweise schon vor dem elften Jahrhundert umlaufenden Legenden zugeschrieben wurde, das wollte die starke religiöse Esoterik, die mit erneuter Kraft in der Kreuzzugszeit sich geltend machte, wenigstens in einem Initiationserlebnis der schöpferischen Gewalt der Frommen festhalten.

Ich möchte für die Entwicklung dieser Vorstellung einige Gesichtspunkte kurz voranstellen. Der Golem – dieser Name tritt nun als Bezeichnung der durch das magische Vermögen des Menschen erschaffenen menschenähnlichen Gestalt vom Ende des zwölften Jahrhunderts an mehrfach in den Texten auf[35] und greift auf die eingangs dargelegten Bedeutungen zurück – ist zuerst noch Gegenstand legendärer und apokrypher Berichte. Dann wandelt er sich zum Gegenstand eines offensichtlich tatsächlich vollzogenen mystischen Initiationsrituals, das dem Adepten seine Herrschaft über das geheime Wissen bestätigt, sinkt aber weiterhin im Geflüster der Uneingeweihten wieder zu einem Gegenstand der Legende, ja eines tellurischen Mythos herab. Die Natur dieser Golemschöpfung hat die alten Chassidim und später dann einige der Kabbalisten sehr beschäftigt. Der Mensch ist ein Erdwesen, hat aber eine magische Kraft. Das Problem ließe sich in die Fragestellung bringen: Schafft er mit ihr nun ein rein magisches oder ein den tellurischen Ursprüngen des Menschen verwandtes Wesen? Mir scheint, daß in der Entwicklung dieser Vorstellungen diese beiden Alternativen miteinander im Streit liegen.

Auch ein Weiteres ist noch voranzuschicken. Die chassidische Vorstellung von jener Magie, die durch Anwendung der aus dem Buch Jezira real oder visionär herausgelesenen Vorschriften vollzogen wird, hält offenbar solche Magie für ein natürliches Vermögen der menschlichen Produktivität, das ihr in gewissen Grenzen verliehen ist. Die Schöpfung selber ist durch und durch magisch: alles darin lebt kraft der geheimen Namen, die ihm innewohnen. Und so ist denn das magische Wissen ein reines, nicht verfallenes Wissen, das der menschlichen Natur gerade in ihrer Ebenbildlichkeit zu Gott zukommt. Diese Ansicht, die die hier folgenden Berichte, Vorschriften und Legenden ganz beherrscht, ist streng von der spezifisch kabbalistischen Ansicht der Magie zu unterscheiden, wie sie etwa dem Buche Sohar zugrunde liegt. Dort nämlich[36] erscheint Magie als ein erst im Fall des ersten Adam sich eröffnendes Vermögen, das von der Verfallenheit des Menschen an den Tod sich herschreibt, von seiner Bindung an die Erde, von der er herkam. Der Sohar beschreibt dieses magische Wissen, das offenbar mit dem des Buches Jezira nicht identisch ist, als ein Wissen um die Blätter vom Baum der Erkenntnis. Die Blätter vom Baum des Todes, mit denen Adam seine Blöße verhüllt, sind für ihn das zentrale Symbol des eigentlich magischen Wissens. Erst in die Nacktheit Adams nämlich, die mit der Entziehung des himmlischen Lichtglanzes von ihm gegeben war, bricht die Magie als ein Wissen ein, das diese Nacktheit verhüllen kann. Erst mit der irdischen Leiblichkeit, die eine Folge des Sündenfalls ist, entstand auch die nunmehr dämonisierte Magie. Sie ist an die Existenz des Leibes gebunden. Solange Adam noch jenen Lichtleib hatte, jene *kuthnoth 'or,* wörtlich «Gewänder von Licht», die der esoterische Midrasch aus der Mitte des zweiten Jahrhunderts ihm statt der *kuthnoth 'or,* der «Gewänder von Haut», von Gen. 3:21 zuschrieb[37], schloß eben dies sein geistiges Wesen die magische Relation aus, die an die Bezirke des Baums der Erkenntnis und des Todes, der Erdverfallenheit, gebunden ist. Ob die spätesten Formen der Golemvorstellung mit ihrer Betonung des Gefahrenmomentes und des Zerstörenden und Tellurischen im Golem von diesen Auffassungen der kabbalistischen Magie vielleicht mit beeinflußt sind, scheint mir möglich, aber vorderhand nicht entscheidbar. Jedenfalls spielt diese Ansicht von der Natur der Magie in der älteren Geschichte des Golem keine Rolle.

Die ältesten mittelalterlichen Zeugnisse über die magische Auffassung des Buches Jezira finden sich bei Juda ben Barsilai am Ende seines Jezira-Kommentars (p. 268), von dem sich eindeutig beweisen läßt, daß er mindestens von Elasar von Worms, wahrscheinlich aber von der ganzen Gruppe der rheinischen Chassidim um 1200 gelesen worden ist. Die Stelle enthält ein Stück über Abraham und eine sehr merkwürdige apokryphe Form des talmudischen Berichtes über Rabha und Zera, die weit und in sehr charakteristischer Art von dem ursprünglichen talmudischen Bericht abweicht. Da der Autor an anderer Stelle auch diese letztere Form kennt (p. 103), so ist klar, daß er hier in der Tat, wie er eingangs sagt, «alte Rezensionen» des Buches Jezira abschreibt, an deren Ende er diese Stücke gefunden hat. Sie sind kaum beachtet worden[38], verdienen aber gerade in unserem Zusammenhang vollständig mitgeteilt zu werden:

«Als unser Vater Abraham geboren wurde, sprachen die Engel vor Gott: Herr der Welt, du hast einen Freund in der Welt und willst vor ihm etwas verborgen halten!? Sogleich sprach Gott [Gen. 18:17]: Halte ich denn vor Abraham etwas verborgen? Und er beriet sich mit der Tora und sprach: Meine Tochter, komm, und wir wollen dich meinem Freunde Abraham anvermählen. Sie sagte: Nicht, bis der Sanftmütige [das heißt Moses] kommt und die Sanftmütige [die Tora] nehmen wird [das hebräische Wort kann auch heißen: heiraten]. Sofort beriet sich Gott mit dem Buch Jezira und es stimmte ihm zu, und er überlieferte es dem Abraham. Er saß allein und meditierte *(me'ajjen)* darüber, konnte aber nichts davon verstehen, bis eine himmlische Stimme erging und zu ihm sagte: ‚Willst du dich mit mir gleichstellen? Ich bin Einer und habe das Buch Jezira erschaffen und darin geforscht; du aber kannst es als Einzelner nicht verstehen. So nimm dir einen Gefährten, und stellt ihr beide Betrachtungen darüber an, und ihr werdet es verstehen.' Sogleich ging Abraham zu seinem Lehrer Sem, dem Sohn Noahs, und saß drei Jahre mit ihm, und sie stellten Betrachtungen darüber an, bis sie die Welt zu schaffen wußten. Und bis jetzt gibt es niemanden, der es allein verstehen kann, sondern zwei Gelehrte [sind nötig], und auch sie verstehen es erst nach drei Jahren, woraufhin sie alles, was ihr Herz begehrt, machen können. Auch Rabha wollte das Buch allein verstehen. Da sagte Rabbi Zera zu ihm: Es heißt ja (Jeremia 50:36): ‚ein Schwert über die Einzelnen, sie werden töricht', das heißt: Ein Schwert über die Schriftgelehrten, die einzeln für sich sitzen und sich mit der Tora befassen[39]. Wollen wir also zusammenkommen und uns mit dem Buch Jezira befassen. So saßen sie und stellten drei Jahre lang Kontemplationen darüber an und erlangten sein Verständnis. Da wurde ihnen ein Kalb erschaffen, und sie schlachteten es, um damit eine Feier zur Beendigung des Traktates zu veranstalten. Sobald sie es geschlachtet hatten, vergaßen sie es [das heißt: das Verständnis des Buches Jezira]. Da saßen sie drei weitere Jahre und brachten es noch einmal wieder hervor.»

Diese Stelle scheint mir der Ausgangspunkt für die Auffassung der Chassidim zu sein, die in der Golemschöpfung ein Ritual sah. Auch hier ist das schon halb impliziert, indem sie als Abschluß des Studiums eine Feier veranstalten wollen, so wie man beim Abschluß eines Traktates aus dem Talmud eine solche Schlußfeier macht. Genau so tritt in dieser Form der Legende die magische Schöpfung als Bestätigung und Abschluß des Studiums des Jezira-Buches auf. Ja mehr: diese Schöpfung *darf* sogar, in klarer Umdeutung des ursprünglichen talmudischen Berichtes über Chanina und Oschaja (die hier mit Rabha und Zera verwechselt werden), keine praktische Nutzbarkeit haben. Im Moment, wo sie das Kalb wirklich schlachten, um es bei der Feier zu verzehren, vergessen sie ihr ganzes Studium! Es wird also hier aus der talmudischen Form der Legende ein ganz neues Motiv entwickelt. Diese Golemschöpfung, oder wie immer wir sie nennen wollen, hat ihren Sinn in sich, sie ist ritualer Abschluß: Einweihung ins Geheimnis der Schöpfung. So ist es denn nicht mehr verwunderlich, daß die Vorschriften über die Schaffung eines Golem in der Tat ursprünglich als Abschluß des Jezira-Studiums erscheinen, ja geradezu wie bei Elasar aus Worms am Ende seines Kommentars zu dem Buch mitgeteilt werden. Von solchem Ritual beim Abschluß des Jezira-Studiums wissen vielleicht auch noch spätere Kreise, die die Golem-Idee selber nicht tiefer beschäftigt hat. Der marokkanische Philosoph Juda ben Nissim ibn Malka, eine Art Kabbalist auf eigene Faust, berichtet in seinem um 1365 arabisch geschriebenen Kommentar zum Buch Jezira, daß man den Studenten des Buches ein magisches Handbuch übergebe, das *Sefer Rasiel* heiße und das aus Sigeln, magischen Figuren, geheimen Namen und Beschwörungen bestehe[40].

Die apokryphe Fassung des Berichtes bei Juda ben Barsilai hängt eng mit einer Fassung zusammen, die wir in einem entlegenen späten Midrasch, wohl aus dem zwölften Jahrhundert, lesen[41]. Auch hier gibt das Studium weltschöpferische Kraft, wird aber nicht mit einem, sondern mit zwei Gefährten geübt: «Als Gott seine Welt schuf, schuf er zuerst das Buch der Schöpfung und schaute hinein und schuf daraus seine Welt. Als er sein Werk beendet hatte, legte er es [das Buch Jezira] in die Tora hinein und zeigte es dem Abraham, der aber nichts darin verstand. Da erging eine himmlische Stimme und sagte: Willst du etwa deine Erkenntnis mit meiner vergleichen? Du kannst ja allein nichts darin verstehen. Da ging er zu 'Eber und ging zu Sem, seinem Lehrer, und sie stellten drei Jahre Betrachtungen darüber an, bis sie eine Welt zu schaffen wußten. So auch befaßten sich Rabha und Rabbi Zera mit dem Buch Jezira, und es wurde ihnen ein Kalb erschaffen, das sie schlachteten, und auch Jeremia[42] und Ben Sira beschäftigten sich drei Jahre damit, und es wurde ihnen ein Mensch erschaffen.»

Auch diesen Bericht stört es nicht, daß doch eigentlich zwischen der Erschaffung einer Welt und eines Kalbes eine gewisse Diskrepanz zu herrschen scheint. Das Wissen um die Erschaffung der Welt ist ein rein kontemplatives, während das um die Erschaffung eines Menschen, wie sie hier nun dem Jeremia und seinem Sohn Ben Sira zugeschrieben wird, wie sich uns zeigen wird, noch andere Deutungsnuancen aufweist. Die Zahl von zwei oder drei Adepten, die sich bei dem Studium beteiligen und das Ritual der Golemschaffung gemeinsam ausführen, ist nicht zufällig. Sie scheint auf die Bestimmung der Mischna (*Chagiga* II,1) Rücksicht zu nehmen, die verbietet, selbst wenn alle sonstigen moralischen Voraussetzungen für die Eignung zum Studium der Geheimlehre gegeben sind, sich mit der Schöpfung (das heißt mit dem ersten Kapitel der Bibel und im weiteren Sinn mit Kosmogonie überhaupt) vor mehr als zwei Personen zu befassen. Dies wurde offenbar auch auf das Studium des «Buches der Schöpfung» übertragen.

Der Schluß des soeben angeführten Zitats ist die bisher älteste Bezeugung über die Golemschaffung durch Ben Sira und seinen Vater. Über diese haben wir mindestens drei Berichte, die ich hier nebeneinander wiedergeben möchte, weil sie in ihrer Abfolge für die Entwicklung und das Verständnis einiger Motive der Vorstellung höchst instruktiv sind:

(a) In der Vorrede zu dem anonymen, als Pseudo-Saadia bekannten Kommentar zum Buch Jezira heißt es nach einigen Zeilen über Abraham, die mit den oben mitgeteilten übereinstimmen[43]: «So heißt es im Midrasch, daß Jeremia und Ben Sira[44] einen Menschen durch das Buch Jezira schufen, und auf seiner Stirn stand ʾ*emeth,* Wahrheit, wie der Name, den Er über das Geschöpf als Vollendung seines Tuns ausgesprochen hatte. Aber jener Mensch radierte das ʾ*aleph* aus, um damit zu sagen, Gott allein ist Wahrheit, und er mußte sterben.» Hier ist also klar, daß der Golem die Schöpfung Adams wiederholt, von dem wir hier zum erstenmal erfahren, daß auch bei seiner Schöpfung der Name «Wahrheit» ausgesprochen wurde. «Wahrheit» nämlich ist nach einem bekannten talmudischen Wort (*Schabbath* 55a) das Siegel Gottes, das also hier seinem vornehmsten Geschöpf eingeprägt wird.

(b) Deutlicher ist der Bericht, den Schüler Judas des Frommen aus Speyer (gest. 1217 in Regensburg) aufgezeichnet haben[45]. «Ben Sira wollte das Buch Jezira studieren. Da erging eine himmlische Stimme: Du kannst ihn [solch Geschöpf] allein nicht machen. Er ging zu seinem Vater Jeremia. Sie befaßten sich damit, und nach drei Jahren wurde ihnen ein Mensch erschaffen, auf dessen Stirn ʾ*emeth* stand, wie auf der Stirn Adams. Da sagte der Mensch, den sie erschaffen hatten, zu ihnen: Gott allein hat Adam erschaffen, und als er den Adam sterben lassen wollte, löschte er das ʾ*aleph* von ʾ*emeth* weg, und er blieb *meth,* tot. So sollt ihr auch an mir tun und nicht nochmals einen Menschen schaffen, damit die Welt dadurch nicht wie in den Tagen des Enosch in Götzendienst abirrt[46]. Der erschaffene Mensch sagte zu ihnen: Kehrt die Buchstabenkombinationen [durch die er erschaffen war] um und tilgt das ʾ*aleph* des Wortes ʾ*emeth* von meiner Stirn – und sofort zerfiel er zu Staub.» Dieser Golem des Ben Sira hat also die deutlichste Verwandtschaft mit Adam, ja es ist ihm nun sogar die Fähigkeit der Sprache verliehen, in der er Warnungen vor der Ausübung solcher Praktiken ausspricht. Auf den Sinn dieser Warnung vor dem Götzendienst und das von Enosch genommene Beispiel komme ich noch zu sprechen. Die Zerstörung des Golem erfolgt durch Umkehrung jener magischen Buchstabenkombinationen, durch die er ins Leben gerufen wurde, wozu noch die zugleich symbolische und reale Zerstörung des Siegels Gottes auf seiner Stirn tritt. Dies Siegel scheint im Laufe des magischen Schöpfungsprozesses von selbst auf seiner Stirn hervorzutreten und nicht von den Adepten eingeschrieben zu sein.

(c) Dieser Bericht ist nun in einem kabbalistischen Text aus dem Anfang des dreizehnten Jahrhunderts auf sehr merkwürdige Weise erweitert worden. Der Zusammenhang zwischen den chassidischen Kreisen im Rheinland und in Nordfrankreich mit denen der alten Kabbalisten in der Languedoc, von denen diese Rezension stammt, ist hier besonders ersichtlich. In einem dem Mischnalehrer Juda ben Bathyra zugeschriebenen Pseudepigraphon stand zu lesen[47]:

«Der Prophet Jeremia beschäftigte sich allein mit dem Buch Jezira. Da erging eine himmlische Stimme und sprach: Erwirb dir einen Genossen. Er ging zu seinem Sohn Sira, und sie studierten das Buch drei Jahre lang. Danach gingen sie daran, die Alphabete nach den kabbalistischen Prinzipien der Kombination, Zusammenfassung und Wortbildung zu kombinieren, und es wurde ihnen ein Mensch geschaffen, auf dessen Stirne stand: *JHWH Elohim Emeth*[48]. Es war aber ein Messer in der Hand jenes neuerschaffenen Menschen, mit dem er das '*aleph* von '*emeth* auslöschte; da blieb: *meth*. Da zerriß Jeremia seine Kleider [wegen der hierdurch implizierten Blasphemie der Inschrift: Gott der Herr ist tot!] und sagte: Warum löschst du das '*aleph* von '*emeth* aus? Er antwortete: Ich will dir ein Gleichnis erzählen. Ein Architekt baute viele Häuser, Städte und Plätze, aber niemand konnte ihm seine Kunst abmerken und es mit seinem Wissen und seiner Handfertigkeit aufnehmen, bis ihn zwei Leute überredeten. Da lehrte er sie das Geheimnis seiner Kunst, und sie wußten nun alles auf die richtige Weise. Als sie sein Geheimnis und seine Fähigkeiten erlernt hatten, begannen sie ihn mit Worten zu ärgern, bis sie sich von ihm trennten und Architekten wie er wurden, nur daß sie alles, wofür er einen Taler nahm, für sechs Groschen machten. Als die Leute das merkten, hörten sie auf, den Künstler zu ehren, und kamen zu ihnen und ehrten sie und gaben ihnen Aufträge, wenn sie einen Bau brauchten. So hat euch Gott in seinem Bilde und seiner Gestalt und Form geschaffen. Nun aber, wo ihr, wie Er, einen Menschen erschaffen habt, wird man sagen: Es ist kein Gott in der Welt außer diesen beiden! Da sagte Jeremia: Welchen Ausweg gibt es also? Er sagte: Schreibt die Alphabete von hinten nach vorn in jene Erde, die ihr mit gesammelter Konzentration hingestreut habt. Nur meditiert nicht über sie in Richtung des Aufbaus, sondern vielmehr umgekehrt. So taten sie, und jener Mensch wurde vor ihren Augen zu Staub und Asche. Da sagte Jeremia: Wahrlich, man sollte diese Dinge nur studieren, um die Kraft und Allmacht des Schöpfers dieser Welt zu erkennen, aber nicht, um sie wirklich zu vollziehen.»

Hier begegnen sich in der kabbalistischen Sicht der Golemschöpfung zwei sich kreuzende Motive. In der Umdeutung und Bearbeitung des Berichtes ins Moralisch-Legendäre bricht ein noch tieferes Warnungssignal auf. Jene Schöpfung des Golem, die den Chassidim die Bestätigung der Gottesebenbildlichkeit des Menschen war, wird in der hier vorgenommenen kühnen Erweiterung der Inschrift auf seiner Stirn zur Warnung: eine gelungene Golemschöpfung, die nicht nur im Symbolischen sich vollzieht, würde nun den «Tod Gottes» einleiten! Die Hybris des Schöpfers würde sich gegen Gott kehren. Dieser Gedanke wird von dem anonymen Kabbalisten mit großer Deutlichkeit hervorgehoben, während er in dem zweiten Bericht nur gerade angedeutet scheint.

Das Motiv der Warnung vor solcher Schöpfung, nicht so sehr wegen der in ihr selber gelegenen Gefahr oder gar wegen der ungeheueren in ihm verborgen liegenden Kräfte, sondern der Möglichkeit polytheistischer Verirrung wegen, bringt diese Golemberichte in Verbindung mit der Ansicht über den Ursprung des Götzendienstes, die in denselben Kreisen umlief. Enosch nämlich soll zu seinem Vater Seth gekommen sein und über seine Abstammung Nachforschung angestellt haben. Als Seth ihm nun sagte, daß Adam weder Vater noch Mutter besaß, sondern Gott ihn aus der Erde geformt hatte, da ging Enosch fort und nahm einen Klumpen Erde und machte daraus eine Figur. Da kam er zu seinem Vater und sagte: Sie kann aber nicht gehen und nicht sprechen. Da sagte Seth: Gott blies dem Adam den Lebensodem in die Nase. Als das nun Enosch auch tat, da kam der Satan und schlüpfte in die Figur und verlieh ihr dadurch den Anschein des Lebens. So wurde der Name Gottes entweiht, und der Götzendienst begann, indem das Geschlecht des Enosch diese Figur anbetete[49].

Die Frage des Golem verknüpft sich also mit der nach der Natur der Bilder und Statuen, die für das kultbildfeindliche Judentum ja immer ein, wenn auch polemisches, Interesse hatte. In manchen jüdischen Traditionen erscheinen Kultbilder in der Tat als eine Art belebter Golems. Nicht ganz mit Unrecht hat man die außerhalb des Judentums weitverbreitete Vorstellung von lebenden Statuen mit dem Kreis der Golemsage in Verbindung gebracht, Parallelen, mit denen freilich nur das rein Magische, nicht die tellurischen Elemente in diesen Traditionen überhaupt getroffen werden[50]. In den in dies Gebiet schlagenden jüdischen Überlieferungen tritt vor allem ein Motiv auf, das zweifellos mit manchen Formen der Golemsage zusammenhängt: die magische Belebung durch den Gottesnamen.

Zuerst begegnet derartiges schon im Talmud (*Sota* 47a), wo von Gechazi berichtet wird, er hätte dem Stierbild des Jerobeam, von dem im Buch der Könige (I, 12:28) Rede ist, einen Gottesnamen in den Mund geschnitten, worauf das Bild die ersten Worte des Dekalogs gesprochen hätte: Ich bin dein Gott, und: Du sollst keinen anderen haben. Ähnlich wird von dem Bilde, das nach Daniel, Kap. 3, der König Nebukadnezar gemacht hätte, berichtet, daß es dadurch zum Leben erweckt worden sei, daß ihm der König das aus dem Tempel in Jerusalem geraubte Stirnblech des Hohen Priesters angetan habe, auf dem das Tetragrammaton *JHWH* stand. Daniel aber nahm, unter dem Vorwand, es küssen zu wollen, den Gottesnamen heraus, woraufhin das Bild leblos zur Erde fiel[51]. Diese Vorstellung, daß der Gottesname, also eine reine Macht, die Kultbilder des Polytheismus belebt habe, liegt mit der anderen, daß der Teufel oder – in antikatholisch gerichteten Stücken – Samael und Lilith in solche Bilder hinabsteigen, im Konflikt. Beide finden sich zum Beispiel im Sohar[52]. Daß in den Kreisen der italienischen Juden des frühen Mittelalters, von denen die deutschen Chassidim sicher viele ihrer Traditionen überkommen haben, diese Vorstellung schon in einer ganz an die spätern Formen der Golemsage erinnernden Art lebendig waren, beweisen die Legenden, die im elften Jahrhundert Achimaʿaz von Oria in seiner Familienchronik aufbewahrt hat. Dort berichtet er über die magischen Wundertaten des Merkaba-Mystikers Aharon aus Bagdad und des R. Chananel. Hier treten Tote auf, denen das Leben für eine Zeit wiederverliehen wird, indem ihnen ein Pergamentstück mit dem Namen Gottes unter die Zunge geschoben oder in das Fleisch am rechten Arm eingenäht wird. Wenn der Name entfernt wird – auch hier zum Teil wie in der Daniellegende unter dem Vorwand eines Kusses –, sinkt der Körper leblos zurück[53].

Die eben erwähnte Zwiespältigkeit von reinen oder unreinen Mächten in den Kultbildern tritt auch im Zusammenhang mit dem für das jüdische Bewußtsein natürlich ärgerlichsten aller Kultbilder, dem goldenen Kalb, zutage. Einmal heißt es, daß Samael, der Teufel, aus ihm gesprochen habe[54]. Die andere These finden wir in einem in mittelalterlichen Quellen mehrfach zitierten, verlorengegangenen Midrasch[55]. Ja die Verbindung dieser Magie mit der des Buches Jezira einerseits und der der Zauberer andererseits wird in Kontrastform in einem merkwürdigen Buch entwickelt, das nach 1200 in demselben Kreis wie die Golemvorstellung entstanden ist. Der anonyme Autor des «Buchs des Lebens» stellt das Verfahren Rabhas bei der Herstellung seines Menschen dem der Magier gegenüber, deren Schöpfung ebenfalls, wie die des Buches Jezira, die Erde als Urelement benutzt[56]:

«Die Zauberer und Magier Ägyptens, die Geschöpfe schufen, wußten durch Dämonen oder irgendeine andere Kunst die Ordnung der Merkaba [der himmlischen Welt und Gottes Throns] und nahmen Staub unter den Füßen der [zu ihrem Vorhaben passenden] Ordnung weg und schufen, was sie wollten. Die Gelehrten aber, von denen es heißt: ‚N. N. schuf einen Menschen usw.', kannten das Geheimnis der Merkaba und nahmen Staub unter den Füßen der [Tiergestalten in der] Merkaba weg und sprachen den Gottesnamen darüber aus, und er wurde erschaffen. Auf diese Weise machte auch Micha[57] das goldene Kalb, das tanzen konnte. Er hatte nämlich, wie ganz Israel, beim Auszug aus Ägypten am Schilfmeer die Merkaba geschaut. Während aber die anderen Israeliten ihren Sinn nicht auf diese Vision konzentrierten, tat er dies, worauf der Vers HL 6:12 hindeutet. Als nun der Stier in der Merkaba sich nach links bewegte[58], nahm er schnell vom Staube unter seinen Füßen etwas hinweg und bewahrte es bis zu gelegener Zeit bei sich auf. Und so machen noch heute die Zauberer in Indien und den arabischen Ländern aus Menschen Tiere, indem sie einen Dämon beschwören, der ihnen Staub aus der entsprechenden Ordnung bringt und sie dem Zauberer übergibt. Der gibt ihn dem Menschen mit Wasser vermischt zu trinken, woraufhin dieser sofort verwandelt wird. Und auch unser Lehrer Saadia weiß von solchen Praktiken, die durch Engel oder den Namen bewirkt werden.»

Die im vorigen Abschnitt dargelegten Vorstellungen verschiedener Art sind es nun, die spätestens im zwölften Jahrhundert bei der Entwicklung von festen Vorschriften über die Prozedur der Golemschöpfung Pate gestanden haben, einer Prozedur, die, wenn ich sie richtig verstehe, ein ins Ekstatische schlagendes Ritual darstellt, das die Macht des Adepten in der ekstatischen Erfahrung des zum Leben erweckten Golem darstellt. Diese Kreise verwandeln die Legende in einen Gegenstand mystischer Erfahrung, und nichts in den uns erhaltenen Rezepten weist darauf hin, daß es sich dabei je um etwas anderes als eine mystische Erfahrung gehandelt habe. In keiner Quelle tritt der solcherart erschaffene Golem ins reale Leben ein und übernimmt darin irgendwelche Funktionen. Das Motiv des magischen Knechtes oder Famulus ist all diesen Texten völlig unbekannt[59] und tritt erst viel später, wie wir sehen werden, bei der erneuten Rückverwandlung der Gestalt zum Gegenstand kabbalistischer Legenden hervor.

Wir besitzen solche Anweisungen über die Herstellung des Golem vor allem in vier Texten, von denen ich die wesentlichen Punkte hier anführen und besprechen möchte. Die formellste Vorschrift gibt Elasar aus Worms am Ende seines Jezira-Kommentars[60]. Seine Anweisung ist in umgearbeiteter Form in vielen Handschriften als selbständiges Stück unter dem Titel *pe'ullath ha-jezira* erhalten, was wohl eher «Praxis oder praktische Anwendung des Buches Jezira» heißen dürfte als, was auch möglich wäre, «Praxis der Schöpfung eines Golem[61]». Hier, wie auch in den anderen Texten, fehlen die bei Elasar gegebenen vollständigen Tafeln der Kombinationen des Alphabets, auf die aber in ihnen immer wieder Bezug genommen wird. In der ersten Hälfte des siebzehnten Jahrhunderts hatte der Frankfurter Kabbalist Naftali ben Jakob Bacharach zum erstenmal den Mut, den Text dieser Anweisung in überarbeiteter Gestalt im Druck zu veröffentlichen, wobei er freilich vorsichtigerweise erklärt, seine Anweisung sei unvollständig, um nicht dem Mißbrauch durch Unwürdige ausgesetzt zu sein[62].

Das Wesentliche von Elasars Vorschrift besteht darin, daß die sich zum Golemritual verbindenden zwei oder drei Adepten jungfräuliche Berg-Erde nehmen[63], die sie in fließendem Wasser kneten und daraus einen Golem formen. Über diese Figur sollen sie dann die aus den «Pforten» des Buches Jezira sich ergebenden Kombinationen des Alphabets sprechen, die in der Rezension des Elasar nicht 231, sondern 221 Alphabetkombinationen bilden[64]. Das Besondere des Verfahrens besteht nun darin, daß nicht etwa diese 221 Kombinationen an sich rezitiert werden, sondern vielmehr Verbindungen von deren Buchstaben mit je einem Konsonanten des Tetragrammatons, und auch diese wiederum der Reihe nach in allen ihren Vokalisierungen durch die von den Chassidim angenommenen fünf Hauptvokale a, e, i, o, u. Und zwar scheint es, daß zuerst alle Alphabete in allen diesen Verschlingungen und Vokalisierungen des Gottesnamens zu rezitieren waren, dann aber – vielleicht aber auch nur diese letztere allein – der Reihe nach die Verbindungen, in denen die einzelnen Konsonanten, die nach dem Buch Jezira je ein Glied des menschlichen Organismus «beherrschen», mit je einem Konsonanten des Tetragrammatons in allen nur denkbaren Vokalisierungen zusammengebracht wurden. Über die Abfolge dieser Vokalreihen geben zwar nicht die gedruckten Texte, wohl aber mehrere der Handschriften noch genaue Anordnungen. Es handelt sich also einerseits um magische, andererseits streng meditationsmäßige Rezitative strikt formalisierter Natur. Ein bestimmtes Ordnungsprinzip in der Folge der Alphabete ruft ein männliches, ein anderes ein weibliches Wesen hervor; die Umkehrung dieser Ordnungen begleitet die Rückverwandlung des zum Leben erwachten Golem in Staub[65]. Daß zwischen dem Akt der Belebung und dem der Rückverwandlung, die beide durch die angegebenen Meditationen begleitet sind, eine Pause läge, in welcher der

Golem nun außerhalb der Meditationssphäre existiert, wird in keiner einzigen dieser Vorschriften angedeutet. Überaus deutlich wird dieser Ritualcharakter der Golemschöpfung in den Ausführungen des sogenannten Pseudo-Saadia. Die Worte des Buches Jezira (II, 4): «So schließt sich der Kreis, *galgal,* nach vorn und nach rückwärts» wurden von ihm als Anweisung verstanden. Sie besagen nicht nur etwas darüber, wie die Schöpfung durch Gott geschah, sondern wie der Adept verfahren solle, wenn er an die Golemschöpfung ging. Es heißt nun hier zu diesem Satz[66]:

«Man macht einen Kreis rings um die Kreatur und umgeht den Kreis und spricht die 221 Alphabete, wie sie aufgezeichnet sind – offenbar hat der Autor solche Tafeln im Sinn, wie sie bei Elasar aus Worms in der Tat stehen –, und manche erklären, daß der Schöpfer in die Buchstaben Kraft gelegt hat, so daß der Mensch eine Kreatur aus jungfräulicher Erde schafft und durchknetet und in die Erde vergräbt, einen Kreis und eine Sphäre rings um die Kreatur zieht und bei jedem Umgang eines der Alphabete spricht. So soll er dann 442 [andere Lesart: 462] mal verfahren. Wenn er vorwärts geht, so steigt die Kreatur lebend auf, infolge der Kraft, die der Rezitation der Buchstaben innewohnt. Wenn er aber zerstören will, was er geschaffen hat, so geht er im Umgang rückwärts, indem er dieselben Alphabete von hinten nach vorn rezitiert. Dann sinkt die Kreatur von selber in den Boden ein und stirbt. Und so passierte es dem R.I.B.E. – wohl Rabbi Ismael ben Elischa[67] – mit seinen Schülern, die sich mit dem Buch Jezira befaßten und sich beim Umgang irrten und rückwärts schritten, bis sie selber durch die Kraft der Buchstaben bis zum Nabel in die Erde versanken. Sie konnten nicht mehr hinaus und schrien auf. Da hörte ihr Lehrer sie und sagte: Rezitiert die Buchstaben der Alphabete und geht nach vorwärts, statt, wie bisher, nach rückwärts zu gehen. Sie taten so und kamen frei.»

Wichtig scheint mir, daß der Golem hier vorher in die Erde vergraben wird und aus ihr aufsteht. Dies freilich könnte für eine Symbolik der Wiedergeburt sprechen, die schon um 1200 mit dem Ritual verbunden war, was ja zu der Natur des Ganzen als eines Initiationsrituals ausgezeichnet passen würde. Vor seiner Palingenesie wird der Golem begraben! Notwendig ist diese Deutung freilich nicht, und dies Detail tritt auch, soweit mir bekannt ist, nur an dieser einen Stelle auf. Daß die Erde, aus der der Golem geschaffen wird, jungfräulich (unbearbeitet) sein soll, liegt wohl ebenfalls in der Parallele zur Erschaffung Adams, der ja auch aus der noch jungfräulichen Erde geschaffen wurde. In der Münchner Handschrift des Pseudo-Saadia folgt gleich hinter diesem Passus noch eine zweite Vorschrift, die im Druck fehlt[68]. Hier haben wir weitere genaue Angaben über die Art und Folge der Rezitation, der Kombinationen mit dem Gottesnamen und den verschiedenen Vokalabfolgen. Dazu heißt es einleitend: «Nimm Staub von einem Berg, jungfräuliche Erde, und streue davon im ganzen Hause aus und reinige deinen Körper. Aus jenem reinen Staub mache einen Golem, die Kreatur, die du schaffen und beleben willst, und über jedes Glied sprich den Konsonanten, der im Buch Jezira ihm zugeordnet ist, und kombiniere ihn mit den Konsonanten und Vokalen des Gottesnamens.» Die Umgehung des Kreises soll «wie im Reigentanz» erfolgen, und mit der Umkehrung des Reigens kehrt der Golem in seinen früheren leblosen Zustand zurück.

Daß diese Vorgänge ins Ekstatische schlagen, geht indirekt auch schon aus diesen Rezepten hervor. Die Rezitation jener rhythmisch sich folgenden, bestimmte Vokalharmonien immer wieder gleichmäßig abwandelnden Kombinationen ruft selbstverständlich einen veränderten Bewußtseinszustand hervor und scheint eben darauf angelegt zu sein. Völlig deutlich wird das in einem mehrfach in Handschriften enthaltenen Text über solche Golemschöpfung, der spätestens dem vierzehnten Jahrhundert angehört, sehr wohl aber auch älter sein kann[69]. Auch hier werden die technischen Vorschriften über die Durchgänge durch alle 231 Tore gegeben, worauf es dann heißt: «Er soll reine Erde von der feinsten Art nehmen und die Kombinationen beginnen, bis er den Influx der Inspiration *schefa' ha-chochma* empfängt, und er soll diese Kombinationen schnell rezitieren und das ‚Rad' [der Kombinationen] aufs schnellste drehen, und diese Praxis bringt den heiligen Geist [das heißt also ekstatische Inspiration]. Dann erst [in solcher Verfassung!] soll er an die [technische] Ausführung der Golemschöpfung gehen.» Deren Anweisungen verleugnen hier nicht den Zusammenhang mit den besonders durch Abraham Abulafia im Judentum propagierten Yogapraktiken: «Nimm dann eine Schale voll reinen Wassers und einen kleinen Löffel, fülle ihn mit Erde – er muß aber genau das Gewicht der Erde wissen, bevor er sie umrührt, wie auch das Maß des Löffels, mit dem er zumessen soll [beide werden aber schriftlich nicht mitgeteilt!]. Wenn er ihn gefüllt hat, soll er ihn ausstreuen und langsam über das Wasser hinblasen. Während er den ersten Löffel Erde zu blasen beginnt, soll er einen Konsonanten des Namens mit lauter Stimme und in einem einzigen Atemzug aussprechen, bis er nicht mehr weiter blasen kann. Dabei soll sein Gesicht nach unten gewandt sein. Und so soll er von den Kombinationen an, die die Glieder des Kopfes herstellen, in geordneter Weise die ganzen Glieder formen, bis eine Gestalt ihm hervorgeht.» Es sei aber verboten, dies immer wieder zu tun. Der eigentliche Sinn der Sache sei vielmehr: «Mit seinem großen Namen in Kommunion zu treten.» Die Verbindung von dem allem mit Abulafias Kabbala (oder deren Quellen) ist offenkundig.

Solcher Auffassung der ekstatischen Natur der Golemschau entspricht es, wenn ein bedeutender spanischer Anonymus am Anfang des vierzehnten Jahrhunderts den Prozeß nicht als einen körperlich realen, sondern als eine «gedankliche Schöpfung», *jezira machschabbtith,* erklärt: Abraham sei «fast zu dem Rang aufgestiegen, wo er imstande war, wertvolle, das heißt gedankliche Schöpfungen zu erschaffen, und habe sein wertvolles Buch deswegen ‚Buch der Schöpfung' genannt[70]». Auch Abulafia selbst, der hervorragendste Vertreter einer ekstatischen Kabbala im dreizehnten Jahrhundert, scheint mit einer wegwerfenden Bemerkung eine ähnliche Auffassung der Golemschöpfung als eines rein mystischen Vorgangs zu implizieren. Er geißelt den – also offenbar auch irgendwo vorhandenen – «Wahnwitz derer, die über das Buch Jezira forschen, um ein Kalb zu schaffen; denn die das tun, sind selbst Kälber[71]».

Übrigens ist das Bewußtsein von der Unzulänglichkeit der schriftlich überlieferten Rezepte mehrfach in der späteren Tradition erkennbar. Was zum Beispiel Naftali Bacharach eigentlich weggelassen hat, um dem Mißbrauch seiner Mitteilungen über das Verfahren vorzubeugen, sagt er nicht. Nach Parallelen aus der praktischen Kabbala und aus Abulafias Schriften könnte man etwa annehmen, daß es sich dabei um die Intonation der Buchstabenkombinationen handeln könnte, um Atemtechnisches oder um bestimmte Kopf- und Handbewegungen, die die Einzelakte zu begleiten hatten. Ein berühmter Jerusalemer Kabbalist des achtzehnten Jahrhunderts, Chajim Josef David Asulai, der über ausgezeichnete Traditionen der Jerusalemer Kabbalistenschule des siebzehnten Jahrhunderts verfügte, hat dem Rabbi Jakob Baruch in Livorno gesagt (anscheinend mündlich), daß in der Magie die «körperlichen Kombinationen der Buchstaben, wie sie sich dem Auge zuerst aufdrängen, nicht genügen[72]».

Zwei Dinge vor allem lernen wir aus diesen Zeugnissen über die Golempraxis:

1. Sie ist, wie schon betont, ohne praktischen «Zweck». Sogar wo der Bericht an der Grenze zwischen einem seelischen Vorgang, der freilich eine den Adepten gemeinsame Erfahrung bildet, und einem verselbständigten Auftreten des Golem steht, hat seine «Vorweisung» keinen anderen Zweck, als die Macht der heiligen Namen zu erweisen.

Innerhalb solcher Grenzen bleibt auch, wenn exakt interpretiert, die Angabe in Pseudo-Saadias Jezira-Kommentar (II, 5): «Ich habe gehört, daß Ibn Ezra eine solche Schöpfung vor Rabbenu Tam erschuf und sagte: Seht, was [an Kraft] Gott in die heiligen Buchstaben gelegt hat, und er sprach [zu Rabbenu Tam]: Gehe nach rückwärts[73]; und sie kehrte in ihren vorigen Zustand [als leblose Erde] zurück.» Auch dieser Bericht geht nicht weiter als bis zu einer schon halb sagenhaften Einweihung des berühmten französischen Talmudisten Rabbenu Tam (das heißt: des R. Jakob ben Me'ir, des 1171 gestorbenen Enkels Raschis) durch den in der Mitte des Jahrhunderts durch Westeuropa wandernden Philosophen Abraham ibn Ezra, den die deutschfranzösischen Chassidim stets als eine große religiöse Autorität angesehen haben[74]. Auch hier wird das Geschöpf, kaum erschaffen, wieder aufgelöst: es hat seine Funktion, die seelischer Natur ist, mit der Einweihung des Talmudisten erfüllt.

2. Die Golemschöpfung hat Gefahren, ja sie ist, wie alles Großschöpferische, sogar lebensgefährlich – aber nicht vom Golem, nicht aus den von ihm ausgehenden Kräften kommen diese Gefahren, sondern vielmehr aus dem Menschen selber: nicht das Produkt der Schöpfung entwickelt in irgendeiner Art von Verselbständigung gefährliche Kräfte, sondern die im Hersteller selber durch den Prozeß hervorgerufene Spannung ist gefährlich. Fehler bei der Handhabung des Verfahrens führen nicht zu einer Ausartung des Golem, sondern direkt zur Zerstörung seines Schöpfers. Die Gefährdung durch den Golem selber in den späteren Legenden ist eine tiefe Verwandlung der ursprünglichen Vorstellung, der zwar die Parallele Adams mit dem Golem, wie wir gesehen haben, deutlich gegenwärtig war, ohne daß doch dies tellurische Element eine eigene Gefahrenquelle bildete[75]. Immerhin ist die Art der Gefährdung des Golemschöpfers, wie sie jedenfalls der Text des Pseudo-Saadia schildert, nicht ganz ohne solche Beziehung. Kehrt doch hier der Mensch selbst in sein Ele-

ment zurück, wird wieder von der Erde aufgesogen, wenn er das Rezept falsch anwendet.

Eine weitere Frage erhält hier keine eindeutige Antwort, nämlich die Frage nach dem Sprachvermögen des Golem, welches der Talmudist Rabha seinem Menschen ja nicht zu geben vermochte. Die Sprachlosigkeit ist aber auch in diesem späteren Ritual nicht mehr so durchaus wesentlich, wie man[76] oft angenommen hat. Sie hat sich nicht immer behauptet, und offenbar liefen auch in dem Kreis der deutschen Chassidim beide Vorstellungen nebeneinander um. Wir wissen nicht, wo zuerst das in der Golemschöpfung des Ben Sira auftretende Motiv seines Sprachvermögens entstanden ist[77]. Der ganze Sagenkreis um Ben Sira ist viel älter als das zwölfte Jahrhundert, wenn auch die Verbindung mit der Golemschöpfung erst dann bezeugt ist. Möglich wäre, daß sie schon in Italien aufgekommen ist. Jedenfalls bilden für die spekulativen Erörterungen der Kabbalisten über diesen Gegenstand die beiden Golemschöpfungen des Rabha und des Ben Sira zwei Möglichkeiten innerhalb desselben Bereichs.

Am weitesten geht in der Formulierung des Ranges solchen Golems gerade der Pseudo-Saadia. Er sagt, daß der Rezitation der Alphabete des Buches Jezira die Kraft innewohnt, die Gott in sie gelegt hat, solche Kreatur herzustellen und ihr Vitalität, *chijjuth,* und Seele, *neschama,* zu geben[78]. So weit geht keine andere Quelle der kabbalistischen Literatur. Die ausdrückliche Unterscheidung des pneumatischen Elements der Seele vom rein vitalen impliziert mindestens, daß der Golem viel mehr konnte, als sich nur gerade bewegen, und verbindet ihn solcherart mit dem den Tod Gottes warnend an die Wand malenden Golem des Ben Sira.

Elasar aus Worms vertritt hier deutlich eine vorsichtigere Haltung als die anderen Quellen, die wir aus derselben Schule Judas des Frommen besitzen. In seiner Erklärung einer alten Hymne der Merkaba-Gnostiker sagt er zu dem Vers «Erkenntnis und Sprache beim Ewig-Lebendigen» ausdrücklich, daß, wenn der Mensch die wahre Erkenntnis (*da'ath,* auch Gnosis) hat, durch die er eine neue Kreatur mit dem Buch Jezira schaffen kann, er ihm doch selbst mit dem Gottesnamen nicht Sprache verleihen kann[79]. Dies ist, mit einer bedeutsamen Einschränkung, auch die Meinung des Buches Bahir aus der zweiten Hälfte des 12. Jahrhunderts. Dort wird (§ 136) die Geschichte über Rabha aus dem Talmud erzählt, aber mit folgendem Zusatz: «Rabha schickte den Menschen zu Rabbi Zera. Der sprach mit ihm, und er antwortete nicht. Wären aber die Sünden nicht, hätte er geantwortet. Und wodurch hätte er antworten können? Durch seine Seele. Hat denn aber der Mensch eine Seele, die er [auf eine solche Schöpfung] übertragen könnte? Ja, denn es heißt Gen. 2:7: Er hauchte in seine Nase eine Seele des Lebens – so hat also der Mensch eine Seele des Lebens [mit der er auch Sprache verleihen könnte][80], wären nur die Sünden nicht, durch die die Seele nicht mehr rein ist; und diese Unreinheit ist die Trennung zwischen den Gerechten und Gott. So heißt es auch [Psalm 8:6]: Du ließest ihm nur wenig von Gott fehlen[81].» Hiernach würden also sündlose Wesen imstande sein, die Seele des Lebens, die Sprachvermögen hat, sogar an einen solchen Golem weiterzugeben. Der Golem ist daher nicht seiner Natur nach, sondern nur unter den jetzigen Bedingungen sprachlos, wo die Seele auch der Frommen nicht mehr rein ist. Im Unterschied zu dieser vielleicht sogar eschatologische Perspektiven für einen anderen Stand des Golem eröffnenden Auffassung des Bahir begnügt sich Isaak der Blinde (um 1200) mit der Feststellung, daß der Golem sprachlos war, weil Rabha ihm keinen *ruach* geben konnte[82]. Welche seelische Kraft bei diesem Autor damit gemeint ist, bleibt fraglich. Wohl möglich, daß es im Sinne von Pneuma, höherer Geistseele, verwandt ist.

Ein Kabbalist um 1400 sagt sogar in Variierung der von ihm benutzten Äußerung Elasars aus Worms, daß, obwohl solch Golem eine belebte Form habe, er immer noch tot heiße, weil sein Schöpfer ihm keine Gotteserkenntnis und Sprache geben kann. «Dem [wirklichen] Menschen hat aber Gott das Siegel *'emeth* eingeprägt[83].» Für mehrere Kabbalisten hingen, im Sinn der philosophischen Vorstellung von der *anima rationalis,* das Sprachvermögen und die Vernunft zusammen. So sagt Bachja ben Ascher (1291) von der Golemschöpfung Rabhas: «Er konnte seiner Kreatur wohl eine Bewegungsseele geben, aber nicht die vernünftige Seele, aus der die Sprache kommt[84].» Dies entspricht der bei den Kabbalisten vorherrschenden Ansicht, für die ja im allgemeinen Sprache das höchste Vermögen ist oder, um mit J. G. Hamann zu sprechen, «Mutter der Vernunft und Offenbarung».

Es hat aber nicht an Kabbalisten gefehlt, die diese beiden Vermögen getrennt haben, und zwar gerade mit Hinsicht auf den Golem. In einem Stück namens «Inbegriff der Dinge, nach denen die Meister der Merkaba verfuhren», das der Mitte des dreizehnten Jahrhunderts angehört[85], finden wir diese Idee gerade in Spanien vertreten: «Wenn die Rabbinen sagen: der Kinderlose ist wie ein Toter, so meint das: wie ein Golem [eine leblose Materie] ohne Form. Daher sind die Bilder, die einer an die Wand malt, von dieser Art, denn obwohl sie die Form des Menschen haben, heißen sie doch nur *zelem,* Abbild [hier im Sinn von Schattenbild, von *zel,* Schatten, abgeleitet] und Gestalt. Als daher Rabha einen Menschen schuf, machte er durch die Kraft der Buchstabenkombinationen eine solche Gestalt in der Form des Menschen, aber *demuth,* wirkliche Menschenähnlichkeit, vermochte er ihr nicht zu verleihen. Denn es ist zwar möglich, daß der Mensch mit Hilfe gewaltiger Kräfte einen Menschen macht, der spricht, aber nicht einen, der sich fortpflanzen kann oder der Vernunft hat. Dies nämlich ist allem Erschaffenen zu tun verwehrt und steht bei Gott allein.» Hier also haben wir das Gegenteil der von Bachja und von so vielen anderen vertretenen Meinung: der Golem hat Sprache, aber weder Vernunft noch Geschlechtstrieb[86].

Von den späteren Kabbalisten haben sich zwei bedeutende Autoritäten, jeder in anderer Weise, zu der Frage nach der spezifischen Art dieser dem Golem verliehenen Vitalität geäußert. Me'ir ibn Gabbai meint um 1530, daß solcher magisch produzierte Mensch keine Geistseele, *ruach,* hat, denn er ist – wofür er sich wiederum auf die Talmudstelle beruft – sprachlos. Wohl aber hat er den niedrigsten Grad, die *nephesch*-Seele, da er sich bewegen kann und Vitalität besitzt[87]. Anders sieht 1548 Moses Cordovero die Frage. Nach ihm[88] hat solches «neue Geschöpf» – Cordovero, wie alle sefardischen Kabbalisten des sechzehnten Jahrhunderts, vermeidet den Terminus «Golem», der offenbar nur bei den deutschen und polnischen Juden sich damals eingebürgert hatte – keine Seele, und zwar in keiner ihrer drei Rangstufen oder Vermögen, weder *nephesch* noch *ruach* noch *neschama,* wohl aber hat es eine besondere Vitalität, *chijjuth,* die Cordovero als höher denn die tierische Seele bezeichnet. Cordovero wundert sich, wie denn Menschen imstande sein sollten, sogar kraft der Alphabete des Buches Jezira eine Seele auf einer jener drei Stufen auf solches Geschöpf herabzuziehen. Nach ihm ist das unmöglich. Vielmehr verhält es sich nach ihm folgendermaßen: Wenn die Adepten die Erde zusammenfügen und ihnen infolge ihrer Befassung mit dem Jezira-Buch eine Kreatur in der Form eines Menschen entsteht, so streben auch deren Teile [wie die alles Geschaffenen] nach oben, zu ihrem Ursprung und ihrer Heimat in der oberen Welt hin, von der ja auch alles Tellurische herkommt oder in ihr sein Urbild hat. Dabei nun leuchtet jenen Elementen ein Licht entgegen, das ihrem spezifischen Rang im Elementaren angemessen ist, freilich nicht *nephesch* noch *ruach* noch *neschama,* sondern eine bloße reine Vitalität, die infolge der besonderen Art der hier zusammentretenden Elemente über dem Rang des Tieres steht und sich der Quelle des Lichtes mehr annähert als das Tier. Andererseits stirbt solch Golem nicht im eigentlichen Sinn, wie etwa das Tier stirbt, sondern kehrt einfach zu seinem Element, der Erde, zurück. Rabbi Zera brauchte ihn daher in dem talmudischen Bericht nicht zu töten, weil seine Elemente sich von selber auflösen. Daher macht sich,

wer einen Golem «tötet», nicht strafbar und übertritt kein Gebot der Tora.
Hier also finden wir ein eigentliches tellurisches Vermögen, das zwar durch Magie erweckt wird, aber die Sphäre der Elementarkräfte nicht verläßt. Was am Anfang dieser Ausführungen von der tellurischen Seele Adams, die ihm aus der Erde zufloß, gesagt wurde, tritt nun in der Tat auch bei diesem kabbalistischen Golem auf. Hatte Adam als Golem, wie wir sahen, ein gewisses elementares, wenn auch nicht vernunftbegabtes Vermögen der Schau, so hat der Mensch als Schöpfer des Golem ein irgendwie verwandtes Vermögen, ihm elementare Kräfte zuzuführen, oder, wie Cordovero sagt, Lichter, die in die Elemente strahlen. So tritt auch in der Entwicklung dieser Golemgestalt bei den Kabbalisten das tellurische Element in einer spezifisch definierten Weise mit dem Magischen zusammen. Die rein theoretische Spekulation der Kabbalisten über den Sinn und das Wesen solcher Golemschöpfungen bereitet also, werden wir sagen dürfen, jene Entwicklung vor oder läuft mit ihr parallel, in der bei der Rückwanderung aus dem rein mystischen Bereich in den der kabbalistischen Legende der Golem nun wieder ungeheure tellurische Kräfte birgt und zum Ausbruch bringen kann.

6

Die Safeder Kabbalisten des sechzehnten Jahrhunderts sprechen über solche Golemschöpfung nur in der Art, wie man ein weit in der Vergangenheit liegendes Geschehnis theoretisch erörtert. Nirgends nehmen sie direkten Anteil oder Bezug auf die bei ihnen zum Teil ja ausdrücklich verbotene Ausführung solcher Rezepte, wie sie hier und da auch bei ihnen mitgeteilt werden[89]. Ja in einer der Handschriften von Cordoveros Kommentar zum Buch Jezira findet sich am Ende (als Zusatzkapitel) eine Abhandlung, die die alten Autoren über die Schöpfung eines Menschen durch das Buch Jezira zwar ausschreibt, aber am Eingang betont: «daß niemand denken möge, daß auch jetzt solches Vermögen, durch dieses Buch praktische Wirkung zu erzielen, bestünde. Denn dem ist keineswegs so; vielmehr sind die magischen Quellen verstopft, und die Kabbala darüber ist verschwunden[90].» Charakteristisch ist auch die Äußerung des Josef Aschkenasi, der aus Prag und Posen nach Safed kam und in seinem dort redigierten fulminanten Traktat gegen die jüdischen Philosophen von der Golemschöpfung als etwas nur aus der Tradition Bekanntem spricht, nicht als von etwas, das auch praktiziert wird. Er benutzt dabei den bei den deutschen Juden üblichen Terminus Golem: «Wir finden [nämlich in den alten Texten], daß der Mensch einen Golem machen kann, der die animalische Seele durch die Kraft seines [das heißt des Meisters] Wortes erhält, aber die wirkliche Seele, *neschama*, ihm zu geben, liegt nicht in der Kraft des Menschen, denn sie stammt aus dem Worte Gottes[91].»

Demgegenüber schlägt im deutschen und polnischen Judentum die Golemvorstellung wieder ins Lebendig-Legendäre zurück. Während aber im zwölften und dreizehnten Jahrhundert solche Legenden, wie gezeigt worden ist, sich vor allem auf Personen des jüdischen Altertums bezogen, werden in der späteren Entwicklung gerade auch Zeitgenossen und berühmte Figuren der jüdischen Welt zu Golemschöpfern. Als das Volk die alten Berichte aufnahm und dazu noch die Erzählungen über das Ritual traten, das hier besprochen worden ist, veränderte sich beim Absinken der Vorstellung in zum Teil ungelehrte Schichten natürlich auch die Vorstellung selber. Der Golem wird wiederum ein selbständiges Wesen und erhält zum erstenmal auch zweckvolle Funktionen. Dabei treten auch Motive aus anderen Vorstellungen mit der vom Golem zusammen.

Die erste Nachricht, die wir von solcher Neuentwicklung haben, ist besonders merkwürdig. Sie gehört noch ganz in die esoterische Tradition und ist durch einen berühmten spanischen Rabbi aus der ersten Hälfte des vierzehnten

Jahrhunderts überliefert. Nissim Girondi in Barcelona bemerkt zu der Talmudstelle über Rabha[92]: «Auf diesen Passus stützten sich die Gelehrten in Deutschland, die fast tagtäglich mit Dingen der Dämonologie zu tun haben. Sie bestehen darauf, daß dies [das heißt: solche Herstellung eines Menschen] gerade in einem Gefäß geschehen muß.» Davon nun ist in den uns noch erhaltenen Berichten nirgends die Rede, es sei denn, man wolle die Schale mit Wasser und Erde, die wir oben in dem einen Rezept angetroffen haben, für solch ein Gefäß halten. Dies glaube ich aber nicht. Vielmehr verstehe ich die besondere Betonung des «gerade in einem Gefäß» dahin, daß es sich um ein abgeschlossenes Gefäß, also um eine Phiole, handelt, in der solcher magische Mensch hergestellt wird. Und das ist nun in der Tat sehr merkwürdig: hier erscheint, lange vor Paracelsus, ein Motiv der Homunculus-Vorstellung und der Alchemie beim Golem. Nissim Girondi hatte in Barcelona Berührung mit hervorragenden Gelehrten aus Deutschland und ist ein nüchterner und zuverlässiger Berichterstatter. Sein Zeugnis beweist also, daß etwas Derartiges in der Tat von einigen deutschen Chassidim berichtet wurde. Ob wir also hier etwa im jüdischen Kreis eine Frühform jener Homunculus-Idee haben, die in dem berühmten Rezept des Paracelsus zu seiner Herstellung dann ihren klassischen Niederschlag gefunden hat?

Handelt es sich aber beim Homunculus des Paracelsus, wenn wir Jacobys Definition folgen dürfen, um «Embryonalwachstum auf künstliche Weise, wobei Urin, Sperma und Blut als Träger des Seelenstoffes die *materia prima* darstellen[93]», so ist solch Gebrauch des menschlichen Spermas, aus dessen *putrefactio* der Homunculus sich nach vierzig Tagen zu bilden beginnt, den Juden unbekannt. Hier bleibt es immer bei den Elementen von Erde und Wasser, und auch die späten Formen wissen immer nur von einer Herstellung des Golem aus Ton oder Lehm zu erzählen. Ich habe nicht feststellen können, ob schon vor Paracelsus solche Homunculus-Rezepte mit Gewißheit nachweisbar sind[94]. Die Zuschreibung der Praxis an frühere Autoritäten, wie an den Arzt und in dem Ruf des Magiers stehenden Mystiker Arnaldus de Villanova, erfolgte erst lange nach Paracelsus und scheint selber schon fabelhafter Natur. Ich bin keineswegs sicher, ob die Deutungen des Homunculus als eines Symbols der Wiedergeburt nach dem Tode oder als embryonale Form des Steins der Weisen richtig sind, wie sie erst jüngst bei Gray vorgetragen worden sind[95]. Sind sie es aber, so könnte man hier einen tieferen Zusammenhang mit der Symbolik des Golem sehen, von dessen Vergrabung in der Erde als *materia prima* und folgenden Auferstehung wir oben gelegentlich des einen Rezeptes gehört haben[96].

Homunculi heißen bei Paracelsus freilich auch die golemähnlichen Figuren aus Wachs, Lehm oder Pech, die beim Schadenzauber der schwarzen Magie benutzt werden. In einer Verbindung dieser beiden Momente des Sprachgebrauchs kommt dann die weitere sagenmäßige Materialisierung des Homunculus zum dämonischen Diener des Menschen zustande, wie sie anscheinend im siebzehnten Jahrhundert zuerst in einigen Überlieferungen auftritt. Ganz parallel, aber früher, hat solche Metamorphose des Motivs bei den Juden eingesetzt. Der Golem als magischer Diener seines Schöpfers tritt in keiner alten Tradition auf. Erst als die Helden des Kreises der deutschen Chassidim, die die Golemtheorie und ihr Ritual entwickelt haben, im späteren Mittelalter zu Objekten der Volkslegende wurden, läßt sich vom fünfzehnten oder sechzehnten Jahrhundert an auch diese Vorstellung nachweisen. Das älteste Zeugnis findet sich bisher in einer Handschrift aus der ersten Hälfte des sechzehnten Jahrhunderts, die unter anderem auch Sagen über diesen Kreis der deutschen Chassidim mitteilt, die aber wohl viel früher entstanden sind als die Niederschrift jenes Kodex. Dorther hat Brüll die Sage mitgeteilt, daß Samuel der Fromme [der selber schon sagenumkränzte Vater Judas des Frommen, der zentralen Figur dieses Kreises] «einen Golem geschaffen hatte, der zwar nicht sprechen konnte, ihn aber auf seinen langen Wanderjahren durch Deutschland und Frankreich begleitete und bediente[97]».

Im sechzehnten Jahrhundert erlangten Legenden dieser Art dann große Popularität bei den deutschen Juden. Um 1625 berichtet Josef Salomo Delmedigo, nachdem er die schon oben erwähnte Geschichte über Ibn Esra angeführt hat: «So auch erzählt man von Salomo ibn Gabirol – dem berühmten Dichter und Philosophen im elften Jahrhundert –, daß er eine Frau erschuf, die ihn bediente. Als man ihn bei der Regierung anzeigte [offenbar wegen Zauberei], bewies er ihnen, daß sie keine wirkliche, ganze Kreatur war, sondern nur aus Holzstücken und Scharnieren bestand, und führte sie auf ihre ursprünglichen Bestandteile zurück. Und dergleichen Legenden gibt es noch viele, die in aller Leute Mund sind, besonders in Deutschland[98].» Dem entspricht der 1614 gedruckte Bericht des Samuel Friedrich Brenz, daß die Juden eine Zauberei hätten, «welche *Hamor Golim* [!] genannt wird; da machen sie ein Bild von Laymen, einem Menschen gleich, zischpern oder brumlen demselben etliche Beschwerungen in die Ohren, davon dann das Bild gehet[99]».

Von dem im vorigen Abschnitt besprochenen Golemritual sind wir damit weit entfernt. «Hier machen sich Einflüsse aus einem anderen Gebiet der künstlichen Menschenschöpfung bemerkbar – aus dem des Automatenmenschen. Das Motiv der Zerlegung des Geschöpfes in einzelne Bestandteile weist deutlich auf einen gewissen Mechanismus der Golemgestalt, der sonst der Golemüberlieferung fremd ist. Ebenso stammt das Motiv des Knechttums aus dem Automatenlegendenkreis. Die Quellen dafür sind wohl die weitverbreiteten Automatensagen des Mittelalters.» Erzählungen wie in den bekannten, auch von Goethe in seinem «Zauberlehrling» wohl benutzten Stellen aus Lucians «Lügenfreund» kommen dabei wieder in Umlauf[100].

In ganz andere Richtung weisen aber nun die vom siebzehnten Jahrhundert an zuerst in Polen bezeugten Spätformen der Golemsage, in denen das alte Material, die neue Dienervorstellung und ein weiteres, ganz neues Element: die Gefährlichkeit des Golem für die Umwelt, sich verbinden. Bezeugungen in der deutschen gelehrten Literatur über Juden finden sich schon im siebzehnten Jahrhundert, in der hebräischen erst im achtzehnten. Beide weisen, wie gesagt, nach Polen und speziell auf offenbar um 1600 aufgekommene Sagen über den Rabbi Elija Baalschem[101], den 1583 gestorbenen Rabbiner von Chelm. Dessen Nachkommen erzählen aus Familientradition ihren Kindern fast dieselben Dinge, die die christlichen Judaisten schon zwei Generationen früher von deutschen Juden gehört haben. Johann Wülfer schreibt 1675, es gäbe in Polen «solche vorzüglichen Baumeister, die aus Lehm mit Gottesnamen solche stummen *famuli* herstellen können[102]». Er habe aber keine Augenzeugen für diese Sache auftreiben können, über die er offenbar von mehreren Seiten gehört hat. Deutlicher ist Christoph Arnold, der schon 1674 als vorläufig ältester Zeuge den Rabbi Elija aus Polen nennt[103]:

«Sie machen nach gewissen gesprochenen Gebeten und einigen Fasttagen die Gestalt eines Menschen aus Lehm, und wenn sie das *schem hamephorasch* darüber sprechen, wird das Bild lebendig. Und ob es wohl selbst nicht reden kann, versteht es doch, was man redet und ihm befiehlt, verrichtet auch bei den polnischen Juden allerlei Hausarbeit, darf aber nicht aus dem Hause gehen[104]. An die Stirn des Bildes schreiben sie: *emeth,* das ist Wahrheit. Es wächst aber ein solch Bild täglich, und da es anfänglich gar klein, wird es endlich größer als alle Hausgenossen. Damit sie ihm aber seine Kraft, vor der sich endlich alle im Hause fürchten müssen, benehmen mögen, so löschen sie geschwind den ersten Buchstaben, *aleph,* an dem Wort *emeth* an seiner Stirn aus, daß nur das Wort *meth,* das ist tot, übrigbleibt. Wo dieses geschehen, fällt der Golem über einen Haufen und wird in den vorigen Ton oder Leim resolviret ... Sie erzählen, daß ein solcher Baal Schem in Polen, mit Namen

R. Elias, einen Golem gemacht, der zu einer solchen Größe gekommen, daß der Rabbi nicht mehr an seine Stirn reichen und den Buchstaben *e* auslöschen können. Da habe er diesen Fund erdacht, daß der Golem als ein Knecht ihm die Stiefel ausziehen solle; da vermeinte er, wenn der Golem sich würde bücken, den Buchstaben an der Stirn auszulöschen, so auch angieng; aber da der Golem wieder zu Leim ward, fiel die ganze Last über den auf der Bank sitzenden Rabbi und erdrückte ihn.»

Sehr Ähnliches hat Zwi Aschkenasi, ein Abkömmling dieses R. Elija, um 1700 seinem Sohn Jakob Emden erzählt, wie der in seiner Autobiographie[105] und an anderen Stellen seiner Werke berichtet. Er hätte danach einen Menschen erschaffen, der sprachlos war und ihn als Knecht bediente. «Als der Rabbi nun sah, daß dies Geschöpf seiner Hände immer größer und stärker wurde, infolge des Namens, der auf Pergament geschrieben an seiner Stirn steckte, bekam er Angst, der Golem könne Schaden und Verderben bringen [in einem Parallelbericht desselben Autors heißt es: er könnte etwa die Welt zerstören][106]. Da ermannte sich R. Elija geschwind und riß ihm das Pergament, auf dem der Name Gottes stand, von der Stirne ab. Da fiel er als Erdklumpen zusammen, aber beschädigte noch seinen Meister und kratzte ihm das Gesicht auf.» Der einzige Unterschied ist also, daß in der einen Version der Golemschöpfer überlebt, in der anderen das Unternehmen mit seinem Leben bezahlt.

Noch genauer ist die Angabe eines anderen Zeitgenossen, der 1682 schreibt, daß diese Wesen «viertzig Tage außer den Reden allerley menschliche Geschäffte verrichtet und wo man sie hingeschickt, auch einen weiten Weeg, wie Botten, Briefe getragen; aber wan man ihnen nach den viertzig Tagen nicht alsbald die Zettul von der Stirn abgenommen, ihrem Herrn und den Seinigen entweder am Leib oder am Gut oder am Leben großen Schaden gethan[107]». Hier sind also zwei Dinge neu: einmal die Beschränkung des Dienstes auf vierzig Tage, die ich bisher in keiner jüdischen Quelle gefunden habe, die aber sehr wohl authentisch sein kann. Merkwürdig ist, daß diese Zahl von vierzig Tagen von Paracelsus als die Periode genannt wird, die zwischen der Einschließung des Spermas in die Retorte und der Bildung des Homunculus vergeht. Weiterhin ist aber vor allem die in sämtlichen Varianten auftretende Gefährlichkeit des Golem wesentlich. Jetzt hat er plötzlich ungeheure Kräfte, er wächst über alles Maß, zerstört gar die Welt, richtet jedenfalls großes Unheil an. Es scheint die Kraft des Gottesnamens zu sein, die ihn zu all dem befähigt. Es ist aber mindestens ebensosehr die von dem Namen in Bewegung gesetzte und aufgerufene Kraft des tellurischen Elements, das, wenn es nicht vom heiligen Namen in Ordnung gehalten und am Ausbruch verhindert wird, hier nun in blindem und zerstörerischem Walten aufsteht. Das Unheimliche, von dem die alten Golemvorstellungen überhaupt nichts wissen, begleitet nun die Gestalt. Die Magie, die sich an die Erde wendet, ruft in Wahrheit Chaotisches in ihr hervor. Es geschieht das Umgekehrte wie bei Adam. War Adam aus dem kosmischen Riesengolem zur gewöhnlichen Gestalt verkleinert, so strebt dieser Golem nach dem in ihm waltenden Gesetz der Erde vielleicht wieder die ursprüngliche Gestalt Adams an.

Damit sind wir bei der Form der Golemvorstellung angelangt, die ich in Jakob Grimms Bearbeitung an den Eingang dieser Betrachtungen gestellt habe. Nicht lange vor Grimms Zeit, kaum vor der zweiten Hälfte des achtzehnten Jahrhunderts, dürfte die Übertragung der polnischen Sage über den Chelmer Rabbi nach Prag und auf eine viel berühmtere Figur der jüdischen Welt, den «hohen Rabbi Löw» von Prag (etwa 1520 bis 1609), erfolgt sein. Daß sie von dieser Chelmer Sage unabhängig sich gebildet hat, halte ich für unwahrscheinlich. In der Prager Tradition des frühen neunzehnten Jahrhunderts wurde sie mit speziellen Eigentümlichkeiten der Freitagabend-Liturgie in Prag zusammengebracht. Hiernach soll Rabbi Löw einen Golem gemacht haben, der zwar die ganze Woche über seinem Herrn bei allen möglichen Arbeiten diente; weil aber alle Kreaturen am Sabbath ruhen, habe der Rabbi vor Eingang des Sabbath den Golem jedesmal durch Wegnahme des belebenden Gottesnamens wieder zu Lehm verwandelt. Einmal jedoch vergaß der Rabbi, den Schem zu entfernen. Die Gemeinde war schon zum Gottesdienste in der Synagoge versammelt, ja hatte schon den Sabbath-Psalm 92 rezitiert, als der Golem mit ungeheurer Kraft zu toben begann, an den Häusern rüttelte und alles zu vernichten drohte. Rabbi Löw wurde herbeigerufen; die Abenddämmerung war noch nicht vorüber, und der Sabbath hatte noch nicht eigentlich begonnen. Da stürzte er sich dem rasenden Golem entgegen und entriß ihm den Schem, und der Golem zerfiel in Erde. Der Rabbi aber ordnete an, den Sabbath-Psalm ein zweites Mal zu singen, was seitdem eine ständige Einrichtung der Prager «Altneuschul» blieb[108]. Der Rabbi aber habe den Golem nicht wieder zum Leben erweckt und seine Reste auf dem Dachboden der uralten Synagoge begraben, wo sie jetzt noch liegen. Aber einer der bedeutendsten Nachfolger des Rabbi Löw, Rabbi Ezechiel Landau, der einmal nach vielem Fasten heraufgestiegen sei, um die Reste des Golem zu sehen, habe für alle künftigen Geschlechter verboten, daß ein Sterblicher noch einmal diesen Versuch unternehme, in jene Dachkammer hinaufzusteigen.

Viele ostjüdische Sagen über Golemschöpfungen durch berühmte oder weniger berühmte Rabbinen und Mystiker waren im neunzehnten Jahrhundert und bis auf unsere Tage weit verbreitet. Sie haben für unsere Analyse keine Bedeutung mehr und gehen oft ins Belletristische über[109]. Merkwürdig bleibt demgegenüber das Selbstzeugnis der berühmtesten rabbinischen Autorität des litauischen Judentums, des «Wilnaer Gaon» Rabbi Elija (gest. 1797), der seinem Schüler R. Chaim, dem Begründer der berühmten Talmudhochschule von Woloschin, erzählt hat, daß er, als er noch nicht dreizehn Jahre alt war, in der Tat einmal begonnen habe, einen Golem zu schaffen. «Als ich aber mitten in seiner Anfertigung war, ging eine Gestalt über meinem Haupt dahin, und ich hörte auf, ihn zu machen, denn ich sagte mir: Wahrscheinlich will man mich meiner Jugend halber vom Himmel aus daran verhindern[110].» Die Natur dieser Erscheinung, die den Rabbi Elija warnte, wird in jenem Text nicht auseinandergesetzt. Die Deutung Helds, daß es der Doppelgänger des Rabbi selber gewesen sei, dessen Erscheinung ihn gewarnt habe, und damit im Grunde doch auch zugleich der Golem selber, ist zwar tief, aber überaus wenig einleuchtend[111]. Aber die modernen in Romanen und Erzählungen, in Essays und Dramen vorgetragenen Deutungen dürfen wir hier auf sich beruhen lassen, wo es uns darum ging, zu verstehen, was wirklich die jüdische Tradition vor dem neunzehnten Jahrhundert vom Golem ausgemacht hat. Als Symbol der Seele wie als eines des jüdischen Volkes selber mag er gedeutet werden, und auf allen solchen Ebenen wird sich Gewichtiges sagen lassen. Die Aufgabe des Historikers ist erfüllt, wo die des Psychologen anfängt.

Anmerkungen

Anmerkungen zum ersten Kapitel

[1] K. Wright, *A Student's Philosophy of Religion*, New York 1938, S. 287 definiert Mystik als «the endeavor to secure consciousness of the presence of the Agency through which (or through Whom) the conservation of socially recognized values is sought».

[2] Vgl. «Eranos-Jahrbuch» XXVI/1957, p. 189-242.

[3] Ich benutze hier eine Formulierung, die ich einem Aufsatz von G. A. Coe, *The Sources of the Mystic Revelation*, im «Hibbert Journal», vol. VI (1907/1908), p. 367, verdanke.

[4] «Eranos-Jahrbuch» XXVI/1957, p. 57-188

[5] Vgl. H. Corbins vorerwähnten Aufsatz.

[6] Vgl. das folgende Kapitel.

[7] Origenes, *Selecta in Psalmos* (zu Psalm 1), in Migne, *Patrologia Graeca*, vol. 12, col. 1080. Diese wichtige Stelle ist von F. I. Baer in seinem hebräischen Aufsatz in «Zion», vol. 21 (1956). p. 16, hervorgehoben worden.

[8] Origenes nennt dies Gleichnis «eine überaus sinnreiche Lehre».

[9] Vgl. die Ausführungen dazu im nächsten Kapitel.

[10] Die Glätte und Ausdrucksfülle der Übersetzungen dieser Texte steht manchmal im umgekehrten Verhältnis zu dem harten Stil und der Undeutlichkeit der hebräischen Originale. Der Glanz der mystischen Hymnik, der etwa die überaus eindrucksvolle Übersetzung eines der wichtigsten dieser Texte bei Theodor H. Gaster, *The Dead Sea Scriptures*, New York 1956, p. 109-202, auszeichnet, ist geeignet, jeden Leser des hebräischen Originals mit Neid zu erfüllen.

[11] Für die Bestreitung der Einheit des Gegenstands der mystischen Erfahrung ist wohl am aufschlußreichsten das jüngst erschienene, ungemein anregende und zum Widerspruch einladende Werk von R. C. Zähner *Mysticism Sacred and Profane*, An Enquiry into some Varieties of Praeternatural Experience, Oxford 1957. Die Scheidung mystischer Phänomene in natürliche, außernatürliche und übernatürliche, die in den letzten dreißig Jahren in der katholisch inspirierten Literatur über dies Thema weite Verbreitung gefunden hat und sich für manche Zwecke recht brauchbar erweist, bleibt im Grunde überaus fragwürdig.

[12] Vgl. Richard Maurice Bucke, *Cosmic Consciousness*, A Study in the Evolution of the Human Mind. Das Buch erschien zuerst 1901; mir liegt die 18. Auflage, New York 1956, vor.

[13] *Kuntras ha-Hithpaʿaluth* des Rabbi Bär, Sohnes des Rabbi Schneʾur Salman von Ladi, gedruckt in dem Band *Likkute Beʾurim*, Warschau 1868.

[14] Vgl. den Artikel *Elijahu* in der «Encyclopaedia Judaica», Das Judentum in Geschichte und Gegenwart, vol. VI (1930), col. 487-495.

[15] Vgl. das Kapitel über Abraham ben David in meinem hebräischen Buche *Reschith ha-Kabbalah* (Die Anfänge der Kabbala), Jerusalem 1948, p. 66-98.
[16] Für eine Diskussion der Funktion der Symbolik in der Religion vgl. das Symposium *Religious Symbolism*, edited by F. Ernest Johnson, New York 1955. Der dort von Prof. Abraham Heschel vertretenen Anschauung, daß das rabbinische Judentum eine jenseits der Kategorien der Symbolik konstituierte Religion sei, vermag ich mich freilich in keiner Weise anzuschließen.
[17] Es ist hier interessant, etwa zwei so verschiedene Darstellungen zu vergleichen wie die bei Heinrich Heppe, *Geschichte der quietischen Mystik in der katholischen Kirche*, Berlin 1875, und bei Ronald A. Knox, *Enthusiasm*, A Chapter in the History of Religion with special reference to the XVIIth and XVIIIth centuries, Oxford 1950.
[18] Maimonides, *Mischneh Torah, Hilchoth Jessode ha-Torah* IV, 13.
[19] Wertvolle Ausführungen zur Analyse der nihilistischen Möglichkeiten in der gnostischen Mystik finden sich besonders bei Hans Jonas, *Gnosis und spätantiker Geist*, vol. I, Göttingen 1933; aber auch hier sind wir auf Zitate und Berichte angewiesen, die durch das Medium der katholischen Gegner gegangen sind. Volle Originaltexte haben sich nicht erhalten. Vgl. auch Herbert Liboron, *Die karpokratianische Gnosis*, Leipzig 1938.
[20] Ausführliche Mitteilungen und Zitate aus diesem ungemein wichtigen Text befinden sich bisher nur in dem zweibändigen Werk von Alexander Kraushar, *Frank i Frankiści Polscy*, Kraków 1895. Die von Kraushar benutzten Handschriften sind bei der fast vollständigen Zerstörung der polnischen Bibliotheken im zweiten Weltkrieg verlorengegangen. Eine fast vollständige Handschrift dieser sehr umfangreichen Aufzeichnungen ist erst jetzt wieder in der Universitätsbibliothek in Kraków aufgefunden worden.
[21] Vgl. meine Arbeit *Le mouvement sabbataïste en Pologne*, «Revue de l'Histoire des Religions», vol. 153/54 (1953/54), besonders deren letzten Abschnitt, vol. 154, p. 42-77.
[22] Vgl. dazu die ausführliche Darstellung in meinem hebräischen zweibändigen Werk *Schabbetai Zwi*, Tel Aviv 1957.
[23] In dem Werk von Ahron Markus, *Der Chassidismus*, Pleschen 1901, p. 239, im Namen des Buches *Torath Menachem*, einer Sammlung von Vorträgen des Rabbi von Rymanów.
[24] *Makkoth* 24 a.
[25] Maimonides, *Führer der Unschlüssigen* II, 33; in der deutschen Übersetzung von Adolf Weiß, Leipzig 1924, vol. II, p. 227/28. Maimonides vertritt die Meinung, daß an allen Stellen über die Offenbarung, wo von

Israel gesagt wird, daß sie Worte hörten, damit gemeint sei, daß sie den (unartikulierten) Schall der Stimme hörten, Moses aber es gewesen sei, der die Worte (in ihrer sinnvollen Artikulation) vernahm und sie ihnen mitteilte.

26 So Jakob Kohen aus Soria am Beginn seiner kabbalistischen Erklärung des hebräischen Alphabets, die ich in *Madda'e ha-Jahaduth* II (1927) publiziert habe, besonders p. 203.

27 Nachdem diese Ausführungen zuerst im Druck erschienen waren, machte mich mein Freund Ernst Simon darauf aufmerksam, daß diese Meinung in sehr präziser, an die mystische Formulierung gemahnender Form auch von Franz Rosenzweig in einem 1925 geschriebenen Briefe an Buber vertreten wird. Rosenzweig bestreitet dort, daß die Offenbarung am Sinai Gesetzgebung sei. «Offenbarung... hat unmittelbar nur sich selbst zum Inhalt, mit *wa-jered* [er stieg herab, in Exodus 19 : 20] ist sie eigentlich schon fertig, schon mit *wa-jedabber* [er redete, Exodus 20 : 1] fängt die Interpretation an, geschweige denn mit 'anochi [dem Ich am Anfang der zehn Gebote]»; vgl. Franz Rosenzweig, *Briefe*, Berlin 1935, p. 535.

Anmerkungen zum zweiten Kapitel

1 Vgl. hierzu die näheren Ausführungen im vorigen Kapitel.

2 Vgl. den hebräischen Aufsatz von I. Baer, *Dialektik und Mystik in der Grundlegung der Halacha*, in «Zion», vol. 23-24 (1959), p. 143ff., besonders bis p. 154, wo auf den ersten Druck der vorliegenden Untersuchung im «Diogenes» Bezug genommen wird. Baer, der den Beweis zu erbringen versucht, daß bei Philo Logos und Tora zu identifizieren sind, geht damit auch über Erwin Goodenough, *By Light, Light, the Mystic Gospel of Hellenistic Judaism* (1935), hinaus, der gerade in seinem Kapitel über die Tora bei Philo, p. 72-94, diese Identifikation nicht vollzieht. Vgl. auch Harry Wolfson, *Philo*, vol. I, p. 115-143; Edmund Stein, *Die allegorische Exegese des Philo aus Alexandreia* (1929).

3 Noch letzthin ist ein solcher Versuch von Samuel Belkin in seiner hebräischen Arbeit, *Der Midrasch Ha-ne'elam und seine Quellen in den alten alexandrinischen Midraschim*, unternommen worden, Jerusalem 1958 (Sonderausgabe aus dem Jahrbuch *Sura*, vol. III, p. 25-92). Belkin bemüht sich, diesen wichtigen Teil des Sohar als einen auf alexandrinischen, mit Philo eng zusammenhängenden Quellen beruhenden Midrasch zu erweisen. Sein Unternehmen hält der Kritik nicht stand; vgl. dazu die eingehende Nachprüfung seiner Arbeit durch R. Zwi Werblowsky im *Journal of Jewish Studies*, vol. X (1960).

[4] *Midrasch Tehillim*, ed. Buber, p. 33. Der Autor des Ausspruches ist Eleasar ben Pedath, ein Lehrer des 3. Jahrhunderts, dessen Worte auch sonst ein Interesse an esoterischen Gedankengängen verraten; vgl. W. Bacher, *Die Agada der palästinensischen Amoräer*, vol. II (1896), p. 31. Schon Bacher hat den Versuch abgewiesen, «die Authentie dieses Ausspruchs, der wie ein früher Hinweis auf die spätere sogenannte ‚praktische Kabbala' klingt, zu bezweifeln».

[5] Vgl. die deutsche Übersetzung dieser Vorrede, die unter dem Titel *Die Quelle der Weisheit* mehrfach gesondert im Druck erschienen ist – der Text des Buches selbst ist nur handschriftlich erhalten –, bei August Wünsche, *Aus Israels Lehrhallen, kleine Midraschim*, vol. I (1907), p. 127 bis 133, besonders p. 132.

[6] Ebenfalls eine Äußerung eines der mystischen Esoterik sehr zuneigenden palästinensischen Lehrers des 3. Jahrhunderts, Simon ben Lakisch, die in mehreren Fassungen überliefert ist, zuerst im palästinensischen Talmud *Schekalim* VI, Ende von Halacha 1. Auf die mystische Interpretation dieser Äußerung durch einen der ältesten Kabbalisten komme ich weiter unten zurück.

[7] *Erubin* 13a, eine Stelle, deren Implikationen für eine mystische Auffassung der Tora Baer, loc. cit., p. 145, hervorgehoben hat.

[8] Esra ben Salomo, Kommentar zu den talmudischen Agadoth, in der vatikanischen Handschrift Cod. Hebr. 294, Bl. 34a.

[9] Vgl. z. B. Asriel, *Perusch Agadoth*, ed. Tishby, p. 76; Pseudo-Nachmanides, *Sefer ha-ʾemuna wehabittachon*, Kap. 19; Sohar II, 87b; III, 80b, 176a; III, 36a, heißt es: «Die ganze Tora ist ein einziger heiliger mystischer Name.»

[10] Mischna *Aboth*, III, 14; *Sifre* zu Deuteronomium § 48, ed. Finkelstein, p. 114; *Bereschith rabba* I, § 1. Vgl. dazu Leo Baeck, *Aus 3 Jahrtausenden* (1958), p. 162ff., und Baer, loc. cit., p. 142.

[11] *Bereschith rabba* I, § 1, eine Stelle, deren Antezendentien oder Parallelen bei Plato und Philo oft besprochen worden sind.

[12] Philo, *Vita Mosis* II, § 51.

[13] *Hechaloth rabbathi*, Kap. 9. Vgl. dazu in meinem Buch *Jewish Gnosticism, Merkabah Mysticism, and Talmudic Tradition*, New York 1960.

[14] *Bereschith rabba* 8, § 2, ed. Theodor, p. 57.

[15] Die Sophia als Ur-Tora in dem von mir im *Sefer Bialik* (1934), p. 159, publizierten Brief des Esra ben Salomo; andere Auffassungen bei Asriel, *Perusch ʾAgadoth*, p. 77 und den dort von Tishby angeführten Stellen. Auch im Kommentar des Pseudo-Abraham ben David zu *Jezira* I, 2, heißt es: «Die Ur-Tora ist Gottes Name.»

[16] Asriels eigene Auffassung, loc. cit., ist undurchsichtig. Er sagt dort weiter auch, daß «jede einzelne von Gottes Sefiroth Tora heißt», weil

17 Gikatilla, *Schaʿare ʾOra*, Offenbach 1715, Bl. 51a.
18 Jedenfalls in seinen drei Büchern *Schaʿare ʾOra, Schaʿare Zedek* und den handschriftlich erhaltenen *Taʿame Mizwoth*. Gikatillas früheres Werk *Ginnath ʾEgos* weiß von dieser These noch nichts.
19 *Schaʿare ʾOra*, Bl. 2b.
20 *Pirke Rabbi Elieser*, Kap. 3.
21 Recanati, *Taʿame Mizwoth*, Basel 1581, Bl. 3a. Auch im Sohar selbst findet sich II, 60a der Satz, daß Gott selbst Tora genannt wird.
22 Ms. Jerusalem, 8° 597, Bl. 21b. Diese Handschrift enthält Gikatillas Werk unter der (plagiatorischen?) Autorschaft des Isaak ben Farchi oder Perachia, unter welchem Decknamen sich Gikatillas wichtiges Werk in vielen Handschriften erhalten hat.
23 *Ibid.*, Bl. 228b: *ki ʿothijoth porchoth we-ʿomdoth bo*.
24 Ms. Leiden, Warner 32, Bl. 23a.
25 Vgl. oben die Äußerung Rabbi Ismaels und Anm. 7.
26 Asriel, *Perusch ʾAgadoth*, p. 37.
27 Philo, *De vita contemplativa*, ed. Conybeare, p. 119.
28 Vgl. Goodenough, *By Ligh, Light*, p. 83–84. Baer hat vermutet, daß bei Philo diese Auffassung von der Tora als einem ζῶον, einem Organismus, vielleicht auf das entsprechende Gleichnis über den Logos als ζῶον im platonischen Phädros (264 C) zurückgeht, wobei Philo diesen Logos nicht mehr wie im Zusammenhang des platonischen Dialoges als «Rede» verstanden hat, sondern als Gottes Wort. Von Philo hat den Organismus-Gedanken dann Origenes, dessen Worte (*De principiis* IV, 2, 4, ed. Kötschau, p. 312) schon in etwas die Haltung des Sohar antizipieren: «Die Schrift gleicht einem Menschen und hat Fleisch [entsprechend dem Wortsinn], Seele [entsprechend der Allegorie] und Geist [entsprechend dem Mysterium].»
29 Sohar I, 134b.
30 Sohar III, 202a.
31 Moses de Leon, *Sefer ha-Rimmon*, Ms. British Museum, Margoliouth Nr. 759, Bl. 100b.
32 *Tikkune Sohar*, Tikkun 21, Bl. 52b.
33 Vgl. dazu hier im dritten Kapitel, p. 139–146.
34 Über diese beiden Begriffe vgl. W. Bacher, *Die exegetische Terminologie der jüdischen Traditionsliteratur*, vol. I (1899), p. 89 und 197; H. L. Strack, *Einleitung in den Talmud*, 5. Auflage (1921), p. 4ff. Über ihre Stellung in der Theologie des orthodoxen Judentums vergleiche das sehr interes-

sante Heft von S. Kaatz, *Die mündliche Lehre und ihr Dogma*, Leipzig 1922.

[35] Im Buch Bahir, §§ 97 und 137, heißt die letzte Sefira «Der Thesaurus der mündlichen Tora», in dem alle Gebote enthalten sind. Vgl. auch dort § 99 (nach emendiertem Text): «Die schriftliche Tora [die ‚Licht' heißt] bedarf der mündlichen Tora, die eine Lampe ist [welche das ‚Licht' trägt], um ihre Schwierigkeiten aufzulösen und ihre Geheimnisse zu erklären.»

[36] In Jellineks *Beth ha-Midrasch*, vol. II (1853), p. 23-24; deutsch bei Wünsche, *Aus Israels Lehrhallen*, II, p. 170-172.

[37] Die Urweisheit ist die zweite Sefira, die «Buße» aber ein Name der dritten, weil zu ihr und in ihren Schoß alles am Ende «zurückkehrt».

[38] All diese Angaben hier nach dem schwierigen Text des «Rabbi Isaaks des Alten» in dem Ms. Enelow Memorial Collection 584/699 im Jewish Theological Seminary in New York. Der Kodex stellt eine vom Buchhändler künstlich zerschnittene, in zwei Handschriften geteilte Einheit dar.

[39] Die Theorie dieses alten Fragmentes liegt offenbar schon der kabbalistischen Schrift des Jakob ben Jakob Kohen aus Soria über die Form der Buchstaben zugrunde, die auf dieser Unterscheidung einer «esoterischen weißen Form» und einer «exoterischen schwarzen Form» der Buchstaben aufgebaut ist, eine Unterscheidung, die erst durch das oben Dargelegte ihren Sinn erhält; vgl. meine Edition dieser Schrift in *Madda‛e ha-Jahaduth*, II (1927), p. 203-204.

[40] Vgl. vor allem die scharfsinnigen Untersuchungen bei Leo Strauss, *Persecution and the Art of Writing*, Glencoe, Illinois, 1952.

[41] Vgl. Sohar II, 230b [wörtlich so schon in Gikatillas *Ginnath 'Egos*, Hanau 1615, Bl. 3b]; III, 75a, 159a. Die gleiche Formel findet sich im Übergang vom philosophischen zum kabbalistischen Sprachgebrauch der Termini exoterisch und esoterisch auch bei Isaak ben Latif, *Ginse ha-Melech*, ed. Jellinek, Kap. 25, gedruckt in Sterns *Kochbe Jizchak*, Heft 32, Wien 1865, p. 9.

[42] Ernst von Dobschütz, *Vom vierfachen Schriftsinn. Die Geschichte einer Theorie*, in «Harnack = Ehrung, Beiträge zur Kirchengeschichte ... Adolf von Harnack ... dargebracht», Leipzig 1921, p. 1-13.

[43] W. Bacher, *L'Exégèse biblique dans le Zohar*, in der «Revue des Etudes Juives», vol. 22 (1891), p. 33-46.

[44] Über diese Gefahren der radikalen Spiritualisation der Tora in der Allegorese hat sich schon Philo an einer vielbesprochenen Stelle, *De migratione Abrahami*, §§ 89-94, ausführlich geäußert. Dahin gehört auch die große Stelle gegen solche reine Allegorisierung der Gebote in Moses

de Leons *Sefer ha-Rimmon,* die ich in *Die jüdische Mystik,* Zürich 1957, p. 428-429, mitgeteilt habe.

[45] *Sohar Chadasch,* Jerusalem 1953, Bl. 83a. Diese früheste Stelle im Komplex der Sohar-Schriften ist Bacher entgangen.

[46] Ch. J. Huck, *Joachim von Floris und die joachitische Literatur* (1938), p. 291: *si ad nucis dulcedinem pervenire volumus, primo necesse est, ut amoveatur exteria cortex, secunda testa, et ita tercio loco perveniatur ad nucleam.* Vgl. dort auch p. 148. Moses de Leon benutzt das Gleichnis in verschiedenen Richtungen: für den Sinn der Tora, für den der Merkaba und die sie umgebenden gefährlichen oder dämonischen Bereiche; vgl. sein *Ha-Nefesch ha-Chachama,* Basel 1608, § 21, Bogen O, Bl. 1c/d. Als «Kern der Nuß», das heißt als «bis zum Kern vorgestoßen», wird im Sohar I, 154b, sogar der Kreis der Mystiker selber in feierlicher Anrede apostrophiert. I, 19b, II, 15b und noch öfters ist auch im Sohar selbst die Nuß das Symbol der Merkaba, das heißt aber hier der kabbalistischen Welterkenntnis.

[47] *Derascha* bedeutet hier die von den Talmudisten geübte Interpretationsweise, mit der die exoterische mündliche Lehre und ihre Bestimmungen aus dem Wortlaut der Schrift nach bestimmten festen Normen abgeleitet werden konnte.

[48] Derselbe Sprachgebrauch von *Chida* für Allegorie, der mittelalterlichem Hebräisch entspricht, auch bei Moses de Leon, am Ende seines Buches *Mischkan ha-ʿEduth,* Ms. Cambridge, Bl. 54a: «In den Worten der Weisen finden sich *Hagadoth,* von denen einige Allegorien [*Chida*] sind, andere wörtlich, ohne jede Allegorie zu verstehen sind.»

[49] Sohar II, 99a/b. Eine eingehende und ausgezeichnete Untersuchung der Geschichte dieser wichtigen Parabel in der späteren kabbalistischen Literatur findet sich in F. Lachovers Essay *Die Pforte zum Turm,* in dem hebräischen Bande ʿ*Al gebul ha-jaschan we-he-chadasch,* Jerusalem 1951, p. 29-78.

[50] *Chagiga* 14b; vgl. dazu *Die jüdische Mystik,* p. 56.

[51] In meinem in Anmerkung 13 erwähnten Buch über die Merkaba-Mystik, section II.

[52] Sohar I, 26b. Die Stelle stammt nicht aus dem Hauptteil, sondern aus den *Tikkune Sohar.*

[53] Das Wort muß *reʾijjoth* gelesen werden und nicht *reʾajoth,* «Beweise», was nicht in den Zusammenhang paßt. Bachers Vermutung, daß *reʾajoth,* wie er las, in unseren Ausgaben eine Korruption des korrekten Begriffes *remes* sei, wird durch die Tatsache widerlegt, daß dieselbe Deutung des Wortes *Pardes* sich noch an zwei anderen Stellen findet, die ihm entgangen sind, *Sohar chadasch,* Bl. 102d und 107c. Auch diese Stellen gehören den *Tikkune Sohar* zu.

[54] *Sohar chadasch* (Tikkunim-Teil), Bl. 102d.
[55] *Tikkun* Nr. 24, Bl. 68a/b. Hier sind die Schalen, *klippin*, schon direkt auf die dämonischen Gewalten und deren Macht bezogen, aus der die Schechina nur am Sabbath befreit ist, wo sie sich in die sefirothischen Gewänder kleidet.
[56] Moses de Leon, am Ende seines *Sefer ha-Nefesch ha-Chachama*, Basel 1608.
[57] Georges Vajda, der einigen dieser Erklärungen eindringende Betrachtungen gewidmet hat, bezweifelt die Berechtigung der traditionellen Zuschreibung dieses Textes an Gikatilla; vgl. *Mélanges offerts à Etienne Gilson*, Paris 1959, p. 656. Zweifellos verdient die Frage nähere Untersuchung. Nicht nur die gedruckten Stücke werden Gikatilla zugeschrieben, sondern auch die im Manuskript Oxford, Neubauer 1911, erhaltenen und großenteils ungedruckten Stücke.
[58] Sohar II, 114b, und Gikatillas Kommentare zu Maimonides, im zweiten Teil der Fragen des Saul Kohen an Isaak Abarbanel, Venedig 1574, Bl. 21a.
[59] *Baba Bathra*, 74b/75a; vgl. L. Ginzberg, *The Legends of the Jews*, vol. V, p. 43–46.
[60] *Hilchoth Teschuba*, VIII, 4.
[61] Sohar I, 135b–136a. Interessant und nicht ohne Ironie ist es, daß der Autor für Volksglauben den Ausdruck *mehemanutha de-kola* gebraucht, der sonst an vielen Stellen des Sohar in einer mystischen Bedeutung gebraucht wird, nicht «was alle glauben», sondern die die Welt durchdringende Macht des Glaubens, das System der Sefiroth.
[62] Vgl. Details in der in Anmerkung 42 zitierten Arbeit von E. von Dobschütz.
[63] P. Sandler, *Le-baʿjath Pardes*, in der hebräischen «Festschrift für Elias Auerbach», Jerusalem 1955, p. 222–235.
[64] Es darf hier darauf hingewiesen werden, daß diese Verwandtschaft der kabbalistischen Theorie mit der entsprechenden Vorstellung in der christlichen Tradition schon dem Pico della Mirandola, dem ersten christlichen Humanisten, der sich eingehender mit der Kabbala befaßte, aufgefallen ist. In seiner *Apologia*, die er 1487 verfaßte, heißt es: «So wie es bei uns einen vierfachen Weg der Bibelerklärung gibt, den wörtlichen, den mystischen oder allegorischen, den tropischen und den anagogischen Weg, so auch bei den Hebräern. Den wörtlichen Sinn nennen sie *peschat*, den allegorischen *midrasch*, den tropischen *sechel* und den anagogischen, den erhabensten und göttlichsten von allen, *kabbala*.» *Opera*, Basel 1557, p. 178–179. Die hebräischen Begriffe sind genau die, welche Bachja ben Ascher gebrauchte, dessen Werk daher dem Pico als

Unterlage gedient haben muß. Die irrtümliche Gleichsetzung von *Midrasch* mit Allegorie und von *Sechel*, das eigentlich bei Bachja die Allegorie vertritt, mit Tropologie zeigt, daß Picos Kenntnis dieser Quellen recht begrenzt war. Derselbe Irrtum kehrt in verstärktem Maße auch in der Apologie für Pico wieder, die der Franziskanermönch Archangelus von Borgo Novo verfaßt hat. Er führt die Literatur des Midrasch unter Rubrik Allegorie auf, aber gerade Schriften wie die des Maimonides und Gersonides fallen bei ihm unter die Tropologie; vgl. *Apologia fratris Archangeli de Burgonovo ... pro defensione doctrinae Cabalae*, Bologna 1564, Bl. 8b.

[65] *Midrasch Bamidbar rabba*, 13, § 15.
[66] *Sabbath* 88b.
[67] *'Othijoth de-Rabbi Akiba*, ed. Wertheimer, Jerusalem 1914, p. 12.
[68] Sohar III, 202a.
[69] Abraham bar Chija, *Megillath ha-Megalle*, Berlin 1924, p. 75.
[70] Sohar I, 140a; *Sohar chadasch*, Bl. 8b.
[71] Vital, *'Ez ha-Da'ath*, Zolkiew 1871, Bl. 46–47.
[72] Dies ist ein Wortspiel: *Gufe Tora* heißt zwar wörtlich Körper der Tora, hat aber im Talmud gerade den Sinn von wesentlichen Hauptstücken der Tora.
[73] Sohar III, 152a.
[74] Isaak Luria, *Sefer ha-Kawwanoth*, Venedig 1620, Bl. 53b. Weiteres darüber in Vitals *Scha'ar Gilgulim*, Kap. 17, Jerusalem 1912, Bl. 17b, in Nathan Schapiras *Megalle 'Amukoth*, Krakau 1637, Kap. 9, und in Naftali Bacharachs *'Emek ha-Melech*, Amsterdam 1648, Bl. 42a.
[75] Cordovero, *Derischa be-'Injane Mal'achim*, ed. Ruben Margolioth, Jerusalem 1945, p. 70.
[76] M. A. Fano, *Ma'amar ha-Nefesch*, Pjotrkow 1903, III, 6, Bl. 17a.
[77] *Tikkune Sohar*, Vorwort Bl. 6b.
[78] *Ibid.*, Nr. 22, Bl. 64a.
[79] Sohar I, 23a/b, ein Stück, das zu den *Tikkune Sohar* gehört.
[80] III, 215b (*Ra'ja Mehemna*).
[81] Vgl. *Zum Verständnis der messianischen Idee im Judentum*, im «Eranos-Jahrbuch», vol. XXVIII (1960), p. 221–223.
[82] Sohar I, 26b (*Tikkunim*), II, 117b; III, 124b, 153a, 255a (alle aus dem *Ra'ja Mehemna*); *Tikkune Sohar*, Nr. 56 und 60; *Sohar chadasch*, Bl. 106c.
[83] So faßte Heinrich Graetz in seiner *Geschichte der Juden* diese Stellen auf. Viel tiefere Einsichten in deren Bedeutung hat I. Baer in seinem Essay über den historischen Hintergrund des *Ra'ja Mehemna* gewonnen, der auf hebräisch in *Zion*, vol. 5 (1940), p. 1–44, erschienen ist. Er hat zuerst auf die Zusammenhänge dieser Ideen mit denen der franziskanischen Spiritualen des 13. Jahrhunderts hingewiesen.

[84] Vgl. solche Stellen z. B. in I, 27a/28a; III, 124b, 153a/b, 229b, 254a/b; *Tikkune Sohar* Nr. 21, Bl. 48a/b; *Tikkunim* im *Sohar chadasch*, Bl. 97c bis 99d. Die anfangs aufgeführten Sohar-Stellen gehören alle der gleichen Schicht an.

[85] Cordovero, *Schiʿur Koma*, Warschau 1883, Bl. 63b.

[86] Abraham Asulai, *Chessed le-ʾAbraham*, Sulzbach 1685, II, § 27. Dieser Autor hat auf weite Strecken hin ein Manuskript von Cordoveros Hauptwerk *Elima Rabbathi* benutzt, aus dem viele seiner interessantesten Darlegungen stammen.

[87] *Ibid.* II, § 11, zweifellos aus derselben Quelle genommen. Ähnliche Stellen auch in Cordoveros veröffentlichten Schriften, z. B. in seinem *Schiʿur Koma*, Bl. 85d.

[88] Vgl. die längere Stelle im *Schaʿar Maʾamare Resal*, Jerusalem 1898, Bl. 16c, die Vital in Lurias Namen zitiert.

[89] Naftali Bacharach, *ʿEmek ha-Melech*, Bl. 4a. Ähnliche Theorien werden in vielen Schriften der lurianischen Schule ausführlich entwickelt, sowohl in echten wie in apokryphen Darstellungen der lurianischen Lehre.

[90] Hebräisch: *tel schel ʾothijoth bilti messuddaroth*.

[91] *Wajikra rabba*, 13, § 3, ed. Margulies, p. 278. Vgl. die Diskussion der Stelle bei W. D. Davies, *Torah in the Messianic Age*, Philadelphia 1952, p. 59–61.

[92] Asulai, *Debasch le-Fi*, Livorno 1801, Bl. 50a. Die Echtheit des Zitats wird auch durch eine Parallele in Elijahu Kohens *Midrasch Talpijoth* s. v. ʾ*amen* bestätigt, wo dieser Gedanke ebenfalls entwickelt wird, ed. Czernowitz 1860, Bl. 49d.

[93] Elija Kohen ist der Autor einer der volkstümlichsten Moralschriften der späteren Kabbala, des weit verbreiteten Buches *Schebet Mussar*.

[94] Ch. J. D. Asulai, *Debarim ʾAchadim*, Livorno 1788, Bl. 52c/d.

[95] Hebräisch: *be-thaʿaroboth othijoth*.

[96] Diese These wird im Namen des Israel Baalschem zuerst in der chassidischen Sammlung *Geʾullath Jisrael*, Ostrog 1821, Bl. 1d–2a, angeführt. Ganz ähnliche Gedanken werden auch in anderen frühen chassidischen Sammlungen erörtert, so z. B. im Namen zweier anderer chassidischer Führer aus dem 18. Jahrhundert in dem Sammelwerk ʾ*Imre Zaddikim* (einer um 1800 geschriebenen chassidischen Handschrift), Shitomir 1900, p. 31–32.

[97] Aristoteles, *De generatione et corruptione*, 315B, als ein Zusatz zu seiner Zusammenfassung der Lehre des Demokrit.

[98] Vgl. dazu meine Ausführungen in *Die jüdische Mystik*, p. 195–197.

[99] Die beste Ausgabe des Buches ist die von Lemberg 1892.

[100] *Sefer Temuna*, Bl. 62a.
[101] Diese Theorie wird aus einer Schrift, die dem Umkreis des Buches *Temuna* angehört, von David ibn Simra, *Magen David*, Amsterdam 1713, Bl. 47b, zitiert.
[102] In einem anderen Text aus demselben Kreis, Ms. Vatikan Hebr. 223, Bl. 197a.
[103] *Schabbath*, 116a.
[104] Josua ibn Schuʿeib, *Deraschoth*, Krakau 1573, Bl. 63a.
[105] *Temuna*, Bl. 31a.
[106] ʾ*Imre Zaddikim*, Shitomir 1900, p. 10, in Aufzeichnungen eines Schülers über Vorträge des Rabbi von Berditschew. (Dies ist die Quelle der Bearbeitung bei Buber, *Die Erzählungen der Chassidim*, Zürich 1949, p. 369.) Vgl. auch die Spekulationen über das Schwarze und Weiße in der Tora, die ich oben (vgl. Anm. 39) besprochen habe.
[107] Eine merkwürdige Parallele zu solchen Folgerungen fand ich in der bei Friedrich von Oppeln-Bronikowski, *Der Schwarzkünstler Cagliostro nach zeitgenössischen Berichten*, Dresden o. J., p. 98, abgedruckten Schrift der Elisa von der Recke über Cagliostro, der 1779 in Mitau vorgetragen haben soll, daß «drei Kapitel aus der Bibel fehlen und nur in den Händen der Magier sind». Der Besitz dieser Kapitel aus der Bibel verleihe übernatürliche Kräfte.
[108] Mordechai Jaffe, *Lebusch*, ʾ*Or Jekaroth*, Lemberg 1881, vol. II, Bl. 8d.
[109] Vgl. *Sod* ʾ*Ilan ha-*ʾ*Aziluth*, ed. Scholem, in *Kobez* ʿ*al Jad* der Gesellschaft *Mekize Nirdamim*, vol. V, Jerusalem 1950, p. 94.
[110] Über diese These vgl. in meiner Arbeit über den Sabbatianismus in Polen in der *Revue de l'Histoire des Religions*, vol. 143, p. 209–232.
[111] Vgl. die oben in Anmerkung 91 zitierte Literatur.
[112] *Schaʿare Gan ʿEden*, Krakau 1880, Bl. 12c.
[113] Jes. Tishby, *Kenesseth*, vol. IX, Jerusalem 1945, p. 252–254.

Anmerkungen zum dritten Kapitel

[1] Ich zitiere das Buch Bahir nach den Paragraphen meiner deutschen Übersetzung, Leipzig 1923. Die Übersetzung selbst ist an manchen Stellen berichtigt worden.
[2] *Commentar zum Sepher Jezira*, herausgegeben von S. J. Halberstam, Berlin 1885.
[3] *Pesikta*, ed. S. Buber, Bl. 40b.
[4] In meinem hebräischen Buche *Die Anfänge der Kabbala* (Tel Aviv 1949).

⁵ Ich nehme hier zum Teil einige Formulierungen meines Buches *Die jüdische Mystik*, p. 38-39, wieder auf, die ich prägnanter nicht auszudrücken wüßte.

⁶ Vielleicht lohnt hier ein Hinweis darauf, daß der erste Autor, der die Kabbala eine «mythische Theologie der Juden» nannte, soweit ich sehe, der protestantische Theologe Joh. Bened. Carpzow war, der diese Wendung in der 1687 erschienenen *Introductio in Theologiam Judaicam*, p. 39, gebrauchte, die seiner Ausgabe von Raimundus Martinis *Pugio Fidei* vorgedruckt ist.

⁷ *Jod He Waw He* (die vier Buchstaben des Gottesnamens) hat im Hebräischen den Zahlenwert 45 wie das Wort *Adam*.

⁸ Im Traktat *Megilla* 29a.

⁹ Cf. die literarischen Nachweise hierzu in dem Kapitel über Luria in meinem Buch *Die jüdische Mystik in ihren Hauptströmungen*, Zürich 1957.

Anmerkungen zum vierten Kapitel

¹ ʿ*Erubin* 21 b.

² Moses de Leon, *Sefer ha-Rimmon*, Ms. British Museum, Add. Or. 26,920, Bl. 47 b, und Sohar I, 19 b.

³ In seinem (noch ungedruckten) Kommentar zum Buch Jezira I, 6.

⁴ «Die Gebote sind selbst *kabod*», das heißt in ihrem Wesen ein Bestandteil des göttlichen Pleroma; cf. Asriels Kommentar zu den Aggadoth des Talmud, ed. Tishby (1943), p. 39.

⁵ Ein Zitat aus dem ersten Kapitel des Buches Jezira.

⁶ Recanati, *Taʿame ha-Mizwoth* (Basel 1581), Bl. 3 a.

⁷ In Recanatis Kommentar zur Tora gibt es eine ganz ähnlich formulierte Stelle: «Die ganze Form des Menschen ist in ihren Gliedern und ihrem Bau nach der Form des himmlischen Menschen gemacht. Da nun die Glieder des Menschen nach der Absicht der Schöpfung [das heißt im Sinne der kosmischen Ordnung] eingerichtet sind, so sollen sie ein Abbild und Thron für die himmlischen Glieder sein, und er soll in ihnen Kraft und Ausfluß aus dem Ur-Nichts [ʾ*afissath ha-ʾajin*] vermehren, widrigenfalls [im Fall des Mißbrauchs] er gerade das Entgegengesetzte bewirkt. Und dies ist der geheime Sinn des Verses (Leviticus 24:20): ,wie einer einen Schaden an dem Menschen – nämlich an seiner oberen Urgestalt – bewirkt, so soll er auch an ihm selber bewirkt werden.'»

⁸ *Schulchan ʿAruch* des R. Isaak Luria (1681), Bl. 31 d.

⁹ Sohar II, 215 b.

[10] Vgl. über diese Vorstellungen meine *Jüdische Mystik*, p. 68–72.
[11] Es gibt eigene Bücher, die die Gebote der Tora als Glieder des *Schiʿur koma* entwickeln.
[12] Vgl. darüber das schlechte Buch von H. L. Gordon, *The Maggid of Caro*, New York 1949.
[13] Josef Caro, *Maggid Mescharim* (Wilna 1879), Bl. 34 d, in einer ausführlichen Deutung des Rituals des Sühnebocks am Versöhnungstag auf diese fortschreitende Auseinandersetzung der beiden Seiten, der «heiligen» und «unreinen».
[14] Berlin 1925. Eine philosophische Begründung der Goldbergschen kabbalistischen Metaphysik des Rituals hat Erich Unger, *Wirklichkeit, Mythos, Erkenntnis*, München 1930, unternommen.
[15] Isaak der Blinde, zitiert in Meïr ibn Sahula, *Beʾur zu Nachmanides' Tora-Kommentar* (Warschau 1875), Bl. 32 d; Sohar I, 233 a, und II, 216 b.
[16] Cf. Martin Buber, *Die chassidischen Bücher* (1928), p. 351. Sonderbarerweise zieht Buber aus der Erzählung eine Folgerung, die der in den Quellen, wo sie zitiert wird, ganz entgegengesetzt ist.
[17] Als ihre älteste Quelle läßt sich die im folgenden benutzte Fassung nachweisen, die der Kabbalist Isaak von Akko (um 1300) von seinem Lehrer aus Deutschland, Juda ha-darschan Aschkenasi, gehört hat (*Meʾirath ʿEnajim*, Ms. Leiden, Warner 93, Bl. 158 a). Aus Isaak von Akko ist sie (ohne Quellenangabe) von Moses Cordovero in Safed übernommen worden, durch den sie dann weite Verbreitung erlangt hat.
[18] Übersetzt von A. Grünwedel, im Bäßler-Archiv V (1916), p. 159.
[19] Ch. Vital, *Schaʿar ha-Kawwanoth* (Jerusalem 1873), Bl. 47 a. Diese radikale Praxis ist aus einer Sohar-Stelle entwickelt (III, 120 b), wo es heißt, daß der Betende an diesem Punkte der höchsten Entrückung sich «dem Baum des Todes ausliefert» und bereit sein muß, zu sterben.
[20] Vgl. in meinem Aufsatz *Der Begriff der Kawwana in der alten Kabbala*, «Monatsschrift für Geschichte und Wissenschaft des Judentums», Bd. 78 (1934), p. 517/18.
[21] Die Umredigierung eines von Jakob Zemach in Damaskus 1637 veranstalteten Auszuges aus den das Ritual betreffenden Teilen der Schriften Chajim Vitals.
[22] Es wurde zwischen 1731 und 1763 sechsmal gedruckt. Verfaßt wurde es in Jerusalem am Ende des 17. oder, wie neue Forschungen Tishbys zeigen, am Anfang des 18. Jahrhunderts.
[23] Der Text ist ungedruckt. Ich benutze die Hs. Warner 24 in Leiden, wo er als Einleitung zu Eleasars *Sefer ha-schem* steht (Bl. 237). Auf ihn weist offenbar Bachja ben Ascher hin, der 1291 in seinem Tora-Kommentar zu Levit. 16:30 (ed. Venedig 1544, Bl. 147 c) sagt: «Es ist eine

Tradition der Mystiker, daß man den Namen Gottes nur über dem Wasser überliefert.»

[24] *Sefer ha-malbusch we-tiqqun meʿil ha-zedaqa,* z. B. Ms. British Museum, Margoliouth 752, Bl. 92–93.

[25] Cf. Oden Salomos 39:7, woher der paulinische Sprachgebrauch im Römerbrief 13:14 und Galater 3:27 sich als ein jüdischer erklärt; cf. auch G. Quispel, *Gnosis als Weltreligion,* Zürich 1951, p. 55–56.

[26] Eine Parallele zum Taufritual, bei dem in manchen gnostischen Sekten der Täufling den mystischen Namen Jesu anzieht; vgl. Quispel im «Eranos-Jahrbuch» 1952, vol. XXI, p. 126.

[27] Cf. M. Ninck, *Die Bedeutung des Wassers im Kult und Leben der Alten* (1921).

[28] Sohar I, 8a, und III, 98a. Zu diesen Stellen gibt es in den hebräischen Schriften des Moses de Leon eine sehr interessante Parallele; cf. *sod chag schabuoth,* Ms. Schocken Kabb. 14, Bl. 87a.

[29] In sefardischen Synagogen Jerusalems habe ich solche Verlesung noch in den letzten Jahren gehört.

[30] Nagara, *Semiroth Jisrael* (Venedig 1599), Bl. 114a ff.

[31] Cf. Moritz Zobel, *Der Sabbath* (Berlin 1935), p. 59, 64.

[32] Traktat *Kethubboth* 62b.

[33] Diese Symbolik widerspricht dem Gedankengang Simon ben Jochais im alten Midrasch, der den Sabbath und die Gemeinde Israels als Ehepartner bezeichnete und die Heiligung des Sabbath in den 10 Geboten im Sinn einer Eheschließung durch «Anheiligung» der Braut Sabbath verstand. Vgl. Zobel, *Der Sabbath,* p. 49.

[34] Auf Grund einer talmudischen Redewendung (*Taʿanith* 29a), die dort aber nur besonders angenehmen Duft charakterisieren soll: «wie ein Feld von Apfelbäumen.»

[35] Ich benutze im folgenden vor allem die Schilderung des Ritus, wie sie im «Schulchan Aruch des Isaak Luria» und im *Chemdath Jamim,* vol. I, gegeben ist. Für Analysen der einzelnen Stücke des Ritus in ihrer Entwicklung, die in der judaistischen Literatur noch sehr zu wünschen übrigläßt, war hier nicht der Ort.

[36] Im Sohar II, 95a, ist diese Jungfrau die Tora – vergleiche hier oben in Kapitel 2, p. 77 –, und die wörtliche Bedeutung der Metapher ging auf eine Jungfrau, «auf die keine Augen [gerichtet] sind» (die niemand sieht).

[37] Traktat *Schabbath* 119a.

[38] Nur teilweise konnte ich hierbei die z. T. viel zu freie Übersetzung Ernst Müllers benutzen, die bei Zobel, p. 191, gedruckt ist.

[39] Die neunte Sefira *Jessod* «der Grund» ist im Männlichen und Weiblichen den Organen des Sexus zugeordnet.

⁴⁰ Der Fisch ist ein Fruchtbarkeitssymbol. Die so weit verbreitete Sitte, am Freitagabend Fische zu essen, hängt mit der anderen zusammen, die eheliche Verbindung in dieser Nacht zu vollziehen.

⁴¹ Aus der «Weisheit» tritt die Wesenheit der Seelen auf 32 Pfaden hervor. Die drei Zweige sind die der Gnade, des Gerichts und der ausgleichenden Liebe, die drei «Säulen» der Welt der Sefiroth, aus der die Seelen stammen. Die siebzig Kronen der Braut im folgenden Vers werden im Sohar II, 205a, erwähnt.

⁴² *Se'ir Anpin* bedeutet im Sohar den Kurzmütigen, im Kontrast zum Langmütigen, als Aspekte Gottes. Bei Luria wird es als «der mit kleinem Gesicht» in wörtlicherem Verstande genommen. Er ist die Gottheit in ihrem unendlichen Wandel und Wachstum als Herr der Schechina.

⁴³ *'Injane Schabbetaj Zewj*, ed. Freimann (1913), p. 94. Von hier verstehen sich die Anweisungen des Buches *Chemdath Jamin* und die bedeutende Rolle dieses Mahls in der chassidischen Bewegung.

⁴⁴ *Berachoth* 3a.

⁴⁵ Hajs Angabe hängt vielleicht mit einer ähnlichen Empfehlung im *Seder Elijahu rabba*, ed. Friedmann, p. 96, zusammen. Es ist aber auch nicht zu vergessen, daß inzwischen in christlichen Mönchskreisen die Mitternachts-Vigilie sich eingebürgert hatte, die schon seit dem 5. Jahrhundert üblich war.

⁴⁶ Vgl. die Nachweise in A. Freimanns Ausgabe der Responsen des Maimonides (Nr. 25), p. 21.

⁴⁷ Das verschiedenen Autoritäten zugeschriebene anonyme Moralbuch *Sefer hajaschar*. Die Stelle steht im dritten Kapitel, ed. Krakau 1586, Bl. 8a.

⁴⁸ *Midrasch ha-ne'elam* zu Ruth, im *Sohar chadasch*, Warschau 1884, Bl. 87d, und im Sohar III, 23a, 171b u. ö. Hierbei wird der etymologische Zusammenhang der Worte *Gabriel* («Kraft Gottes»), *Geber* («Hahn») und *Geburah* (Kraft – im Sprachgebrauch des Sohar stets die Kraft der richtenden Gewalt) benutzt. III, 172a, heißt es vom Engel Gabriel weiter, daß er die Taten der Menschen tagsüber aufzeichnet und dann um Mitternacht nach seinem himmlischen «Hahnenschrei» liest. Wären die Zehen seiner Füße nicht unregelmäßig gebaut und lähmten ihn – ein mir sonst nirgends bekanntes Motiv –, so «würde er in dieser Stunde die Welt mit seiner Flamme verbrennen».

⁴⁹ I, 10b, 77b; III, 22b. – Einem Hinweis von Dr. Zwi Werblowsky entnehme ich, daß Abeghian, *Armenischer Volksglaube*, Leipzig 1898, p. 38, dieselbe Vorstellung vom Ruf eines himmlischen Hahnes kennt, der vor dem irdischen Hahnenruf die Chöre der Engel zum Preise Gottes

erweckt. In der Tat eine merkwürdige Parallele, deren Umstände nähere Untersuchung verdienten.

[50] III, 302a (= *Sohar chadasch* 53b).

[51] So hat schon Menachem Recanati (um 1300) in seinem Tora-Kommentar (Venedig 1545), Bl. 179b, die Stelle im Sohar III, 284a, richtig verstanden.

[52] Besonders an den beiden Hauptstellen *Sohar chadasch* zu Ruth 87d und Sohar II, 195b/196a.

[53] I, 4a. Vgl. auch im *Sohar chadasch*, Bl. 47d.

[54] III, 172b. Die Vorstellung von den zwei Tränen stammt aus einer Talmudstelle, *Berachoth* 59a.

[55] All dies nach Sohar II, 195b.

[56] Sohar III, 284a.

[57] Im *Midrasch hane'elam* zu Ruth, *Sohar chadasch*, Bl. 87d (der Dialog), und im Sohar selber II, 205a (die Vereinigung).

[58] So bei Salomo ben Adreth in Barcelona (um 1300) und bei Ascher ben Jechiel in Toledo (um 1320). Mit Unrecht ist von manchen eine Notiz bei F. I. Baer, *Die Juden im christlichen Spanien* I, p. 474, so verstanden worden, als ob schon in Saragossa 1378 ein Verein zur Pflege dieses Ritus begründet worden sei.

[59] Briefe aus Safed, ed. S. Assaf, *Kobez al jad*, vol. III (Jerusalem 1940), p. 122.

[60] Die klassische Form dieses Ritus, wie er dann in Europa verbreitet wurde, ist die beliebig oft gedruckte in Nathan Hannovers *Scha'are Zion* (Prag 1662). Vgl. auch Jakob Zemach, *Nagid u-mezawweh* (1712), Bl. 5b (die folgenden Zitate stammen aus diesen beiden Quellen), sowie Vitals *Pri 'Ez Chajim*, Kapitel 17.

[61] Vergleiche meine Ausführungen hierzu in *Zion*, vol. 14 (1949), p. 50, 59–60.

[62] Vgl. die Abhandlung von Armin Abeles, *Der kleine Versöhnungstag* (Wien 1911), dessen wertvolle Aufstellungen teilweise der Berichtigung bedürfen. Eines der ältesten Zeugnisse aus Safed ist das bei Salomo Alkabez, *Menoth Halewi* (Venedig 1585), Bl. 9a: «Jetzt, wo das Heiligtum zerstört ist, gibt es Fromme, die an Stelle des Sühneopfers am Neumondstage *am Vortage* fasten.» (Das ist wohl um 1550 geschrieben.) Die Sitte war aber in Deutschland schon um die Mitte des 15. Jahrhunderts bekannt; vgl. das Buch *Leket Joscher* des Josef ben Moses, ed. Freimann, Berlin 1903, vol. I, p. 47 und 116.

[63] Traktat *Chullin* 60b.

[64] In den echten Schriften Vitals, seines Sohnes Samuel Vitals und Jakob Zemachs kommt nichts darüber vor.

[65] Die Texte bei S. Schechter, *Studies in Judaism*, vol. II, p. 294 und 300. Vgl. auch die oben in Anmerkung 62 zitierten Quellen.

[66] Zuerst bei Elia de Vidas, dem Freunde Cordoveros, der 1575 in Safed schrieb. Cf. sein *Reschith Chochmah*, Pforte der Heiligkeit, Kap. 4. Hiskija de Silva, *Pri chadasch* zum *Orach Chajim*, § 417, behauptet (aber erst mehr als 100 Jahre später), daß der Name von Cordovero selber eingeführt worden sei.

[67] So bei Jesaja Horowitz, *Schne Luchoth ha-Brith* (1648), Bl. 120b: Die Tage des vergangenen Monats treten so gleichsam «gereinigt» in den Neumond ein. Die ganze lange Stelle, die auch vom «kleinen Versöhnungstag» spricht, scheint ihrem Stil nach aus einem Manuskript Cordoveros genommen zu sein.

[68] In Josef Fiamettas ʾ*Or Boqer* (Venedig 1741), Bl. 5a.

[69] *Chemdath Jamim* zum Neumondstag, vol. II, ed. Venedig 1763, Bl. 12a.

[70] Über den sabbatianischen Charakter dieses Rituals vgl. meine Ausführungen in der hebräischen Zeitschrift *Bechinnoth*, Heft 8, Jerusalem 1955, p. 15-16.

[71] Vgl. *Midrasch Tanchuma*, ed. S. Buber I, p. 12, 20, und Sohar II, 231 b.

[72] In dem später dem Moses Nachmanides zugeschriebenen ʾ*Iggereth ha-Kodesch* des Josef Gikatilla (um 1300).

[73] Abraham Sabba, *Zeror ha-Mor* (Venedig 1567), Bl. 5a.

[74] *Chemdath Jamim* (1763) vol. II, Bl. 98b, und Bezalel ben Salomo aus Kobryn, *Korban Schabbath*, Dyhernfurth 1691, Bl. 18c. Ähnliche Begründung schon in den Schriften Ch. Vitals, z. B. im *Schaʿar ha-Kawwanoth* (Jerusalem 1873), Bl. 56b/c.

[75] *Maʿabar Jabbok* (Mantua 1623), Bl. 66–67 des 2. Hauptteils (Kap. 29–30).

[76] Schudt, *Jüdische Merckwürdigkeiten*, vol. IV, Anhang p. 43.

[77] Diese Bezeichnung verwandte schon Luria für diese dämonischen Kreaturen der Begierde; cf. *Schaʿar Ruach ha-Kodesch* (1912), Bl. 23a.

[78] Im *Sefer Leket Joscher*, vol. I, p. 116.

[79] Jesaja Horowitz, *Schne Luchoth ha-brith* (1648), Bl. 306b, und Mordechai Jaffe, *Lebusch ha-ʾOra*, § 685. Moses Sakuto, *Tikkun Schobabim*, Venedig 1716, und ähnliche, seinerzeit weit verbreitete Schriften haben ein ganzes Ritual dafür entwickelt.

[80] Liliths eigentlicher Wohnsitz ist in der Tiefe des Meeres.

[81] Sohar III, 19a.

Anmerkungen zum fünften Kapitel

[1] Vgl. Beate Rosenfeld: *Die Golemsage und ihre Verwertung in der deutschen Literatur*, Breslau 1934, die diesen Ausdeutungen nachgegangen ist.

² Nach Rosenfeld, p. 41.

³ Menachem Azaria Fano, ʿAssarah Maʾamaroth, Venedig 1597, im maʾamar ʾem kol chaj, II, § 33.

⁴ De opificio mundi, § 137.

⁵ So in einer unbekannten Quelle im Midrasch ha-gadol zur Genesis, ed. M. Margolioth (Jerusalem 1947), p. 78.

⁶ Bereschith rabba, ed. Theodor, p. 126.

⁷ Cf. Louis Ginzberg, Legends of the Jews, vol. V (1925), p. 72; Max Förster, Adams Erschaffung und Namengebung, «Archiv für Religionswissenschaft», vol. XI (1908), p. 477–529.

⁸ Sanhedrin 38 b.

⁹ Bereschith rabba 24, § 2, ed. Theodor, p. 230. Ja, ibid. 14, § 8, ed. Theodor, p. 132, heißt es sogar zu Gen. 2:7: «Er stellte ihn [Adam] als Golem von der Erde bis zum Himmel reichend hin und warf die Seele in ihn.»

¹⁰ Im Jalkut Schimʿoni zu Genesis, § 34.

¹¹ Im Alphabet des Ben Sira, ed. Steinschneider, 1858, Bl. 23 a.

¹² Bereschith rabba, 22, § 7, ed. Theodor, p. 213. Offenbar war aber schon viel früher den jüdischen Quellen der ophitischen Baruch-Gnosis die Vorstellung geläufig, daß Eva «auf ähnliche Weise» wie Adam, aber unabhängig von ihm entstanden sei, wie Hippolyt, V, 26, berichtet.

¹³ Richard Lipsius, Der Gnostizismus (Leipzig 1860), col. 76. Der Zusammenhang mit dem hebräischen ʾadama richtig auch bei W. Scholz, Dokumente der Gnosis (1909), p. 24, während z. B. Leisegang nur den mit dem biblischen Eden sieht.

¹⁴ Pirke rabbi Elieser, Kapitel 12.

¹⁵ Dasselbe nochmals bei Hippolyt, X, 15: «die Psyche der Edem, die der tolle Justin auch Erde nennt.»

¹⁶ Der Text des Vertrages bei N. Brüll, Jahrbücher für jüdische Geschichte und Literatur, IX (1889), p. 16. Vgl. auch die Stelle im Midrasch ha-neʿelam im Sohar chadasch (1885), Bl. 16 b, wonach Himmel, Erde und Wasser zwar Gottes Werkmeister waren, aber Seele vermochten sie alle dem Adam nicht zu verleihen, bis «beide, Gott und die Erde, sich verbanden, um ihn zu machen», wobei Gott sich mit dem Ausruf «Laßt uns einen Menschen machen» nicht an die Engel, sondern an die Erde gewandt habe, die daraufhin den Golem [hier nun einfach: Körper] des Adam hervorbrachte. – Für die Vorstellung vom Vertrag haben wir eine Parallele in einem Midrasch unbekannter Herkunft, im Jalkut Schimʿoni I, § 41, wo Gott über die 70 Lebensjahre Davids einen Vertrag mit Adam (der sie ihm von den ihm zustehenden 1000 Lebensjahren abgetreten hat) macht und ihn zusammen mit Metatron (dem himmlischen Schreiber und Archivar) unterzeichnet.

[17] *Sanhedrin* 65b. Der letzte Abschnitt wird dort 67b wiederholt und das Verfahren als «jedenfalls erlaubt» bezeichnet und von der verbotenen Zauberei unterschieden, freilich ohne den Grund dafür präzis anzugeben.

[18] *Berachoth* 55a.

[19] So richtig bei Blau, *Altjüdisches Zauberwesen* (Budapest 1898), p. 122, dem aber die Parallelstelle in den «großen *Hechaloth*», Kap. 9, wo das ausdrücklich steht, unbekannt geblieben ist.

[20] *Midrasch tehillim* zu Psalm 3, ed. S. Buber, Bl. 17a. Der Tradent, R. Elazar, gehört dem 3. Jahrhundert an. Vgl. hierzu oben in Kap. 2, p. 56.

[21] Vgl. meinen Artikel «Jezirabuch» in der *Encyclopaedia Judaica*, vol. IX (1932), col. 104-111. Wie ich an anderer Stelle darlegen werde, neige ich jetzt (1960) der früheren Ansetzung zu.

[22] Wie Laz. Goldschmidt, *Das Buch der Schöpfung* (1894), p. 84, erklärt und, ihm folgend, mehrere neuere Übersetzer.

[23] Johann Friedrich von Meyer, *Das Buch Jezira* (Leipzig 1830), p. 24.

[24] Diese Auffassung war nicht nur bei den dortigen jüdischen Esoterikern üblich, sondern findet sich bei dem im allgemeinen ja viel ältere, gelehrte Tradition wiedergebenden Raschi (gest. 1103 in Troyes) in seinem Kommentar zu der talmudischen Erzählung über Rabhas «Menschen».

[25] Diese starke Betonung der Kontemplationen, die Abraham über den Gegenstand anstellte, fehlt in manchen alten Texten des Buches, wie z. B. in dem Text Saadias.

[26] Dies «bildete» *(we-zar)* steht im Text am Ende des Kommentars des Juda ben Barsilai, ed. Halberstam, p. 266, fehlt aber dort p. 99 unten (wohl irrtümlicherweise). Auch Saadia las es (ed. Lambert, p. 104), wenn auch in anderer Reihenfolge der Verba. Im Text des Buches ist dies die bei der Schöpfung der einzelnen Dinge durchweg gebrauchte Verbalform und hat den Sinn von «schuf». Juda ben Barsilai bemüht sich (p. 266), den klaren Sinn der beiden Verben «er kombinierte die Buchstaben und schuf», die hier von Gottes Tätigkeit ebenso wie von der Abrahams gebraucht werden, auf künstliche Weise wegzudeuten. Nach ihm hätten sie bei Abraham einen anderen Sinn als bei Gott, wofür aber der Text keinerlei Grund liefert.

[27] Kommentar zum Buch Jezira, ed. Halberstam, p. 100 und 268. In der Tat befindet sich dieser Text in der Jezira-Handschrift im Britischen Museum; cf. den Katalog von Margoliouth, No. 600 (vol. II, p. 197).

[28] Das Verbum *zafah* hat im Hebräischen der ältesten esoterischen Texte aus talmudischer Zeit stets solche prägnante Bedeutung eines vertieften, sei es visionären, sei es kontemplativen, Schauens.

[29] So bei Elasar aus Worms, *Chochmath ha-Nephesch* (1876), Bl. 5 d, der aus dem Vers herauslas, daß Abraham und Sem, der Sohn Noahs (nicht Sarah!), sich mit dem Buch Jezira befaßt hätten. Ähnlich am ungedruckten Ende des Pseudo-Saadia zu Jezira, Hs. München 40, Bl. 77a, wo es noch heißt: «Wie jemand seine Kraft vor den Leuten demonstriert, so tat Abraham und schuf Personen, *nephaschoth*, um die Macht Gottes zu demonstrieren, der den Buchstaben [schöpferische] Kraft verliehen hat.»

[30] *Bereschith rabba*, 39, § 14, Theodor, p. 378–379, und die dort verzeichneten Parallelen. Die Stelle über die Unmöglichkeit der Erschaffung der Mücke steht schon im tannaitischen *Sifre* zu Deuter. 6:5, ed. Finkelstein, p. 54.

[31] *Sanhedrin* 67 b.

[32] H. Graetz, *Gnostizismus und Judentum* (1846), p. 110–115. H. J. Schoeps, *Theologie und Geschichte des Judenchristentums* (1949), p. 207, scheint sich diesen Aufstellungen gegenüber sehr reserviert zu verhalten, geht aber nicht näher auf die Sache ein.

[33] *Homilia*, II, § 26, Rehm, p. 46.

[34] Jacoby im «Handwörterbuch des deutschen Aberglaubens», vol. IV, col. 289. – Daß übrigens solche Vorstellungen in altchristlichen Apokryphen merkwürdige Parallelen haben, ist durch die weitverbreiteten Legenden über die Kindheit Jesu erwiesen, wo erzählt wird, daß er Tonvögel geformt habe, die dann fortgeflogen seien. Oskar Dähnhardt, *Natursagen*, vol. II (Sagen zum Neuen Testament), 1909, p. 71–76, hat das reiche Material über diese Vorstellungen, die bis ins zweite Jahrhundert zurückreichen, zusammengestellt. In mittelalterlichen arabischen und jüdischen Bearbeitungen dieses Motivs tritt die magische Komponente ganz wie in den Berichten über die Golemschöpfung auf. Nach dem hebräischen (antichristlichen) *Toledoth Jeschu* bewies Jesus seinen Anspruch auf die Gottessohnschaft, indem er Vögel aus Ton herstellen ließ, den Gottesnamen über sie aussprach, woraufhin sie lebten, aufstanden und in die Luft davonflogen.

[35] Zuerst in den aus demselben Kreis stammenden Jezira-Kommentaren des Elasar aus Worms und des Pseudo-Saadia; cf. *Leschonenu*, vol. VI (Jerusalem 1935), p. 40. Jes. Tishby hat in derselben Zeitschrift, vol. XII (1944), p. 50–51, auf eine Stelle in der wohl im 12. Jahrhundert entstandenen paraphrasierenden Übersetzung von Juda Halevis Buch *Kuzari*, IV, 25, hingewiesen, die nach ihm den Übergang zu dem neuen Sprachgebrauch von «Golem» erklären kann. Dort wird bei der Besprechung des Buches Jezira ablehnend erwähnt, daß, wenn der Mensch dieselbe Kraft hätte wie Gott (bei dem der Gedanke einer Sache, ihr Name und sie selber eins sind), «er durch sein Wort Körper [*gelamim*]

schaffen und die Macht Gottes bei der Schöpfung erlangen könnte, was ganz unmöglich ist». Der Gebrauch von Golem im Sinn von Körper ist im 12. und 13. Jahrhundert sehr gewöhnlich. Der besondere Zusammenhang dieser Stelle aber, vermutet Tishby, könne den *Übergang* zu dem neuen Sprachgebrauch der Chassidim angeregt haben. Da diese Kreise aber den «Kuzari» gerade in der gewöhnlichen Übersetzung des Juda ibn Tibbon vom Jahre 1167 lasen, in der das Wort *golem* nicht gebraucht wird, scheint mir diese Erklärung nicht sehr wahrscheinlich.

[36] Vgl. vor allem Sohar I, 36b, 56a.

[37] R. Me'ir in *Bereschith rabba*, 20, § 12, ed. Theodor, p. 196. Mit dieser These der jüdischen Esoterik scheint die berühmte spiritualistische Deutung des Origenes zusammenzuhängen, die von Hieronymus später so scharf angegriffen wurde, daß die «Gewänder von Haut» eben der materielle Leib wären. Diese These findet sich auch öfters in der kabbalistischen Literatur.

[38] Ein kurzer Hinweis auf diese Stelle bei Ginzberg, *Legends of the Jews*, vol. V (1925), p. 210.

[39] Diese Zeilen sind aus einer anderen Talmudstelle (*Berachoth* 63b) hier gar nicht unpassend hereingearbeitet.

[40] Georges Vajda, *Juda ben Nissim ibn Malka, Philosophe juif marocain*, Paris 1954, p. 171. Vajda meint, daß dies beim Anfang des Studiums geschehen sei, was aus dem Text nicht mit Sicherheit zu folgern ist. Vielleicht geht die Mitteilung eher auf eine Initiation beim Abschluß dieses Studiums zurück?

[41] «Neue *Pessikta*», in Jellineks *Beth ha-Midrasch*, vol. VI (1877), p. 36–37. Der Text muß an einigen Stellen berichtigt werden.

[42] Bei Jellinek steht ר׳ חייא, was zweifellos eine graphisch leicht erklärliche Korruptele von ירמיה, Jeremia, ist.

[43] Ediert von Steinschneider, *Magazin für die Wissenschaft des Judentums*, 1892, p. 83. Vgl. auch zu der dort eingangs mitgeteilten «Tradition» über Abrahams Jezira-Studium die genau entsprechende Stelle aus Elasars von Worms *Sefer Rokeach (hilchoth chassiduth)*, die Ginzberg, *Legends*, a. a. O., wiedergibt.

[44] Ben Sira ist nach wohl frühmittelalterlicher jüdischer Tradition der Sohn des Propheten, was aus dem gleichen Zahlenwert der Namen Sira und Jirmijahu (271) herausgelesen wurde.

[45] Hs. des *sefer gematrioth*, gedruckt bei Abraham Epstein, *Beiträge zur jüdischen Altertumskunde* (Wien 1887), p. 122–123.

[46] Targum und Midrasch verstanden Gen. 4:26 vom Anfang des Götzendienstes in den Tagen des Enosch; vgl. Ginzberg, *Legends of the Jews*, vol. V, p. 151, wo reiche Nachweise.

[47] Hs. Halberstam, 444 (im New-Yorker Jewish Theological Seminary), Bl. 7b, sowie Hs. Florenz, Laurentiana, Pl. II, Cod. 41, Bl. 200. Die Hs. Halberstam oder ihre Kopie ist die Quelle der lateinischen Übersetzung in Joh. Reuchlins *De arte cabalistica*, ed. 1603, col. 759.

[48] «Gott ist Wahrheit.» In der Bearbeitung des kabbalistischen Buches *Peli'ah* (um 1350), das diesen ganzen Passus ausschreibt, ist diese entscheidende Veränderung wieder gestrichen und in den harmloseren älteren Text ('*emeth* allein!) zurückverwandelt worden; vgl. ed. Koretz 1784, Bl. 36a.

[49] In einem handschriftlichen Text des *sefer nizzachon* aus einer römischen Bibliothek, dessen Abschrift durch Adolf Posnanski ich in Jerusalem gelesen habe, wird diese Erzählung geradezu als «Tradition von Rabbi Juda dem Frommen» bezeichnet. Ginzberg, *Legends*, I, p. 122, und V, p. 150, führt einen ähnlichen Text aus der späteren sogenannten Chronik des Jerachme'el an, wo Enosch sechs Erdklumpen nimmt, sie vermischt und formt und aus Staub und Lehm eine menschliche Figur bildet.

[50] Vgl. Konrad Müller, *Die Golemsage und die Sage von der lebenden Statue*, in den «Mitteilungen der Schlesischen Gesellschaft für Volkskunde», Band XX (1919), p. 1–40, der freilich von den wirklichen alten jüdischen Traditionen über den Golem ebensowenig einen Begriff hatte wie Hans Ludwig Held in seinem Buch *Das Gespenst des Golem; eine Studie aus der hebräischen Mystik* (München 1927), wo p. 104–116 Material über lebendige Statuen. Helds Buch ist mit viel Liebe zur Sache geschrieben, ersetzt aber an allen entscheidenden Stellen die ihm fehlende Kenntnis der hebräischen Literatur durch der Sache keineswegs gerecht werdende mystische Meditationen. Zu seinen und ähnlichen Aufstellungen polemisch Stellung zu nehmen, erübrigt sich durch Aufweis und Analyse des wirklichen Quellenmaterials.

[51] *Schir ha-schirim rabba* zu 7:9. So auch im Sohar II, 175a.

[52] Im *Ra'ja mehemna* III, 277b, heißt es vom Geschlecht des babylonischen Turmbaues, daß Samael und Lilith in ihre Bilder, denen sie Verehrung darbrachten, hinabstiegen und aus ihnen sprachen und so zu Göttern wurden. In Tikkun Nr. 66 der *Tikkune Sohar* aber heißt es (Bl. 97b), daß sie den *schem mephorasch* diesen Bildern in den Mund gesteckt hätten, woraufhin sie gesprochen hätten.

[53] *Megillath 'Achima'az*, ed. B. Klar (Jerusalem 1944), p. 17 und 27–28. Deutsch bei M. J. Bin-Gorion, *Der Born Judas*, Band VI, «Kabbalistische Geschichten», p. 98–102.

[54] *Pirke Rabbi 'Eliezer*, Kap. 45.

[55] Zwei Rezensionen des Berichtes sind aus der Genizah von Kairo durch L. Ginzberg publiziert worden, eine im *Ha-goren*, vol. IX (1923), p. 65

bis 66, und eine weitere in *Ginze Schechter,* vol. I (1928), p. 243. Sie stimmen mit dem vom Autor des *Sepher ha-Chajjim* benutzten Text überein, der hier oben übersetzt ist. Saul Lieberman, *Yemenite Midrashim* (hebräisch, Jerusalem 1940), p. 17–18, hat zuerst bemerkt, daß dieser Midrasch die Quelle der sonderbaren, bisher unverständlichen Anspielung in der Rede des Herstellers des goldenen Kalbes im Qoran, Sure 20:95, ist.

[56] Ich übersetze nach den Hss. München, 207, Bl. 10d/11a (vom Jahre 1268), und Cambridge, Add. 643¹, Bl. 9a. Güdemann, *Geschichte des Erziehungswesens und der Cultur der Juden,* vol. I (1880), p. 169, hat gerade den ganzen Passus über das goldene Kalb ausgelassen.

[57] Gemeint ist der in Jud. 17 erwähnte götzendienerische Ephraimit, dem der Midrasch auch schon die Anfertigung des goldenen Kalbes in die Schuhe schiebt.

[58] Dies ist aus Ezech. 1:10 herausgelesen, wo der Stier in der Merkaba nach links schaut.

[59] Ich muß auf Grund genauer Quellendurchsicht das im «Eranos-Jahrbuch» XIX, p. 151, Anmerkung 29, über die erste Bezeugung dieser Vorstellung im Pseudo-Saadia Gesagte zurücknehmen.

[60] Nur in der vollständigen Edition Przemyśl 1888, Bl. 15a, mit den dahinter folgenden Kombinationstafeln.

[61] Hs. British Museum, Margol. 752, Bl. 66a; Cambridge Univ. Libr. Add. 647, Bl. 18a/b; Jerusalem Univ. Libr., 8°, 330, Bl. 248; cf. über dieses Stück meinen Katalog der kabbalistischen Codices in Jerusalem *Kitbe Jad be-Kabbala* (1930), p. 75.

[62] '*Emek ha-Melech,* Amsterdam 1648, Bl. 10c/d; diese Stelle ist vollständig in Knorr von Rosenroths Auszügen aus dem Werk ins Lateinische übertragen in seiner *Kabbala denudata,* Tom. II (in Wirklichkeit der dritte Band des Gesamtwerks): *Liber Sohar restitutus* (Sulzbach 1684), p. 220–221.

[63] Jungfräuliche Erde vom Berg verlangt Elasar auch bei einer magischen Verwendung des 72buchstabigen Namens Gottes zu Heilzwecken, in seinem *Sepher ha-Schem,* Hs. München, 81, Bl. 127b. Verwandtes fand ich in dem von Marmorstein, *Jahrbuch für jüdische Volkskunde* II (1925), p. 381, mitgeteilten mittelalterlich-magischen Text über Prüfung einer ehebruchsverdächtigen Frau. B. Rosenfeld, *Die Golemsage* – deren zur Sache gehöriges mittelalterliches Material sonst durchweg (inklusive der Irrtümer) aus meinem Artikel «Golem» in der «Encyclopaedia Judaica» VII (1931) genommen ist – meint, p. 11, daß diese Vorschrift «wohl irgendwie mit der Ansicht von der Erde als der jungfräulichen Mutter Adams zusammenhängt, die sich bereits bei den Kirchenlehrern

und weiter auch in der mittelalterlichen, vor allem mittelhochdeutschen Literatur findet» (Köhler in «Germania», vol. VII, p. 476ff.). Sie könne «zu den deutschen Kabbalisten gedrungen und auf den Golem übertragen worden sein».

[64] Saadia korrigierte «231 Pforten», was kombinatorisch richtig ist; die deutschen Chassidim brachten die 221 Pforten ihres Textes auf sehr komplizierte Weise zusammen, wie die Tafeln bei Elasar aus Worms zeigen.

[65] So im Kommentar zu Kap. 2, Bl. 5d.

[66] Ich habe außer dem Text der ersten Edition des Buchs Jezira (Mantova 1562) mit den Kommentaren auch die Hs. des Pseudo-Saadia im British Museum benutzt, Nr. 754 in Margoliouths *Catalogue of the Hebrew Manuscripts*, sowie die Münchner hebr. Hs. 40.

[67] Dies ist der legendäre Held der Merkaba-Gnosis. In der Hs. des Brit. Mus. steht aber eine andere Abkürzung: R. Z., was wohl einen Rabbi Zadok bedeuten soll. Wer damit gemeint ist, weiß ich nicht.

[68] Hs. 40, Bl. 55b.

[69] Hs. München, 341, Bl. 183b; Cambridge Add. 647, Bl. 18b. (In dieser Hs. sind drei Golemrezepte zusammengestellt!)

[70] So in den «Fragen des alten Mannes», *sche'eloth ha-saken*, § 97, Hs. Oxford, Neubauer, Nr. 2396, Bl. 53a.

[71] Aus Abulafias *ner 'elohim*, in meinem Buch *Major Trends in Jewish Mysticism* (1946), p. 384, mitgeteilt.

[72] In den Zusätzen des Jakob Baruch in der Ausgabe von Jochanan Allemannos *Scha'ar ha-Cheschek* (Livorno 1790), Bl. 37a. Damit hängt wohl die ähnliche Bemerkung zusammen, die sich in der romanhaften Ausgestaltung der Sagen über den Golem des «hohen Rabbi Löw» von Prag befindet. Diese in allem Wesentlichen der Begebnisse und ganz neuen Funktionen des Golem als Bekämpfer der Ritualmordlügen frei erfundene Version wurde vor etwa fünfzig Jahren verfaßt und von Juda Rosenberg (dem Verfasser?) aus einer apokryphen «Handschrift in der Bibliothek in Metz» 1909 als *Wundertaten des Rabbi Löw mit dem Golem* hebräisch herausgegeben. Sprache und Inhalt weisen zwingend auf einen nach den Ritualmordprozessen der 1880er und 1890er Jahre schreibenden chassidischen Autor mit kabbalistischer Bildung und (in diesen Kreisen ungewöhnlichen!) belletristischen Neigungen. Das Buch von Chajim Bloch, *Der Prager Golem* (Berlin 1920), ist eine deutsche Bearbeitung dieses Textes, dessen gänzlich moderner Charakter dem verdienten, aber völlig unkritischen Bearbeiter entgangen ist. Auch Helds Urteil, es handle sich bei diesen Fassungen «um die uns einzig überlieferten authentischen Urkunden» (*Gespenst des Golem*, p. 95), zeugt nicht gerade von kritischem Verständnis. Freilich mußte er sich

von der seiner eigenen Deutung des Golem als Doppelgänger des Menschen so sehr entgegenkommenden Bemerkung in Blochs Text (p. 59) sehr angezogen fühlen: «Einige hielten den Golem für ein ‚Gespenst' des Rabbi Löw.» Im hebräischen Text steht freilich nichts von diesem, Autoren wie Meyrink und Held aus dem Herzen geschriebenen Satz! Gegen Ende dieses hebräischen Romans nun stehen 19 apokryphe «Äußerungen des Rabbi Löw über die Natur des Golem», die wirklich, sogar wenn sie vor 50 Jahren frei erfunden worden sind, der kabbalistischen Gesinnung nicht weniger als der Phantasie ihres Autors alle Ehre machen. Dort heißt es in § 17 (vgl. *nifl'oth Maharal 'im ha-golem,* Pyotrkow 1909, p. 73): «Man kann die Buchstaben des Buchs Jezira nicht so studieren, wie sie gedruckt sind, und mit ihnen einen Menschen oder ein Lebewesen schaffen. Wer die Kombinationen nur aus dem Buch lernt, vermag gar nichts zu schaffen. Einmal wegen der vielen Textverderbnisse und Lücken darin, zum andern weil die Hauptsache dabei die spontane eigene Erfassung ist. Denn der Mensch muß zuerst wissen, auf welche ‚Lichter' jeder Buchstabe hindeutet, dann weiß er auch von selbst um die materiellen Kräfte in jedem Buchstaben. Dies alles kann man studieren; aber wenn einer all dies gut studiert hat, kommt wiederum alles auf seine Vernunft und Frömmigkeit an. Wenn er würdig ist, wird er jenen Influx [der Inspiration] erlangen, unter dem er die Buchstaben zusammensetzen und kombinieren kann, um damit irgendeine Kreatur in der materiellen Welt hervorzubringen. Wenn er aber die Kombinationen sogar niederschreiben würde, könnte doch schon sein Gefährte gar nichts damit ausrichten, wenn er nicht infolge seiner eigenen Einsicht von sich aus die richtige Gedankenkonzentration kennt, die dazu nötig ist. Sonst bleibt das alles für ihn wie ein Körper ohne Seele. Und Bezalel hatte in dieser Sache die höchste Fassungsgabe, und bei ihm wäre es ein kleines gewesen, einen Menschen oder Lebewesen zu schaffen. Kannte er doch sogar die richtigen Meditationen über die Buchstaben, mit denen Himmel und Erde geschaffen sind.»

[73] Aus dem Zusammenhang der Stelle ist klar ersichtlich, daß dies nicht ein Zuruf an die Golemgestalt ist, sondern an den am Ritual beteiligten Rabbenu Tam. Wird doch dies alles überhaupt nur erzählt, um eben das Rückwärtsgehen bei der Zerstörung des Golem zu illustrieren.

[74] Die mystischen Neigungen Abraham ibn Esras waren ihnen offenbar deutlicher als uns, und jedenfalls standen sie ihnen in keinem Widerspruch zu seinen andern – grammatischen, exegetischen und theologischen – Tendenzen. Ein Kommentar ibn Ezras zum Buch Jezira lag noch 1270 dem Abraham Abulafia vor und wird von ihm als «philosophisch und teilweise mystisch» charakterisiert.

[75] Nichts hat etwa mit solcher zerstörerischen Macht des Golem die Stelle des *Midrasch ha-Ne'elam* im *Sohar chadasch* (1885, Bl. 21c) zu tun, wo es zu Gen. 6:11 heißt: «Damit ist der Golem gemeint, der alles verdirbt und zugrunde gehen läßt.» Hier wird Golem im Sinn von «unreligiöser, seelenloser Mensch» gebraucht, wie auch in der im Sohar I, 121a, gedruckten Stelle desselben *Midrasch ha-Ne'elam*: «Rabbi Isaak sagte: Niemand sündigt, er sei denn ein Golem und kein Mensch, das will sagen: einer, der keine Rücksicht auf seine heilige Seele nimmt und dessen ganzes Tun wie das des Tieres ist.» Die heilige Seele ist der göttliche Teil, im Unterschied von der bloß vitalen. Ob dieser Sprachgebrauch selber aber mit der Terminologie der Chassidim zusammenhängt? In der Tat schreibt schon Joseph Gikatilla im etwa 1274 (kurz vor dem *Midrasch Ne'elam*) verfaßten «Nußgarten» *Ginnath 'Egos* (Hanau 1615), Bl. 33c: «Der Körper mit dem ihm innewohnenden vitalen Lebensgeist, der *nefesch* heißt, durch den der Körper sich hin- und herbewegen kann, heißt Golem.» Da sonst Golem gerade im philosophischen Sprachgebrauch nur den Körper allein bedeutet, könnte diese präzisere Verwendung des Terminus «Golem» von der Sprache der deutschen Chassidim beeinflußt sein. Vgl. meine weiteren Ausführungen im Text über die Frage der «Seele» im Golem.

[76] Auch ich selber noch in meinem in Anmerkung 63 erwähnten Artikel der «Encyclopaedia Judaica».

[77] Durch einen merkwürdigen Druckfehler ist der Golem des Ben Sira mit dem Haj ibn Jakṭan des Avicenna (hebräisch: Ben Sina) zusammengebracht worden, der in der berühmten philosophischen Dichtung des Ibn Tofeil als eine Art durch *generatio aequivoca* entstandener philosophischer Golem geschildert wird. In Isaak ibn Latif, *'Iggereth Teschubha*, ist *(kobez al jad* I, p. 48) Ibn Sinas Name irrtümlich verdruckt und Ben Sira so zum Schöpfer des Jechiel ben 'Uriel, das heißt Haj ibn Jakṭan, gemacht worden, was A. Epstein, *Beiträge zur jüdischen Altertumskunde* (1887), p. 124, irregeführt hat, der dadurch auf falsche Kombinationen über Ben Siras Golem geriet.

[78] Zu Jezira II, 5. Genau so auch in der Handschrift des British Museum.

[79] Aus Hs. München, Hebr. 346, in meinem Buch *Reschith ha-Kabbala* (1948), p. 231, mitgeteilt.

[80] Hiernach ist meine Erklärung der Stelle in der vollständigen Übersetzung des Buchs Bahir (1923), p. 150, zu berichtigen.

[81] Diese Deutung des Psalmenwortes auf den Mangel des Vermögens, dem Golem Sprache zu geben, auch in einem Text der deutschen Chassidim, den ich an der in Anmerkung 79 erwähnten Stelle publiziert habe.

⁸² In seinem Jezira-Kommentar, Hs. Leiden, Warner 24, Bl. 224b.

⁸³ Simon ben Samuel, *hadrath kodesch*, am Anfang (als *ʾadam sikhli* in Thiengen 1560 gedruckt). Der Autor gebraucht den Terminus «Golem», aber zugleich spielt dabei der philosophische Sprachgebrauch des Wortes als Materie, im Gegensatz zur dabei genannten lebendigen Form, herein. In den Endbuchstaben von Gen. 2:7 über den Lebensodem findet der Autor das Wort *chotam*, Siegel. Zum Sprachgebrauch von «Golem» vgl. auch oben Anmerkung 75.

⁸⁴ In Bachjas Tora-Kommentar, Gen. 2:7 (Venedig 1544, Bl. 11d), sowie in seinem *Kad ha-Kemach*, ed. Ch. Breit, vol. II, Bl. 103b.

⁸⁵ Hs. 838 des Jewish Theological Seminary in New York, Bl. 35b.

⁸⁶ Diese Vorstellung habe ich in keinem anderen echten kabbalistischen Text bisher gefunden. Um so interessanter ist, daß sie auch in den in Anmerkung 72 erwähnten Äußerungen eines modernen, der Kabbala zuneigenden Autors über den Golem wiederkehrt, die er dem «hohen Rabbi Löw» von Prag in den Mund gelegt hat. Dort heißt es in § 9: «Der Golem mußte ohne Zeugungskraft und Trieb zum Weibe geschaffen werden. Denn hätte er diesen Trieb gehabt, selbst nur in der Art der Tiere, wo er viel geringer ist als beim Menschen, hätten wir große Not mit ihm gehabt, da keine Frau sich vor ihm hätte schützen können.» Kein Wunder, daß dies Motiv in den belletristischen Behandlungen der Sage dann eine bedeutende Rolle spielte.

⁸⁷ Ibn Gabbaj, ʿ*Abhodath ha-Kodesch*, Teil II, § 31.

⁸⁸ In seinem *Pardess Rimmonim*, Kap. XXIV, § 10. Dorther stammen die Äußerungen Abraham Asulais über den Gegenstand in seinem etwa 1630 verfaßten *Chessed le-ʾAbraham*, IV, § 30.

⁸⁹ So bei Abraham Galante (um 1570), der in seinem Kommentar *Sohore chammah* zum Sohar I, 67b, eine Anweisung gibt, die in ihren technischen Details stark von den alten Rezepten abweicht. Der Sohar-Text selbst kennt an dieser Stelle in der Tat das Prinzip der zerstörenden Wirkung der Umkehrung der Alphabete, das öfters in der kabbalistischen Literatur erwähnt wird.

⁹⁰ So in der Handschrift, die Hirschensohn 1887 in Nr. 31 des ersten Jahrganges der Jerusalemer Zeitschrift *ha-Zwi* auf einem gesondert gedruckten Blatt beschrieben hat (Nr. 27 seiner Handschriftenliste).

⁹¹ Vgl. *Tarbiz*, vol. 28 (1958/59), p. 68.

⁹² In seinen *Chidduschim* zu *Sanhedrin* 65b.

⁹³ Im «Handwörterbuch des deutschen Aberglaubens», Band IV (1932), col. 286 ff. Held hat in «Das Gespenst des Golem», p. 118 und 123, zwei Prozesse des Paracelsus besprochen, einen für den Homunculus und einen für Palingenese, die in der Tat sehr verwandt scheinen, beide aus

De natura rerum. Die verwegenen Ansprüche, die Paracelsus für die Gaben seiner Homunculi erhebt, liegen nun freilich gar nicht in der Linie der Golemvorstellung.

[94] Jacoby hat im Handwörterbuch a. a. O. eine Monographie über den Homunculus in Aussicht gestellt, die im *Archive de l'Institut Grand-ducal de Luxembourg, section de sciences naturelles,* nouvelle série, tome XII, erscheinen würde. Leider ist diese Monographie nie erschienen, und an der angegebenen Stelle steht nur ein inhaltloses Résumé, das weniger enthält als sein Handwörterbuch-Aufsatz.

[95] Ronald Gray, *Goethe the Alchemist* (Cambridge 1952), p. 205–220, besonders p. 206 bis 208. Vgl. auch C. G. Jung, *Paracelsica* (1942), p. 94, über die Personifizierung des Paracelsischen «Aquaster» im Homunculus.

[96] Solche frühe Berührung des Golem mit dem Homunculus-Motivkreis würde noch stärker bezeugt sein, wenn im Pseudo-Saadia zu Jez. II, 4, wirklich das Wort «Creatur [die durch Magie erschaffen ist]» mit der Glosse «homunculus» erklärt wäre. Aber weder steht das in der Handschrift, die ich vergleichen konnte, noch in der ed. princeps von 1562, Bl. 95b (obwohl es B. Rosenfeld, p. 18, von dort zitiert). Dort steht ein aus einem Wort ובריאות der Hs. korrumpiertes sinnloses והמסת, das erst in der Warschauer Ausgabe von 1884 (!) durch das Wort «homunculus» ersetzt ist!

[97] «Jahrbücher für jüdische Geschichte und Literatur», Bd. IX (1889), p. 27.

[98] Delmedigo, *Mazreph la-Chochmah* (Odessa 1865), Bl. 10a.

[99] Vgl. Rosenfeld, p. 39, wo auch Hamor Golim richtig als hebräische Übersetzung (eines Ignoranten!) des jüdischen Ausdruckes «leimener Golem» erklärt wird, der wohl schon damals (wie noch heute!) ein Schimpfwort der jiddischen Umgangssprache im Sinne von «Tölpel» bildete.

[100] Rosenfeld, op. cit., p. 17. Vgl. zum «Zauberlehrling» auch unten Anmerkung 108.

[101] Der Beiname besagt schon, daß er als der «praktischen Kabbala» (Magie) kundig galt. Baalschem wörtlich: einer, der Herr über den Gottesnamen ist, ihn anzuwenden versteht. Im *Schaʿar ha-Jichudim*, Lemberg 1855, Bl. 32 b, wird er als R. Elija *Baalschem Tob* bezeichnet.

[102] Wülfer in seinen *animadversiones* zu Sal. Zevi Uffenhausens *Theriaca Judaica* (Hannover 1675), p. 69.

[103] Brief an Joh. Christoph Wagenseil am Ende von dessen *Sota hoc est Liber Mischnicus de uxore adulterii suspecta* (Altdorf 1674), p. 1198–1199. Ich habe bei der Übersetzung zum Teil Schudts deutsche Übersetzung in seinen *Jüdischen Merckwürdigkeiten* (Frankfurt a. M. 1714) zweyter

Theil, Buch VI, p. 206ff., benutzt, die nach B. Rosenfeld, p. 39, von W. E. Tentzel in den «Monatlichen Unterredungen von allerhand Büchern», vol. I (1689), p. 145, stammt. Schudt hat einiges gekürzt. Der Hauptpassus lautet im Original: «Hunc [scil. Golem] post certas preces ac jejunia aliquot dierum, secundum praecepta Cabbalistica (quae hic recensere nimis longum foret) ex ... limo fingunt ..... Quamvis sermone careat, sermonicantes tamen, ac mandata eorundem, satis intelligit; pro famulo enim communi in aedibus suis Judaei Polonici utuntur ut quosvis labores peragat, sed e domo egredi haud licet. In fronte istius nomen scribitur nomen divinum *emeth* .... Hominem hujusque modi, Judaeum quempiam in Polonia fuisse ferunt, cui nomen fuit Elias Baal Schem .... Is, inquam, ancillatorem suum in tantam altitudinem excrevisse intelligens, ut frontem ejus non amplius liceret esse perfricanti; hanc excogitavit fraudem, ut servus dominem suum excalcearet .... [et dominus] literam Aleph in fronte digito deleret. Dictum, factum. Sed homo luteus, in rudem materiam cito resolutus, corruente mole sua quae insanum excreverat, dominum in scamno sedentem humi prostravit ut fatis ac luto pressum caput non erigeret.»

[104] Diese Schlußbemerkung fehlt bei Schudt. Sie hat keine Parallele in anderen Berichten. Sie scheint den Golem mit einem Hausgeist zu vermengen. Von hier ist sie in Jakob Grimms Relation gedrungen.

[105] Jakob Emden, *Megillath Sepher* (Warschau 1896), p. 4.

[106] In Emdens Responsen II, Nr. 82. In anderer Stilisierung steht dieselbe Erzählung nochmals in Emdens Sohar-Kritik *Mithpachath Sepharim* (Altona 1769), Bl. 45a (fälschlich als 35a paginiert).

[107] Johann Schmidt, *Feuriger Drachen Gifft und wütiger Ottern Gall* (Koburg 1682), bei Schudt a.a.O. zitiert. Die ganze Stelle Schudts auch bei Held, p. 67–69.

[108] Vgl. die in Anmerkung 9 mitgeteilte Midrasch-Stelle, die solcher Deutung entgegenkäme. Über diese Legende um Rabbi Löw, die besonders viele Dichter angezogen hat, ist viel geschrieben worden. Sie ist zuerst 1837 literarisch nachweisbar, wo sie Berthold Auerbach benutzt hat. Daß Juda Rosenbergs «Wunder des R. Löw mit dem Golem» keine Volkssagen, sondern moderne Belletristik mit apologetischer Tendenz darstellen, wurde schon oben (Anmerkung 72) betont. Vgl. auch Nathan Grün, «Der hohe Rabbi Löw und sein Sagenkreis» (Prag 1885), p. 33–38. In Böhmen wurde später erzählt, daß die Goethesche Ballade vom Zauberlehrling auf einen Besuch Goethes in der Altneuschul in Prag zurückgehe; vgl. M. H. Friedländer, *Beiträge zur Geschichte der Juden in Mähren*, Brünn 1876, p. 16. Friedländer bezeichnet dies als eine «wohl-

bekannte» Tradition. Ich habe nicht feststellen können, ob daran etwas ist. Vgl. oben p. 254.

[109] Solches Material, zum Teil aus den Sammlungen des Jüdisch-Wissenschaftlichen Instituts in Wilna (jetzt in New York), bei B. Rosenfeld, p. 23–25.

[110] In der Einleitung des R. Chajim zum Kommentar des «Wilnaer Gaon» über das *Sifra de-zeniᶜutha*, einen Teil des Sohar, ed. Wilna 1819.

[111] Held, *Gespenst des Golem*, p. 155–161.

Nachwort

In diesem Buch sind fünf Arbeiten vereinigt, von denen die ersten vier umfassende Problemstellungen der Kabbala und der jüdischen Mystik überhaupt behandeln und die letzte ein Spezialproblem, das mit dem Thema des vierten Kapitels zusammenhängt. Der erste Abdruck der hier vorliegenden Arbeiten erfolgte in den Eranos-Jahrbüchern 1949, 1950, 1953 und 1957, mit Ausnahme von Kapitel 2, das, ursprünglich als Vorlesungsreihe an der Universität von London gehalten, zuerst englisch geschrieben wurde und in der Zeitschrift «Diogenes», Nr. 14/15 (1956), erschienen ist. Ich habe es hier selbst ins Deutsche übersetzt. Die Arbeiten sind hier revidiert und an manchen Stellen ergänzt und erweitert worden, besonders das zweite Kapitel. Die einleitenden Bemerkungen erschienen zuerst als «Betrachtungen eines Kabbalaforschers» im Eranos-Heft der Monatsschrift «Du», April 1955.

Ich hoffe, es wird möglich sein, auch eine weitere Folge dieser Untersuchungen, die in den Eranos-Jahrbüchern und an anderen Orten erschienen sind und fundamentale Einzelfragen der kabbalistischen Symbolik betreffen, vorzulegen.

Index

Abeghian 277
Abeles, Armin 278
Abraham bar Chija 87, 271
Abraham ben David 34, 264
Abraham ibn Esra 86, 245, 287
Abraham Halevi Beruchim 197
Abulafia, Abraham 130, 243–244, 286, 287
Achimaʿaz von Oria 237
Adam 139, 154, 211–215, 217–219, 233, 257, 280
Adam Kadmon 139, 150–154, 172/73
Adams Lichtleib 229
Adams Sünde 145, 155, 228
Adama 211, 216–217
Aharon aus Bagdad 237
Aleph 47, 233, 234, 255
Allegorie 73–79, 269, 271
Alkabez, Salomo 188, 201, 278
Alphabet des R. Akiba 86
Alphabet des Ben Sira 280
Anagogia 84, 85
Anziehen des Namens 182
ʾ*Arich* 153
ʿ*Ariga* 62
Aristoteles 104, 272
Arnaldus de Villanova 253
Arnold, Christoph 255
Ascher ben Jechiel 278
Asriel aus Gerona 65, 130, 166, 266, 274
ʿ*Assija*-Welt 100, 154
Asulai, Abraham 272, 289
Asulai, Ch. J. D. 101–103, 244, 272
Auerbach, Berthold 291
Automaten 254
Avicenna 288
ʾ*Aziluth* 100

Baalschem 290
Bacharach, Naftali 239, 244, 271, 272

Bacher, Wilhelm 74, 85, 266, 267, 268, 269
Bachja ben Ascher 76, 83, 248, 270, 275, 289
Baeck, Leo 266
Baer ben Schneur Salman 263
Baer, Isaak 52, 265, 266, 271, 278
Bahir, Buch 69, 121–125, 129, 139, 142, 247, 268
Baruch, Jakob 244, 286
Batinijja 73
Baum Gottes und Weltenbaum 123–124, 127, 136–137
Baum des Lebens und Baum der Erkenntnis 93–94, 108, 145, 228
Belkin, S. 265
Ben Sira 232–234, 246, 283
Berur 173
Beʾur 83
Bezalel 219, 287
Bezalel aus Kobryn 279
Bin-Gorion, M. J. 284
Blake, W. 27
Blau, L. 281

Blavatsky, K. P. 208
Bloch, Chajim 286
Böhme, Jacob 133, 178
Böse, das 124, 133, 143, 149, 152
Brautführer der Schechina 185
Brautsymbolik 185, 187–189, 191, 276
Brenz, Sam. Fr. 254
Bruch der Gefäße 151–152
Brüll, N. 253, 280
Buber, Martin 177, 273, 275
Buch der Schöpfung 219–227, 229 bis 234, 238–244, 247–249, 251, 281
Bucke, Maurice 28–29, 263
Buchstaben 47, 54, 57, 62, 64–65, 71, 79, 87, 89, 97–105, 109–111, 115, 219–222, 243, 248, 287–287

297

Cagliostro 273
Caro, Joseph 173, 180, 275
Carpzow, Joh. Ben. 274
Chabad-Chassidismus 31
Chajim Kohen von Aleppo 198
Chajim von Woloschin 258
Chassidismus 37-38, 177
Chemdath Jamim 180-181, 202, 276, 279,
Chijjuth 246, 249
Chukkim 179
Corbin, Henri 18, 21
Cordovero, Moses 89, 97-99, 116, 130, 139, 165, 188, 201, 249-250, 271, 272, 275, 279

Dähnhardt, O. 282
Dämonen 154, 192, 202-206, 238, 252
Daniel 237
Davies, W. D. 272
Debekuth 40
Delmedigo, J. S. 254, 290
Demiurg 144
Demokrit 104-105
Derascha 81, 83, 269
Dobschütz, E. von 268, 270
Doppelgänger 259, 287

Edem 216-217
edomitische Könige 150
Ekklesia Israels 68, 142, 144, 162, 189
Eleasar (Elasar) aus Worms 182, 229, 239-241, 246, 275, 282, 283, 285
Eliade, M. 16
Elias (Prophet) 27, 31-35
Elija Baalschem 255-256, 290
Elija Kohen 101-102, 272
Elija, der Gaon von Wilna 258-259

'*Elohim* 216-217
Emden, J. 256, 291
'*Emeth* auf der Stirn des Golem 210, 233-234, 248, 255
'*En-Sof* 53, 100, 138, 150
Engel 100, 113, 171, 196, 217
Enosch 233-234, 236, 283
Epstein, Abraham 288
Erde 211-217, 242-243, 285
Erlösung 145, 155-157, 199-200
Esra ben Salomo 58, 65, 266
Essen als sakrale Handlung 177
Evangelium Aeternum 113
Exil 144, 145, 148, 151-152, 155-157, 194-202
'*Ez Chajim* 149, 180

Famulus, Golem als F. 239, 253-256
Fano, Men. As. 90, 271, 280
Feld der Apfelbäume 187-188, 190, 276
Fiametta, Josef 279
Fisch als Fruchtbarkeitssymbol 277
Frank, Jakob 44
Friedländer, M. H. 291
Funken 154-156

Gabirol, Salomo 254
Gabriel 195, 218, 277
Galante, Abraham 201, 289
Gaster, Theodor 263
Gebet 171, 178-179
Gebote 86, 92, 95, 98-99, 110, 115, 166-168, 172
Gechazi 236
Gerechter (Zaddik) 141, 178
Gesichter der Tora 23, 86, 99
Gikatilla, Josef 61-64, 76, 83, 136, 267, 268, 279, 288
Gilluj Elijahu 31-35

Gnosis 38, 130, 132, 216–217, 225, 264, 280
Goethe, J. W. 254, 291
Goldenes Kalb 237–238
Goldberg, Oskar 174
Golem 184, 208–259
Goodenough, E. 265, 267
Graetz, Heinrich 225, 271, 282
Grimm, Jakob 210, 257, 291
Grün, N. 291
Güdemann, M. 285
Gufe Tora 88, 271
Guru 30
Guyon 40

Habdala 193
Hahnenschrei um Mitternacht 195, 277
Haij Gaon 194
Halacha 128, 132
Hamann, J. G. 248
Hannover, Nathan 278
Hechaloth rabbathi 266
Heilige Hochzeit 175, 184–190, 196, 217
Held, H. L. 259, 284, 286, 289, 291
Henoch 177
Heppe 264
Heschel, Abraham 264
Heschel Zoref 177
Hippolyt 216, 280
Homunculus 252, 257, 290
Höre Israel (Gebet) 176
Horowitz, Jesaja 279
Huck, Ch. J. 269

Ignaz von Loyola 30
Initiationsriten 181–183, 227
Isaak aus Akko 275
Isaak der Blinde 34, 69, 166, 247, 275

Isaak ben Farchi 267
Isaak ben Latif 268, 288
Ismael ben Elischa 241
Ismailiten 19, 73
Israel Baalschem 40, 42, 103, 272

Jacoby, Ad. 282, 290
Jaffe, Mordechai 112, 273, 279
Jakob Kohen aus Soria 265, 268
Jeremia 197, 232–235, 283
Jessod 140, 276
Jezirabuch siehe: Buch der Schöpfung
Joachim von Fiore 77, 113
Jom Kippur Katan 199
Jonas, Hans 264
Josef Aschkenasi 251
Josef ibn T'bul 151
Josua ibn Schuʿeib 110
Jozer Bereschith 144
Jubeljahr 106
Juda ben Barsilai 125, 223, 229, 231, 281
Juda ben Bathyra 234
Juda der Fromme 233, 246, 284
Juda ben Nissim ibn Malka 231
Juda ben Tibbon 283
Juda Halevi 282
Jung, C. G. 290
Justinus (Gnostiker) 216–217

Kaatz, S. 268
Kad 84
Kafka, Franz 22, 23
Katharer 120, 131
Kawwana 169–170, 178–179, 192, 275
Kelippoth 154–155, 179
Kette der Emanation 165
Knorr von Rosenroth 285
Knox, Ronald 264

299

Konservativismus der Mystik 15, 34, 37, 159-160, 169
Kraushar, Al. 264

Lachover, F. 269
Laienmystiker 41-42
Landau, Ezechiel 258
Lea 153
Leben (in der frankistischen Symbolik) 45
Leisegang, H. 280
Leviathan 84
Levi Isaak von Berditschew 111
🕯 Lichtsymbolik 16-17, 53, 58, 87, 138
Lieberman, Saul 284
Lifschitz, Jakob K. 114
Lilith 203, 205-206, 215-216, 237, 279, 284
Lipsius, R. 216, 280
Liturgie 170, 176, 178, 188-195, 198, 201
R. Löw, der Hohe Rabbi Löw von Prag 257-258, 286, 289, 291
Lucian 254
Luria, Isaak 34, 40, 99, 121-131, 139, 147-158, 180, 189-190, 197, 274, 277, 279

Ma'abar Jabbok 181, 279
Magie 166, 168, 182-183, 222-224, 228-229, 238, 244, 250, 253, 257
Maimonides 41, 47, 76, 84, 264
Malchuth 70, 184
Markus, Aaron 264
Matrona 92, 189
Meditation siehe: Kawwana
Meïr ibn Gabbai 249
Meïr ben Simon 122
Mendel aus Rymanów 46-48
Merkaba 167, 238

Messias 13, 157, 193, 202
Metatron 177, 218
Meyrink, Gustav 208, 287
Midrasch, Midraschim
  Bamidbar rabba 86, 271
  Bereschith rabba 266, 280, 282, 283
  Jalkut Schim'oni 280
  Midrasch Abkir 214
  Midrasch ha-gadol 280
  Midrasch Konen 69
  Midrasch ha-ne'elam 76, 84, 277, 280, 288
  Midrasch Tanchuma 279
  Midrasch Tehillim 56, 281
  Pesikta 273
  Pirke Rabbi Elieser 267, 280, 284
  Schir ha-Schirim rabba 284
  Seder Elijahu rabba 277
Mikrokosmos 172-173
Mischna 162, 174
Mitternachtsklage 194-199
Mizwa siehe: Gebote
Modena, Aaron Berachja 181
🌙 Mondsymbolik 144-145, 199-201
Moses ben Nachman siehe: Nachmanides
Moses de Leon 67, 76, 80-82, 121, 267, 269, 274, 276
Müller, Konrad 284
Mythos in der Kabbala 117-158, 160-164, 168, 174

Nachmanides 57-59, 75
Nagara, Israel 186
Namen Gottes 55-64, 100, 139, 171, 182-183, 221, 237
Nathan von Gaza 147
Neumond 199
🕯 Nichts 137-139, 168, 274
Nig'e Bene Adam 203

300

Nihilismus in der Mystik 20, 39, 43–46, 114
Nikolaus de Lyra 85
Nissim Girondi 252
Nistar 13
Nußsymbolik 77, 81, 82, 269

Oden Salomos 276
Offenbarung 21–23, 32–35, 46–48, 49, 118
Opfer 179
Organismus 55, 64–72
Origenes 22–23, 263, 265, 267, 283

Paracelsus 252–253, 257
Paradiesflüsse 81
Pardes 80–85
Parzufim 153
Paulus 25
Peschat 79–80
Phallussymbolik 140–141
Philo aus Alexandria 49, 51–52, 60, 66, 74, 211, 265, 266, 267, 268
Pico della Mirandola 270
Prophetologie 18–20, 48
Pseudo-Abraham ben David 266
Pseudo-Klementinen 226
Pseudo-Nachmanides 266
Pseudo-Saadia zu Jezira 233, 242, 246, 282
Punkt 138–139

Quietismus 40
Quispel, G. 276

Rabbenu Tam 245
Rabha 218–219, 226, 227, 229–232, 238, 246–248, 252, 281
Rahel 153, 197
Ra'ja Mehemna 81, 83, 91–96, 108, 271, 284

rasa de-mehemanutha 76, 140
Raschi 281
Rasiel (Buch) 231
Recanati, Menachem 63, 166–168, 267, 274, 278
Reigentanz bei der Golemschöpfung 242
Remes 79, 81–82
Reuchlin, J. 284
Rimbaud, A. 27
Ritual 161–207, 239–242
Rollen vom Toten Meer 24
Rosenberg, Juda 286, 291
Rosenfeld, Beate 279, 285, 290, 292
Rosenzweig, Franz 265
Rote Kuh 174
Rubin, Salomo 126

Saadia 238, 281, 285
Sabba, Abraham 204, 279
Sabbath 179, 186–193, 276
Sabbatianer und Sabbatianismus 37, 42, 44, 101, 113, 114, 181, 198, 202, 273, 279
Safed 89, 97, 144, 147, 179–180, 188, 196–197, 250
Salomo ben Adreth 278
Samael 237–238, 284
Sandler, Perez 85, 270
Saruk, Israel 100
Seele
  Seele Adams 154–155, 215–217, 280
  Seelen, die Abraham «gemacht» hat 224
  Seele des Golem 245–248, 287, 288
  Seele als Schechina 142–143
  Sabbath-Seele 186
  Seele der Tora 89
  600 000 Seelen Israels 89
  Seelenwanderung 108, 156

301

Sefiroth 53, 75, 127, 135–146, 165, 167, 172, 176, 210
Seʿir Anpin 153, 190, 193, 277
Sexualsymbolik 140–141, 177, 187, 203–207
Sifre 266
Simon ben Jochai 22, 80, 180, 185, 187, 276
Simon ben Lakisch 266
Simon, Ernst 265
Simon Magus 226–227
Simon ben Samuel 289
Sitra ʾachra 173, 175
Siwwuga kadischa 184
Sod 81
Sohar 7, 22, 24, 26, 58, 66–67, 75 bis 80, 84–89, 129–131, 138, 139, 143, 158, 165, 169–171, 185, 195–196, 204, 228, 237, 267–271, öfters auf jeder Seite, 274, 279, 284, 288, 289
Sophia Gottes 61, 123, 277
Sprache 53, 100, 103–105
Sprachlosigkeit des Golem 219, 246, 249, 288
Sterben der Urkönige 151
Stoicheia 104, 221
Strauß, Leo 72, 268
Succubi 203–204
Sühnebock 174, 275
Schaʿare Gan Eden 114
schaʿatnes 98
Schebira 148
Schechina 68, 82, 92, 93, 123, 129, 140–146, 153–156, 184–185, 187 bis 189, 193–202
Schechter, S. 279
Schelling 117
Schema Israel 176–177
Schemittoth 105–116
Scherira Gaon 194

Schimmusche Tora 56
Schiʿur Koma 173, 275
Schoeps, H. J. 282
Schofarblasen 175
Scholz, Wolfgang 280
Schöpfung aus Nichts 136–139
Schudt, Johann Jakob 205, 279

Tafeln des Gesetzes 94–95
Tehiru 148–151
Tefillin 110, 197
Temuna (Buch) 105–110, 112, 115–116
Tifʾereth 69, 70, 184
Tikkun 148, 152–157, 171–173
Tikkun Chazoth 194
Tikkun Rachel 197
Tikkun Schobabim 206
Tikkune Sohar 67–69, 91
Tishby, Jesaja 115, 266, 275, 282, 283
Tod Gottes 234–235, 246
Tohu 124
Toledoth Jeschu 282
Tora 49–116, 128, 167, 230, 267
Tora de-ʾAziluth 91, 96, 112–116
Tora de-Beriʾa 92, 114
Tora keduma 61, 70
Tora in der messianischen Zeit 90, 96–99, 102, 112
Transzendenz 165

Übertretung der Tora 114
Unger, Erich 275
Urkönige 150
Urnichts 274
Urraum 149
Urtage 167

Verborgene Gerechte 13–14
Vajda, Georges 270, 283
de Vidas, Elia 279

Vital, Chajim 87, 149, 180, 271, 275, 278
Vokalreihen 240, 242
Volksglauben 270

Wagenseil, J. Chr. 290
Weibliches Prinzip 142–144
Werblowski, R. Z. 265, 277
4 Welten der Kabbalisten 100, 153, 165
Wesley, John 38
Whitman, Walt 28
Wochenfest 184
Wolfson, Harry 265

Wülfer, Joh. 255
Wünsche, A. 266, 268
Wurzel aller Wurzeln 138
Wurzeln des Gerichts 149

Zadok 286
Zähner, R. C. 263
Zelem 248
Zemach, Jakob 275, 278
Zimzum 129, 148–150
Zion 124
Zobel, M. 276
Zwi, Sabbatai 100, 112–113, 121, 147, 180, 264

suhrkamp taschenbücher wissenschaft

stw 135 Johann Jakob Bachofen
Das Mutterrecht
472 Seiten
Eine Untersuchung über die Gynaikokratie der Alten Welt nach ihrer religiösen und rechtlichen Natur
Eine Auswahl. Herausgegeben von Hans-Jürgen Heinrichs

stw 136 *Materialien zu Bachofens ›Das Mutterrecht‹*
Herausgegeben von Hans-Jürgen Heinrichs
464 Seiten
»Die Erscheinung dieses Mannes ist faszinierend«, sagte Benjamin über ihn, und ein andermal: sein Name werde immer dort genannt, »wo die Soziologie, die Anthropologie, die Philosophie unbetretene Wege einzuschlagen sich anschickten.«

stw 68 Hans Barth
Wahrheit und Ideologie
331 Seiten
Barths im Jahre 1945 erschienene Untersuchung gilt einem Begriff, der zunächst rein wissenschaftlich-philosophisch konzipiert war, nun aber längst in den Sprachgebrauch der Alltagssprache aufgenommen worden ist und in den verschiedensten Bedeutungen verwendet wird. Barth vertritt die These, daß menschliches Denken immer ideologiehaft sei und geht der Frage nach, unter welchen gesellschaftlichen und ökonomischen Bedingungen Ideologien produziert werden. Die verschiedenen Aspekte dieses Zusammenhangs untersucht er unter anderem an den Werken von Marx, Schopenhauer und Nietzsche.

stw 64 Nikolai Bucharin/Abram Deborin
Kontroversen über dialektischen und mechanistischen Materialismus
Einleitung von Oskar Negt
403 Seiten
Der Band enthält wichtige Dokumente zur Geschichte der ideologischen Auseinandersetzung innerhalb der sowjetischen kommunistischen Partei, die sich nach Lenins Tod in der spektakulären Kontroverse über mechanistischen und

dialektischen Materialismus zuspitzte. In dieser Kontroverse ging es, wie der Herausgeber bemerkt, nur »vordergründig um die Polarisierung der philosophischen Positionen nach Dialektikern und naturwissenschaftlich orientierten Mechanizisten«. In seinem Einleitungsessay geht Negt dem Problem *Marxismus als Legitimationswissenschaft* nach und untersucht neben dem philosophischen Gehalt der abgedruckten Schriften auch deren politisch-ideologische Funktion.

stw 96 Michel Foucault
Die Ordnung der Dinge
Eine Archäologie der Humanwissenschaften
Aus dem Französischen von Ulrich Köppen
480 Seiten
Foucault hat »Eine Archäologie der Humanwissenschaften« vorgelegt, die die »Kontinuitäts-Illusion« (*W. Lepenies*) herkömmlicher Wissenschaftsgeschichten zerstören will. Der Autor ist daran interessiert, epochenspezifische »Systeme der Gleichzeitigkeit«, Analogien und Beziehungsgeflechte zwischen den Disziplinen hervorzuarbeiten, um so zugleich auch epochale Brüche und Unvereinbarkeiten aufdecken zu können.

stw 39 Michel Foucault
Wahnsinn und Gesellschaft
Eine Geschichte des Wahns im Zeitalter der Vernunft
Aus dem Französischen von Ulrich Köppen
562 Seiten
Michel Foucault erzählt die Geschichte des Wahnsinns vom 16. bis zum 18. Jahrhundert. Er erzählt zugleich die Geschichte seines Gegenspielers, der Vernunft, denn er sieht die beiden als Paar, das sich nicht trennen läßt. Der Wahn ist für ihn weniger eine Krankheit als eine andere Art von Erkenntnis, eine Gegenvernunft, die ihre eigene Sprache hat oder besser: ihr eigenes Schweigen.

stw 52 Karl Griewank
Der neuzeitliche Revolutionsbegriff
Entstehung und Entwicklung
Aus dem Nachlaß herausgegeben von
Ingeborg Horn-Staiger
Mit einem Nachwort von Hermann Heimpel
271 Seiten

Karl Griewank war der erste Historiker, der den spezifischen Revolutionsbegriff der Neuzeit herausgearbeitet hat. Es geht ihm dabei nicht um eine Begriffsbestimmung, sondern um die Geschichte des Revolutionsverständnisses seit dem Beginn der sogenannten Neuzeit im Bewußtsein der Beteiligten und historischen Beobachter.

stw 88/89 *Materialien zu Hegels Rechtsphilosophie*
Herausgegeben von Manfred Riedel
448 Seiten (Band 1)
480 Seiten (Band 2)
Die vorliegende Auswahl von *Materialien zu Hegels Rechtsphilosophie* ist für Studienzwecke konzipiert und will, der äußeren Gliederung in zwei Bände entsprechend, einem doppelten Bedürfnis gegenwärtiger Hegel-Forschung genügen. In ihrem *ersten* Band enthält sie Rezensionen, Kritiken und Abhandlungen, die teils zu Hegels Lebzeiten, teils in den ereignisschweren Jahrzehnten des Aufstiegs und Niedergangs seiner Philosophie (1830–1860) publiziert wurden. Es handelt sich überwiegend um Texte, die den *historischen Kontext* der Rechtsphilosophie erhellen. Der zweite Band enthält Texte, die den *systematischen Kontext* der Rechtsphilosophie erschließen. Um Übersicht und Studium zu erleichtern, folgt ihre Auswahl und Anordnung in etwa dem systematischen Grundriß der Rechtsphilosophie. Die Schwerpunkte gegenwärtiger Forschung sollten dokumentiert, ihre Lücken (z. B. das Fehlen brauchbarer Beiträge zu logisch-methodologischen Problemen) mitnotiert werden.

stw 125 Heinz Kohut
Die Zukunft der Psychoanalyse
Aufsätze zu allgemeinen Themen und zur Psychologie des Selbst
304 Seiten
Nach Kohuts Ansicht stellt die Ausbildung der Psychoanalyse einen bedeutsamen Schritt in der Geschichte der Wissenschaft und möglicherweise sogar einen entscheidenden Wendepunkt in der Entwicklung der Kultur dar: Mit der Ausbildung der Psychoanalyse ist es dem Menschen gelungen, Introspektion und Empathie in Werkzeuge einer empirischen Wissenschaft zu verwandeln.

stw 36 Reinhart Koselleck
Kritik und Krise
Ein Beitrag zur Pathogenese der bürgerlichen Welt
248 Seiten

Die Frage nach dem Zusammenhang von Kritik und Krise ist geschichtlich und aktuell zugleich. Die Untersuchung umspannt den Zeitraum von den religiösen Bürgerkriegen bis zur Französischen Revolution. Die hypokritischen Züge der Aufklärung werden begriffsgeschichtlich und ideologiekritisch herausgearbeitet. Dabei stoßen wir auf die politischen Grenzen der Aufklärung, die ihr Ziel verfehlt, sobald sie zur reinen Utopie gerinnt.

stw 70 Friedrich Albert Lange
Geschichte des Materialismus und Kritik seiner Bedeutung in der Gegenwart
Herausgegeben und eingeleitet von Alfred Schmidt
2 Bände. 1018 Seiten

Langes *Geschichte des Materialismus* ist entstanden im Gegenzug zu einem sich ausbreitenden, krude mechanistischen, vulgären Materialismus (»Der Mensch ist, was er ißt«); sie ist daher in ihrer Darstellung gleichzeitig Kritik des Materialismus: Der Materialismus sei zwar die einzig legitime Methode der Naturwissenschaften, aber aufgrund des Kantschen kritischen Unternehmens für Metaphysik und Erkenntnistheorie abzulehnen. Auch wenn Lange nicht rein geisteswissenschaftlich vorgeht – er stellt z. B. eine Beziehung zwischen Sklaverei und Religion in der Antike her –, so trennt ihn von Marx und Engels doch, daß deren primäres Interesse am Materialismus auf den Menschen, die Gesellschaft und die Geschichte zielt.

stw 54 Barrington Moore
Soziale Ursprünge von Diktatur und Demokratie
Die Rolle der Grundbesitzer und Bauern
bei der Entstehung der modernen Welt
Aus dem Amerikanischen von Gert H. Müller
635 Seiten

Moores Buch knüpft an die Tradition soziologischer Analysen von geschichtlichen Zusammenhängen an, in der die Soziologie von Marx bis Max Weber stand. Er versucht, die politische Rolle zu erklären, die landbesitzende Oberschicht und Bauernschaft bei der Umwandlung der Agrargesellschaften zu modernen Industriegesellschaften gespielt haben.

Alphabetisches Verzeichnis der
suhrkamp taschenbücher wissenschaft

Adorno, Ästhetische Theorie 2
- Drei Studien zu Hegel 110
- Einleitung in die Musiksoziologie 142
- Kierkegaard 74
- Negative Dialektik 113
- Philosophische Terminologie Bd. 1 23
- Philosophische Terminologie Bd. 2 50
- Prismen 178
Apel, Der Denkweg von Charles S. Peirce 141
- Transformation der Philosophie, Bd. 1 164
- Transformation der Philosophie, Bd. 2 165
Arnaszus, Spieltheorie und Nutzenbegriff
Ashby, Einführung in die Kybernetik 34
Avineri, Hegels Theorie des modernen Staates 146
Bachofen, Das Mutterrecht 135
Materialien zu Bachofens ›Das Mutterrecht‹ 136
Barth, Wahrheit und Ideologie 68
Becker, Grundlagen der Mathematik 114
Benjamin, Charles Baudelaire 47
- Der Begriff der Kunstkritik 4
Materialien zu Benjamins Thesen ›Über den Begriff der Geschichte‹ 121
Bernfeld, Sisyphos 37
Bilz, Studien über Angst und Schmerz 44
- Wie frei ist der Mensch? 17
Bloch, Das Prinzip Hoffnung 3
- Geist der Utopie 35
Blumenberg, Aspekte der Epochenschwelle: Cusaner und Nolaner 174
- Der Prozeß der theoretischen Neugierde 24

- Säkularisierung und Selbstbehauptung 79
Böckenförde, Staat, Gesellschaft, Freiheit 163
Bourdieu, Zur Soziologie der symbolischen Formen 107
Broué/Témime, Revolution und Krieg in Spanien. 2 Bde. 118
Bucharin/Deborin, Kontroversen 64
Childe, Soziale Evolution 115
Chomsky, Aspekte der Syntax-Theorie 42
- Sprache und Geist 19
Cicourel, Methode und Messung in der Soziologie 99
Condorcet, Entwurf einer historischen Darstellung der Fortschritte des menschlichen Geistes 175
Deborin/Bucharin, Kontroversen 64
Denninger, Freiheitliche demokratische Grundordnung. 2 Bde. 150
Derrida, Die Schrift und die Differenz 177
Durkheim, Soziologie und Philosophie 176
Einführung in den Strukturalismus 10
Eliade, Schamanismus 126
Elias, Über den Prozeß der Zivilisation, Bd. 1 158
- Über den Prozeß der Zivilisation, Bd. 2 159
Erikson, Der junge Mann Luther 117
- Dimensionen einer neuen Identität 100
- Identität und Lebenszyklus 16
Erlich, Russischer Formalismus 21
Ethnomethodologie 71
Fetscher, Rousseaus politische Philosophie 143

Foucault, Der Fall Rivière 128
- Die Ordnung der Dinge 96
- Wahnsinn und Gesellschaft 39
Furth, Intelligenz und Erkennen 160
Goffman, Stigma 140
Griewank, Der neuzeitliche Revolutionsbegriff 52
Habermas, Erkenntnis und Interesse 1
- Zur Rekonstruktion des Historischen Materialismus 154
Materialien zu Habermas' ›Erkenntnis und Interesse‹ 49
Hegel, Grundlinien der Philosophie des Rechts 145
- Phänomenologie des Geistes 8
Materialien zu Hegels ›Phänomenologie des Geistes‹ 9
Materialien zu Hegels Rechtsphilosophie Bd. 1 88
Materialien zu Hegels Rechtsphilosophie Bd. 2 89
Henle, Sprache, Denken, Kultur 120
Holenstein, Roman Jakobsons phänomenologischer Strukturalismus 116
Jaeggi, Theoretische Praxis 149
Jakobson, Hölderlin, Klee, Brecht 162
Kant, Kritik der praktischen Vernunft 56
- Kritik der reinen Vernunft 55
- Kritik der Urteilskraft 57
Kant zu ehren 61
Materialien zu Kants ›Kritik der praktischen Vernunft‹ 59
Materialien zu Kants ›Kritik der reinen Vernunft‹ 58
Materialien zu Kants ›Kritik der Urteilskraft‹ 60
Materialien zu Kants ›Rechtsphilosophie‹ 171
Kenny, Wittgenstein 69
Kierkegaard, Philosophische Brocken 147
- Über den Begriff der Ironie 127

Koch, Die juristische Methode im Staatsrecht 198
Kohut, Die Zukunft der Psychoanalyse 125
- Narzißmus 157
Kojève, Hegel. Kommentar zur Phänomenologie des Geistes 97
Koselleck, Kritik und Krise 36
Kracauer, Geschichte – Vor den letzten Dingen 11
Kuhn, Die Struktur wissenschaftlicher Revolutionen 25
Lacan, Schriften 1 137
Lange, Geschichte des Materialismus 70
Laplanche/Pontalis, Das Vokabular der Psychoanalyse 7
Leclaire, Der psychoanalytische Prozeß 119
Lenski, Macht und Privileg 183
Lévi-Strauss, Das wilde Denken 14
- Mythologica I, Das Rohe und das Gekochte 167
- Mythologica II, Vom Honig zur Asche 168
- Mythologica III, Der Ursprung der Tischsitten 169
- Mythologica IV, Der nackte Mensch. 2 Bde. 170
Lorenzen, Methodisches Denken 73
- Konstruktive Wissenschaftstheorie 93
Lorenzer, Die Wahrheit der psychoanalytischen Erkenntnis 173
- Sprachzerstörung und Rekonstruktion 31
Lugowski, Die Form der Individualität im Roman 151
Luhmann, Zweckbegriff und Systemrationalität 12
Lukács, Der junge Hegel 33
Macpherson, Politische Theorie des Besitzindividualismus 41
Malinowski, Eine wissenschaftliche Theorie der Kultur 104
Marxismus und Ethik 75

Mead, Geist, Identität und Gesellschaft 28
Merleau-Ponty, Die Abenteuer der Dialektik 105
Miliband, Der Staat in der kapitalistischen Gesellschaft 112
Minder, Glaube, Skepsis und Rationalismus 43
Mittelstraß, Die Möglichkeit von Wissenschaft 62
Mommsen, Max Weber 53
Moore, Soziale Ursprünge von Diktatur und Demokratie 54
Morris, Pragmatische Semiotik und Handlungstheorie 179
O'Connor, Die Finanzkrise des Staates 83
Oppitz, Notwendige Beziehungen 101
Parsons, Gesellschaften 106
Piaget, Das moralische Urteil beim Kinde 27
– Die Bildung des Zeitbegriffs beim Kinde 77
– Einführung in die genetische Erkenntnistheorie 6
Plessner, Die verspätete Nation 66
Pontalis, Nach Freud 108
Pontalis/Laplanche, Das Vokabular der Psychoanalyse 7
Propp, Morphologie des Märchens 131
Quine, Grundzüge der Logik 65
Redlich/Freedman, Theorie und Praxis der Psychiatrie. 2 Bde. 148
Ricœur, Die Interpretation 76
v. Savigny, Die Philosophie der normalen Sprache 29
Schelling, Über das Wesen der menschlichen Freiheit 138
Materialien zu Schellings philosophischen Anfängen 139
Scholem, Zur Kabbala und ihrer Symbolik 13
Schütz, Der sinnhafte Aufbau der sozialen Welt 92
Seminar: Abweichendes Verhalten I 84

– Abweichendes Verhalten II 85
– Abweichendes Verhalten III 86
– Angewandte Sozialforschung 153
– Der Regelbegriff in der praktischen Semantik 94
– Die Entstehung von Klassengesellschaften 30
– Die Entstehung der antiken Klassengesellschaft 130
– Familie und Familienrecht Bd. 1 102
– Familie und Familienrecht Bd. 2 103
– Geschichte und Theorie 98
– Kommunikation, Interaktion, Identität 156
– Medizin, Gesellschaft, Geschichte 67
– Philosophische Hermeneutik 144
– Politische Ökonomie 22
– Religion und gesellschaftliche Entwicklung 38
– Sprache und Ethik 91
– Theorien der künstlerischen Produktivität 166
Solla Price, Little Science – Big Science 48
Spinner, Pluralismus als Erkenntnismodell 32
Sprachanalyse und Soziologie 123
Sprache, Denken, Kultur 120
Strauss, Spiegel und Masken 109
Szondi, Das lyrische Drama des Fin de siècle 90
– Die Theorie des bürgerlichen Trauerspiels 15
– Einführung in die literarische Hermeneutik 124
– Poetik und Geschichtsphilosophie I 40
– Poetik und Geschichtsphilosophie II 72
Témime/Broué, Revolution und Krieg in Spanien. 2 Bde. 118
Touraine, Was nützt die Soziologie 133

Tugendhat, Vorlesungen zur Einführung in die sprachanalytische Philosophie 45
Uexküll, Theoretische Biologie 20
Waldenfels, Phänomenologie und Marxismus I 195
– Phänomenologie und Marxismus II 196
Watt, Der bürgerliche Roman 78
Weingart, Wissensproduktion und soziale Struktur 155
Weingarten u. a., Ethnomethodologie 71

Weizsäcker, Der Gestaltkreis 18
Winch, Die Idee der Sozialwissenschaft und ihr Verhältnis zur Philosophie 95
Wittgenstein, Philosophische Grammatik 5
Wunderlich, Studien zur Sprechakttheorie 172
Zilsel, Die sozialen Ursprünge der neuzeitlichen Wissenschaft 152
Zimmer, Philosophie und Religion Indiens 26